Antropologia de um ponto de vista pragmático

BIBLIOTECA PÓLEN

Para quem não quer confundir rigor com rigidez, é fértil considerar que a filosofia não é somente uma exclusividade desse competente e titulado técnico chamado filósofo. Nem sempre ela se apresentou em público revestida de trajes acadêmicos, cultivada em viveiros protetores contra o perigo da reflexão: a própria crítica da razão, de Kant, com todo o seu aparato tecnológico, visava, declaradamente, libertar os objetos da metafísica do "monopólio das Escolas".

O filosofar, desde a Antiguidade, tem acontecido na forma de fragmentos, poemas, diálogos, cartas, ensaios, confissões, meditações, paródias, peripatéticos passeios, acompanhados de infindável comentário, sempre recomeçado, e até os modelos mais clássicos de sistema (Espinosa com sua ética, Hegel com sua lógica, Fichte com sua doutrina-da-ciência) são atingidos nesse próprio estatuto sistemático pelo paradoxo constitutivo que os faz viver. Essa vitalidade da filosofia, em suas múltiplas formas, é denominador comum dos livros desta coleção, que não se pretende disciplinarmente filosófica, mas, justamente, portadora desses grãos de antidogmatismo que impedem o pensamento de enclausurar-se: um convite à liberdade e à alegria da reflexão.

Rubens Rodrigues Torres Filho

Immanuel Kant

ANTROPOLOGIA DE UM PONTO DE VISTA PRAGMÁTICO

Tradução
Clélia Aparecida Martins

Revisão técnica
Márcio Suzuki
(com a colaboração de Vinicius de Figueiredo)

ILUMI//URAS

Coleção Biblioteca Pólen
Idealizada por Rubens Rodrigues Torres Filho
Dirigida por Rubens Rodrigues Torres Filho e Márcio Suzuki

Copyright © desta edição e tradução
Editora Iluminuras Ltda.

Capa
Fê

Estúdio A Garatuja Amarela
sobre *Polar Bears and Toucans (from Amazonas to Svalbard)* (1991), urso polar de pelúcia, toca-fitas Sony Sports, fita cassete gravada no território amazônico da Venezuela, bacia, alcatrão, engradado e fio elétrico laranja [231 x 112 x 75 cm], Mark Dion. Cortesia do artista.

Revisão
Ariadne Escobar Branco

DADOS INTERNACIONAIS DE CATALOGAÇÃO NA PUBLICAÇÃO (CIP)
(Câmara Brasileira do Livro, SP, Brasil)

Kant, Immanuel, 1724-1804.
Antropologia de um ponto de vista pragmático /
Immanuel Kant ; tradução Clélia Aparecida Martins. —
São Paulo : Iluminuras, 2006 (2. reimp., 2019).

Título original: Anthropologie in pragmatischer hinsicht.
ISBN 85-7321-134-2

1. Antropologia filosofica 2. Psicologia -
Obras anteriores a 1850 3. Seres humanos
I. Título

06-1822   CDD-128

Índices para catálogo sistemático
  1. Antropologia filosófica   128

2020
EDITORA ILUMINURAS LTDA.
Rua Inácio Pereira da Rocha, 389 - 05432-011 - São Paulo - SP - Brasil
Tel./Fax: 55 11 3031-6161
iluminuras@iluminuras.com.br
www.iluminuras.com.br

ÍNDICE

Introdução à Antropologia, 9
Clélia Aparecida Martins

ANTROPOLOGIA DE UM PONTO DE VISTA PRAGMÁTICO

Prefácio, 17

PRIMEIRA PARTE
DIDÁTICA ANTROPOLÓGICA
*Da maneira de conhecer tanto o interior
quanto o exterior do ser humano*

LIVRO PRIMEIRO
Da faculdade de conhecer, 23
*Da consciência de si mesmo, 23
Do egoísmo, 24
Nota
Sobre a formalidade da linguagem egoísta, 26
Da consciência voluntária das próprias representações, 27
Da observação de si mesmo, 28
Das representações que temos sem delas sermos conscientes, 30
Da distinção e indistinção na consciência das próprias
   representações, 33
Da sensibilidade em oposição ao entendimento, 35
Apologia da sensibilidade, 38
Defesa da sensibilidade contra a primeira acusação, 39
Defesa da sensibilidade contra a segunda acusação, 40
Defesa da sensibilidade contra a terceira acusação, 40
Do poder-fazer em relação à faculdade de conhecer em geral, 41
Do jogo artificial com a aparência sensível, 44
Da aparência moral permitida, 45
Dos cinco sentidos, 47
Do tato, 49*

Da audição, 49
Da visão, 50
Do paladar e do olfato, 51
Nota geral sobre os sentidos externos, 51
Questões, 52
Do sentido interno, 55
Das causas do aumento ou diminuição das impressões sensíveis quanto ao grau, 56
    Contraste, 56
    Novidade, 57
    A troca, 57
    Desenvolvimento até a perfeição, 58
Da inibição, enfraquecimento e perda total da faculdade de sentir, 59
Da imaginação, 60
Da faculdade imaginativa <Dichtungsvermögen> sensível segundo suas distintas espécies, 67
    Da faculdade imaginativa sensível plástica, 67
    Da faculdade imaginativa sensível associativa, 68
    A faculdade imaginativa sensível da afinidade, 69
Da faculdade de tornar presente o passado e o futuro por meio da imaginação, 74
    Da memória, 74
    Da faculdade de previsão, 77
    Do dom divinatório, 79
Da ficção involuntária no estado saudável, isto é, do sonho, 81
Apêndice, 85
Da faculdade de conhecer enquanto fundada no entendimento, 87
    Divisão, 87
Comparação antropológica das três faculdades de conhecer superiores entre si, 88
Das fraquezas e enfermidades da alma em relação a sua faculdade de conhecer, 93
    Divisão geral, 93
    Das fraquezas da mente na faculdade de conhecer, 95
    Das enfermidades da mente, 102
Notas esparsas, 107
Dos talentos na faculdade de conhecer, 110
Da diferença específica entre engenho comparativo e engenho argucioso, 110
    Do engenho produtivo, 110
    Da sagacidade ou do dom da investigação, 113
    Da originalidade da faculdade de conhecer ou do gênio, 114

LIVRO SEGUNDO
O sentimento de prazer e desprazer, 119
Divisão
Do prazer sensível, 119
Do sentimento do agradável ou do prazer sensível na sensação de um objeto, 119
Elucidação mediante exemplos, 121
Do tédio e do passatempo, 122
Do sentimento do belo, isto é, do prazer em parte sensível e em parte intelectual na intuição refletida <reflektikt>, ou do gosto, 128
O gosto contém uma tendência a incentivar externamente a moralidade, 132
Observações antropológicas sobre o gosto, 133
Do gosto da moda, 133
Do gosto artístico, 134
Do luxo, 137

LIVRO TERCEIRO
Da faculdade de desejar, 139
Das afecções, confrontadas com a paixão, 140
Das afecções em particular, 141
Do governo da alma em relação às afecções, 141
Das diversas afecções mesmas, 142
Da timidez e da bravura, 144
Das afecções que enfraquecem a si mesmas no que concerne a seus fins, 148
Das afecções pelas quais mecanicamente a natureza faz bem à saúde, 149
Nota geral, 151
Das paixões, 153
Divisão das paixões, 155
Da inclinação à liberdade como paixão, 155
Do desejo de vingança como paixão, 157
Da inclinação ao poder de ter influência sobre outros seres humanos em geral, 158
Ambição, 159
Desejo de dominação, 160
Cobiça, 161
Da inclinação à ilusão como paixão, 161
Do sumo bem físico, 162
Do sumo bem físico-moral, 164

SEGUNDA PARTE
CARACTERÍSTICA ANTROPOLÓGICA
Da maneira de conhecer o interior do homem pelo exterior

Divisão
   O caráter da pessoa, 171
      Do natural, 171
      Do temperamento, 172
   Temperamentos do sentimento, 173
      O temperamento sanguíneo do homem de sangue leve, 173
      O temperamento melancólico do homem de sangue pesado, 174
   Temperamentos da atividade, 175
      O temperamento colérico do homem de sangue quente, 175
      O temperamento fleumático do homem de sangue frio, 175
   Do caráter como índole moral, 177
      Das qualidades que se seguem meramente de que o ser humano tenha um caráter ou seja sem caráter, 178
   Da fisiognomonia, 181
   Da direção da natureza para a fisiognomonia, 181
   Divisão da fisiognomonia, 182
      Da fisionomia, 183
      Do característico nas feições do rosto, 185
      Do característico das expressões faciais, 185
   Notas esparsas, 186
      O caráter do sexo, 188
      Notas esparsas, 191
      Consequências pragmáticas, 193
      O caráter do povo, 195
      O caráter da raça, 204
      O caráter da espécie, 204
   Linhas fundamentais da descrição do caráter da espécie humana, 213

Índice Onomástico, 217

Glossário, 221

INTRODUÇÃO À ANTROPOLOGIA
Clélia Aparecida Martins

A Antropologia de um ponto de vista pragmático *foi escrita entre 1796 e 1797, mas a última versão, organizada pelo próprio Kant, surgiu em 1798. O início da obra remete à fase pré-crítica do pensamento kantiano, pois é no fim dos anos 60 e início dos 70 que Kant, ao ampliar a primeira parte de seu curso de Metafísica extrai dele um curso autônomo sobre* Antropologia, *que foi ministrado pela primeira vez no semestre de inverno de 1772/1773 e em todos os subsequentes semestres de inverno até 1796. Precisamente o conteúdo destes cursos constitui a presente obra.*

A parte da Metafísica retirada por Kant para o curso autônomo sobre Antropologia *trata da Psicologia, com destaque para a Psicologia empírica definida por ele como a "ciência metafísica da experiência do homem..." (II: 309).*[1] *Assim, a* Antropologia *se originou da Psicologia empírica e tem em comum com ela o caráter de uma "doutrina da observação" (X: 138).*

A estrutura da Antropologia, *principalmente a sua primeira parte que trata da faculdade de conhecimento, do sentimento de prazer e dor e da faculdade de desejar, apresenta semelhança com a divisão da filosofia crítica. Todavia Kant não apresentou com clareza suficiente a ideia básica de uma Antropologia filosófica como disciplina científica, e sequer definiu o "lugar" da* Antropologia *na totalidade da Filosofia,*[2] *embora seja preciso admitir que em relação ao sistema geral da Filosofia, em vários sentidos, ele concebeu uma outra Antropologia, a "Antropologia moral ou prática" (IV: 388 e 412; VI: 217), tanto para aplicar os princípios morais da filosofia prática pura sobre a natureza cognoscível do homem*

---

[1] A referência à obra de Kant tem como base a edição da Academia ("Kants gesammelte Schriften", organizado pela Preussischen und Deutschen Akademie der Wissenschaften, Berlim, 1902 ss.).

[2] Como filosofia referida ao mundo civil, a Antropologia é "conhecimento do mundo" (*Antropologia*, VIII: 120); já a Filosofia, enquanto "sistema dos conceitos do conhecimento da razão" (IX: 23), tem o significado de "ciência dos fins últimos da razão humana" (Idem, ibid.) ao analisar seu "conceito de mundo" (Idem, ibid.), pois diz respeito àquilo "que interessa necessariamente a todo homem" (III: 543).

através da experiência, como para considerar as características e os modos de agir em relação à moralidade e à liberdade prática do homem.

A Antropologia de um ponto de vista pragmático, *ao contrário da* Antropologia *moral, revela-se independente do programa da filosofia crítica, visto que na referência direta ao real para mediar o conhecimento,* Kant *a apresentou como uma* Antropologia *para a práxis da vida e para a "experiência comum", e por isso, ela pode ser entendida como uma teoria da práxis da vida. Esta linha de pensamento diferencia-se fundamentalmente da filosofia crítica e da matemática. Enquanto na filosofia pura devem suceder princípios* a priori *de definição clara e segura de uma fundamentação última e suficiente, para a* Antropologia *é precedente não a fundamentação última, mas a utilização do conhecimento do homem sobre a práxis da vida. Por outro lado, a estrutura da* Antropologia *não diz respeito à atividade da filosofia crítica na natureza humana, porque resulta da interpretação dos resultados fundados* a priori *no que se refere às consequências antropológicas, embora nisso não se negue a existência de uma relação recíproca entre o caráter popular e espontâneo da Antropologia pragmática com a filosofia crítica: como "conhecimento geral", a* Antropologia *deve abranger a experiência da vida do homem na totalidade e é "ordenada e conduzida pela Filosofia" (p. 120).*[3]

Além disso, para Kant, por se referir à experiência, a Antropologia *traz consigo a vantagem de facilitar ao ouvinte um saber apto à "utilização da vida" (II: 310), no que se verifica implicitamente uma intenção pedagógica e a referência direta à práxis da vida e à "experiência habitual" (X: 138). E isso se deu precisamente porque as considerações expostas na* Antropologia *foram pensadas não apenas para um pequeno círculo acadêmico, pois a pretensão de Kant era de que suas palestras antropológicas pudessem ser compreendidas por todos os homens e, assim, foram dirigidas a todos em público, a todos como "cidadãos do mundo" — pois então elas seriam examinadas perante a experiência da própria vida, já que este âmbito de conhecimento deveria servir de esclarecimento para a vida em comum e promover a "ciência comum utilizável" (IX: 23). Daí esta obra ter sido escrita de forma mais compreensível — se comparada com outras de Kant — e procurar, a partir de um ponto de vista pragmático, introduzir o sujeito em uma "cidadania do mundo".*

Kant, ao entender que a realidade não pode desprezar sua riqueza em relação à intenção pragmática, mas deve preservar a idealização, conclui

---

[3] Essa e as demais referências à paginação são relativas à da *Antropologia* publicada pela Akademie-Ausgabe e, portanto, dizem respeito à numeração indicada à margem deste texto.

a *"Didática Antropológica"* com uma referência à moralidade.[4] *O fim da "Didática Antropológica" discute um bem moral supremo, ao qual o físico está limitado e que produz uma bem aventurança factual alcançável e civilizada. Sua forma social, para a qual o homem deve se formar em intenção pragmática, é a humanidade, que se realizaria na sociedade mundial civil, sendo esta um princípio regulativo dos fins humanos. Humanidade, então, é a bem aventurança civilizada subordinada à intenção de produzir a sociedade ideal: "O ser humano está destinado, por sua razão, a estar numa sociedade com seres humanos e a* se cultivar, civilizar e moralizar *nela por meio das artes e das ciências, e por maior que possa ser sua propensão animal a se abandonar* passivamente *aos atrativos da comodidade e do bem-estar, que ele denomina felicidade, ele está destinado a se tornar* ativamente *digno da humanidade na luta com os obstáculos que a rudeza de sua natureza coloca para ele." (pp. 324-325).*

A Antropologia de um ponto de vista pragmático *estimula o homem a ser o supremo fim de si mesmo e para isso se faz necessário o conhecimento do existente. E se neste propósito não se incluísse cada descrição do trivial, então a realização do mesmo teria poucas perspectivas, pois com a crítica ao mundo da experiência abre-se a possibilidade do esclarecimento, da intenção de realizar a sociedade ideal* neste *mundo empírico. Assim, o fim que a* Antropologia de um ponto de vista pragmático *persegue é "o aperfeiçoamento do ser humano mediante* **cultura** *progressiva", e apesar de se reconhecer que a isso esteja ligado "muito sacrifício da alegria de viver" (p. 322), este aperfeiçoamento é apenas socialmente tratável — por isso, a construção civil de uma república (com liberdade e lei) é "o grau supremo da ascensão artificial da boa disposição na espécie humana para chegar ao fim-último de seu destino" (p. 327).*

Portanto, apesar da Antropologia *não corresponder a uma função sistemática de mediação entre liberdade e natureza do homem, porque nela não há uma exposição das leis morais sob as condições subjetivas da natureza humana, o aspecto decisivo desta obra só pode ser compreendido se ela for considerada a partir da* Crítica da razão prática, *não só porque nela todos os passos da experiência do homem e sua informação pragmática são considerados para se ter em vista seu fim terminal, mas também porque a* Antropologia *de Kant insiste na produção*

---

[4] "O *purismo* do cínico e a *mortificação da carne* do *anacoreta*, sem bem-estar social, são formas desfiguradas da virtude e não convidam para esta: ao contrário, abandonados pelas Graças, não podem aspirar à humanidade" (p. 282).

*do melhor, cujo fim próprio só pode ser perseguido adequadamente e ser acessível na **filosofia prática** como ética pura.*

*Tanto para o parecer crítico perante o desenvolvimento histórico da espécie humana como para a revisão crítica do "aperfeiçoamento do ser humano mediante **cultura** progressiva" (p. 322), o homem está destinado à razão pura e ao esclarecimento último da consciência moral.*

O homem pode colocar fins a si próprio porque se experimenta como "ser livre atuante", e este conhecimento inclui também a consciência da sua responsabilidade moral para com seu agir.

A razão comum do homem tem, perante si, o princípio da moralidade e a razão ilustrada tem a natureza como referência e contraste de suas representações. Kant segue uma linha convergente com as inquietudes de seu tempo: o desnível entre a razão pura e a prática o conduz a elaborar uma Antropologia para superá-lo. As atividades centrais da filosofia "no significado civil do mundo" são compreendidas pelas quatro famosas questões expostas na Introdução da Lógica.[5] Embora admita que todas as quatro possam caber à Antropologia "porque as três primeiras questões se referem à última" (IX: 25), a esta área do saber especificamente cabe responder a quarta: "O que é o homem?". Este homem só recuperará esta realidade analisando-se como cidadão do mundo. E com esta análise, que deve se constituir como Antropologia sistemática, Kant propõe um caminho pragmático: a história, a biografia, o teatro, a novela e as viagens. A experiência do mundo ou as relações com o mundo estão sempre ligadas com a experiência do homem em relação a si mesmo, e com o conhecimento que ele possa ter de si como pessoa: porque o homem se distingue de outros seres vivos e diante deles é que ele pode "ter o eu em sua representação" (p. 127).

*O autoentendimento explícito referido à práxis da vida depende de considerar o homem cosmologicamente, isto é, segundo sua "relação na totalidade" (II: 443) e definir seu lugar nesta totalidade, na qual ele precisa se encontrar e se orientar, é considerar o mundo como a "cena, sobre a qual o espelho de nossa historicidade está diante de si" (IX: 158), pertencendo a ele tanto a natureza como também o próximo. Porém, o homem também se experimenta como um ser determinado pelo que a natureza faz dele: sozinho sob este aspecto ele é considerado objeto, em princípio, segundo o método das ciências naturais empíricas, da Antropologia sistemática "de um ponto de vista **pragmático**" (p. 119). Kant concebe os aspectos da relação do homem com o mundo em sua*

---

[5] A saber: "O que posso saber? O que devo fazer? O que devo esperar? O que é o homem?" IX: 25.

interpretação teleológica da história: o homem está em uma relação aberta com o mundo e pode atuar num sentido de formação e em outro, de transformação sobre seu meio ambiente e sobre si mesmo, e com isso proceder segundo regras, perseguindo fins colocados e fixados por ele mesmo (e não pela natureza). O progresso da humanidade na história da espécie, por meio da cultivação, civilização e moralização pode, por um lado, se dar só através do uso da razão (apenas pelo uso dela é que o homem capaz age segundo fins, os quais ele mesmo se coloca e dele mesmo faz um ser racional-real). Mas um tal "aperfeiçoamento" supõe, por outro lado, uma "tendência natural" do gênero humano a "tornar-se sempre melhor" (p. 309). Ao lado desta interpretação e do Optimismus *da* Aufklärung *tem-se, entretanto, a realidade que a razão desafia com a perspectiva da modificação, e à qual lamentavelmente a corrupção da razão deixa poucas chances, — realidade que diz respeito a uma sociedade que se aperfeiçoa na hipocrisia.*[6]

*Porém, perseguir no tempo o propósito de realizar o homem como fim em si mesmo não pode ser objetivo de uma vida, mas de toda a vida "no decorrer do tempo" e ao homem, comprometido com este fim, cabe reconhecer, como fez Kant, a miserabilidade do factual e não se amedrontar com ela, não tê-la como a última palavra. Mas entre Kant e o pensamento atual tem havido um deslocamento essencial: o "eu" transcendental que buscava pragmaticamente a "cidadania do mundo" (*Antropologia*) só se reconhece agora como entidade anônima perturbada pelas determinações dos meios estatísticos e visuais, e buscando fundamentos do factual no factual, justificando-o por ele mesmo.*

* * *

SOBRE A TRADUÇÃO

A tradução do texto de Kant foi feita a partir do texto alemão publicado pela Philipp Reclam Jun. Verlag (Stuttgart, 1983) editado por Wolfgang Becker, e confrontado com o texto da Akademie-Ausgabe:

---

[6] "Faz, pois, faz parte da composição original de uma criatura humana e do seu conceito de espécie espreitar os pensamentos alheios mas conter os seus, qualidade polida que não deixa de progredir gradualmente da *dissimulação* até o *engano* premeditado e, finalmente, até a *mentira*. Isso daria então uma caricatura de nossa espécie, que não autorizaria apenas a *sorrir* bondosamente dela, mas também a *desprezar* aquilo que constitui o seu caráter, e a confessar que essa raça de seres racionais não merece um lugar de honra entre as restantes (desconhecidas para nós)..." (p. 332).

Kants gesammelte Schriften *(Königlich Preubischen Akademie der Wissenschaften,* v. 7, *Berlim, 1907, pp. 117-333), da qual a paginação está à margem da tradução.*

As notas do próprio Kant a seu texto estão finalizadas com a referência "N.A." entre parênteses, as indicadas ao final com a inicial "K." entre parênteses são notas de Külpe à edição da Antropologia, *que é parte da edição das obras completas de Kant publicada pela Academia; as indicadas ao final com a inicial "V."* entre parênteses são notas de Vorländer a sua edição da Antropologia, *publicada pela editora Felix Meiner, confrontadas com a edição de Becker da Philipp Reclam. Todas têm a abreviatura "N.T.", como as da tradutora ou ainda, em alguns casos, as extraídas da edição Becker. As notas finalizadas com a referência "N.R." foram introduzidas pelo revisor dessa tradução.*

No corpo do texto, as palavras alemãs entre os sinais maior e menor (< >) são transcritas do original para uma melhor orientação do leitor e as que, em alemão ou latim, estão entre parênteses ou colchetes são do próprio texto de Kant. A tradução de muitos termos alemães hoje incomuns foi feita com base no Wahrig Deutsches Wörterbuch *(Berlim/Gütersloh: Petermann Lexicon Verlag, 1968/1977), e dos termos ou expressões latinas com base em Cretella Jr., José e Cintra, Geraldo de Ulhôa.* Dicionário Latino-Português. *7. ed. São Paulo: Cia. Ed. Nacional, 1956.*

Para o termo "Gemüt", de difícil tradução por ser utilizado em diversas acepções e que inclui, na mais abrangente delas, tanto a faculdade de conhecer como o sentimento de prazer e o de desprazer, e também a faculdade de desejar (V: 198), optou-se por traduzi-lo ora como "espírito", ora como "mente", ora como "ânimo" de acordo com a conotação do texto — ora similar a Geist, como "ânimo" designando a atividade anímica ou "mente", tendente a uma significação estritamente intelectual.[7]

A tradução procurou preservar a sintaxe do texto original de Kant que, mesmo em se tratando da Antropologia, *é pesada e para a qual, juntamente com os prováveis limites imperceptíveis à tradutora, pede-se a compreensão do leitor.*

Por fim, gostaria de registrar meus agradecimentos a Wilhelm Joseph Baader pelo esclarecimento de certos termos e expressões alemãs, ao Prof. Valério Rohden pelas valiosas sugestões quanto à tradução da terminologia kantiana e a Márcio Suzuki pela criteriosa revisão da tradução.

---

[7] O que não contradiz a própria definição de Valério Rohden, de que o termo *Gemüt* "é em primeiro lugar a perspectiva de um todo de faculdades em relação recíproca". In: Rohden, V. O sentido do termo *Gemüt* em Kant. *Analytica,* v.1, n. 1, 61-75, 1993.

ANTROPOLOGIA DE UM PONTO
DE VISTA PRAGMÁTICO

PREFÁCIO

Todos os progressos na civilização, pelos quais o homem se educa, têm como fim que os conhecimentos e habilidades adquiridos sirvam para o uso do mundo, mas no mundo o objeto mais importante ao qual o homem pode aplicá-los é o *ser humano,* porque ele é seu próprio fim último. — Conhecer, pois, o ser humano segundo sua espécie, como ser terreno dotado de razão, merece particularmente ser chamado de *conhecimento do mundo,* ainda que só constitua uma parte das criaturas terrenas.

Uma doutrina do conhecimento do ser humano sistematicamente composta (antropologia) pode ser tal do ponto de vista *fisiológico* ou *pragmático.* — O conhecimento fisiológico do ser humano trata de investigar o que a *natureza* faz do homem; o pragmático, o que *ele* faz de si mesmo, ou pode e deve fazer como ser que age livremente. — Quem medita sobre as causas naturais em que, por exemplo, a faculdade de recordar pode se basear, pode argumentar com sutilezas (seguindo Descartes) sobre os traços deixados no cérebro pelas impressões das sensações sofridas, mas tem de confessar que é mero espectador nesse jogo de suas representações, e que tem de deixar a natureza agir, porque não conhece as fibras e nervos cefálicos, nem sabe manejá-los para seu propósito, ou seja, tem de confessar que nada se ganha com todo raciocínio teórico sobre esse assunto. — — Mas se para ampliar a memória ou torná-la ágil, ele utiliza as percepções sobre o que considerou prejudicial ou favorável a ela, e para tanto precisa do conhecimento do ser humano, isso constitui uma parte da antropologia de um ponto de vista *pragmático,* e precisamente desta nos ocupamos aqui.

‖ Uma tal antropologia, considerada como *conhecimento do mundo* que deve seguir à *escola,* não é ainda propriamente denominada *pragmática* se contém um amplo conhecimento das *coisas* no mundo, por exemplo, os animais, as plantas e os minerais dos diversos países e climas, mas se contém um conhecimento do ser humano como *cidadão do mundo.* — Por conseguinte, mesmo o conhecimento das

120

raças humanas, como produtos que fazem parte do jogo da natureza, ainda não entra no conhecimento pragmático do mundo, mas *apenas* no conhecimento teórico dele.

Também as expressões "*conhecer* o mundo" e "*possuir* o mundo" diferem bastante uma da outra em sua significação, pois enquanto um indivíduo só *entende* o jogo a que assistiu, o outro *tomou parte dele*. — Mas para julgar aquilo que se chama de *alta* sociedade, o estamento dos nobres, o antropólogo encontra-se numa posição muito desfavorável, porque aqueles estão muito próximos uns dos outros, mas bem distantes dos demais.

Viajar, ainda que seja apenas pela leitura de relatos de viagens, é um dos meios de ampliar o âmbito da antropologia. Mas para ampliá-la numa dimensão maior é preciso ter primeiro adquirido conhecimento do ser humano em sua própria terra, por meio das relações com os conterrâneos da cidade ou do campo,[1] se se quer saber o que se deve buscar fora. Sem um tal plano (que já supõe o conhecimento do ser humano), a antropologia do cidadão do mundo fica sempre muito limitada. Aqui os *conhecimentos gerais* sempre precedem os *conhecimentos locais*, caso tal antropologia deva ser ordenada e dirigida pela filosofia, sem a qual todos os conhecimentos adquiridos não podem proporcionar senão um tatear fragmentário, e não ciência.

* * *

Mas a todas as tentativas de obter uma tal ciência com profundidade estão opostas consideráveis dificuldades intrínsecas à própria natureza humana.

|| 1. O ser humano que percebe que está sendo observado e que procuram examiná-lo, parecerá embaraçado (constrangido) e não *pode* se mostrar como é, ou *finge* e não *quer* ser conhecido como é.

2. Mesmo quando só quer investigar a si mesmo, ele se encontra numa situação crítica, principalmente quando é tomado por uma afecção, estado que habitualmente não admite *fingimento*, a saber, quando os móbiles da

---

[1] Uma grande cidade, centro de um reino no qual se encontram os órgãos estatais do governo, que tem uma universidade (para o cultivo das ciências) e uma situação propícia ao comércio marítimo, que por meio dos rios favorece tanto um trânsito do interior do país quanto para países vizinhos e distantes de diversas línguas e costumes, — uma tal cidade, || como é *Königsberg*, às margens do rio Pregel, já pode ser considerada um lugar adequado para a ampliação, tanto do conhecimento do ser humano, quanto do conhecimento do mundo, onde este pode ser adquirido mesmo sem se viajar. (N.A.)

ação estão atuando, ele não se observa, e quando se observa, os móbiles estão em repouso.

3. Quando permanecem constantes, o lugar e as circunstâncias temporais geram *hábitos* que são, como se diz, uma outra natureza e dificultam o juízo do homem acerca de si mesmo e de quem considera que é, porém mais ainda acerca de que conceito deve ter a respeito do outro com o qual mantém relação, pois quando muda a situação em que o ser humano é colocado por seu destino, ou em que se coloca a si mesmo quando se aventura, essa mudança dificulta muito a antropologia a se elevar à condição de uma ciência propriamente dita.

Por fim, não são precisamente fontes, mas meios auxiliares da antropologia: a história mundial, as biografias e até peças de teatro e romances. Pois ainda que a estes últimos não se atribua propriamente experiência e verdade, mas só ficção, e ainda que seja permitido exagerar os caracteres e as situações em que se colocam os homens, tal como aparecem em imagens de sonho, ainda, portanto, que aqueles nada pareçam ensinar para o conhecimento do ser humano, ainda assim os caracteres esboçados por um Richardson ou por um Molière devem ter sido tirados, em seus *traços fundamentais,* da observação do que os homens realmente fazem ou deixam de fazer, porque são de fato exagerados em grau, mas, quanto à qualidade, precisam estar de acordo com a natureza humana.

Uma antropologia sistematicamente delineada e, todavia, popular (pela referência a exemplos que todo leitor possa por si mesmo encontrar), composta desde um ponto de vista pragmático, traz ao público leitor a vantagem de que, esgotando todas as rubricas sob as quais se pode colocar esta ou aquela qualidade || humana, observada na prática, lhe são dadas numerosas ocasiões e lhe são dirigidas numerosas exortações para tratar, como um tema próprio, cada qualidade particular, inserindo-a num item específico: com isso, na antropologia os trabalhos se dividem por si mesmos entre os amantes desse estudo e serão posteriormente reunidos num todo pela unidade do plano, promovendo-se e acelerando-se então o crescimento de uma ciência de utilidade geral.[2]

---

[2] Em minhas atividades de *filosofia pura*, empreendidas inicialmente de maneira livre e mais tarde a mim atribuídas como ensino, tenho ministrado ao longo de uns trinta anos dois cursos *referentes* ao *conhecimento do mundo*, a saber: *antropologia* (no semestre de inverno) e *geografia física* (no de verão), aos quais, como lições populares, pessoas de outros estamentos também acharam oportuno assistir. Do primeiro curso procede o presente manual; mas publicar, do segundo, um outro igual, a partir do manuscrito usado por mim como texto, e ilegível para qualquer outro além de mim, dificilmente me seria possível agora, dada a minha idade. (N.A.)

Primeira parte

DIDÁTICA ANTROPOLÓGICA

*Da maneira de conhecer tanto o interior
quanto o exterior do ser humano*

Livro Primeiro

DA FACULDADE DE CONHECER

Da consciência de si mesmo

§ 1

Que o ser humano possa ter o eu em sua representação, eleva-o infinitamente acima de todos os demais seres que vivem na terra. É por isso que ele é uma *pessoa*, e uma e mesma pessoa em virtude da unidade da consciência em todas as modificações que lhe possam suceder, ou seja, ele é, por sua posição e dignidade, um ser totalmente distinto das *coisas*, tais como os animais irracionais, aos quais se pode mandar à vontade, porque sempre tem o eu no pensamento, mesmo quando ainda não possa expressá-lo, assim como todas as línguas têm de pensá-lo quando falam na primeira pessoa, ainda que não exprimam esse eu por meio de uma palavra especial. Pois essa faculdade (a saber, a de pensar) é o *entendimento*.

Mas é notável que a criança que já sabe falar suficientemente bem comece no entanto bastante tarde a falar por meio do eu (talvez bem depois de um ano), tendo até então falado de si na terceira pessoa (Carlos quer comer, andar etc.), e uma luz parece se acender para ela, quando começa a falar por meio do eu: a partir desse dia nunca mais volta a falar daquela outra maneira. — Antes simplesmente *sentia* a si mesma, agora *pensa* em si mesma. — A explicação desse fenômeno poderá custar bastante ao antropólogo.

A observação de que uma criança não dá demonstração nem de choro, nem de riso antes do quarto mês após o nascimento, parece se basear igualmente no desenvolvimento de certas representações de afronta e injustiça, que remetem à razão. — Que nesse espaço de tempo comece a seguir com os olhos objetos brilhantes a ela apresentados ‖ é o começo ainda rudimentar do avanço das *percepções* (apreensão da representação sensorial), que serão ampliadas em *conhecimento* dos objetos dos sentidos, isto é, da *experiência*.

Além disso, quando a criança tenta falar, o modo como arranha as palavras é deveras amável para as mães e amas, tornando-as propensas a acariciá-la e beijá-la, e também a mimá-la como a um pequeno tirano, realizando cada desejo e vontade dela: a amabilidade dessa criatura, no espaço de tempo em que se desenvolve até chegar à plena humanidade, deve ser atribuída, por um lado, à sua inocência e à franqueza de todas as suas expressões ainda incorretas, onde ainda não há dissimulação nem malícia alguma, mas, por outro lado, à propensão natural das amas em fazer bem a uma criatura cativante, que se entrega totalmente ao arbítrio de outro, pois se lhe concede um período para brincar, o mais feliz de todos, no qual o educador goza outra vez desse conforto ao fazer, por assim dizer, de si mesmo uma criança.

A *lembrança* dos anos da infância não chega, porém, nem de longe a essa época, porque não foi a época das experiências, mas simplesmente a época de percepções dispersas ou ainda não reunidas sob o conceito do objeto.

Do egoísmo

§ 2

A partir do dia em que começa a falar por meio do eu, o ser humano, onde pode, faz esse seu querido eu aparecer, e o egoísmo progride irresistivelmente, se não de maneira manifesta (pois lhe repugna o egoísmo de outros), ao menos de maneira encoberta, a fim de se dar tanto mais seguramente, pela aparente abnegação e pretensa modéstia, um valor superior no juízo de outros.

O egoísmo pode conter três espécies de presunção: a do entendimento, a do gosto e a do interesse prático, isto é, pode ser lógico, estético ou prático.

O *egoísta lógico* tem por desnecessário examinar seu juízo também pelo entendimento de outros, como se não necessitasse de forma alguma dessa pedra de toque (*criterium veritatis externum*). E porém, é tão seguro que não podemos prescindir desse meio de nos assegurar da verdade de nosso juízo, que talvez seja esta a razão mais importante por que a classe erudita clame com tanta insistência pela *liberdade de expressão*, porque, se esta é || recusada, nos é simultaneamente subtraído um grande meio de examinar a retidão de nossos próprios juízos, e seremos abandonados ao erro. Que não se diga que ao menos a *matemática* é privilegiada por decidir por conta própria, pois ela mesma não teria se livrado do receio de cair em erro em algum ponto, se não tivesse havido antes a percepção da total concordância entre os juízos do matemático e os juízos de todos os outros que se dedicaram a essa disciplina com talento e aplicação. — Também há muitos casos em que nem mesmo confiamos unicamente no juízo de nossos próprios sentidos, por exemplo, se o som dos sinos badalando ocorre meramente em nossos ouvidos ou estamos ouvindo realmente o repicar deles, mas achamos necessário perguntar ainda a outros se também assim não lhes parece. E ainda que ao filosofar não possamos exatamente recorrer a outros juízos para a confirmação do nosso, tal como os juristas recorrem aos juízos dos especialistas em direito, ainda assim todo escritor que não encontrasse adeptos cairia em suspeita de erro por sua opinião declarada publicamente, a qual, todavia, é importante.

Precisamente por isso é um *atrevimento* fazer em público uma afirmação contra a opinião geral, mesmo dos entendidos. Tal manifestação do egoísmo se chama *paradoxo*. Não é uma ousadia que arrisca afirmar algo correndo o perigo de que não seja verdadeiro, mas de que seja aceito somente por poucos. — A predileção pelo paradoxo é a *obstinação lógica* de não querer ser imitador dos outros, mas de aparecer como um homem *raro*, ainda que com frequência alguém assim apenas se faça passar por *extravagante*. No entanto, porque cada um precisa ter e afirmar sua *própria* opinião (*Si omnes patres sic, at ego non sic*.[1] *Abelardo*), a acusação de paradoxo, se não está fundada na vaidade de querer meramente se diferenciar, não tem um significado negativo. — Ao paradoxo se opõe aquilo que é *corriqueiro*, que tem a opinião geral a seu lado. Mas neste há tão pouca segurança, se não menos ainda que naquele, porque o que é corriqueiro é entorpecedor, ao passo que o paradoxo desperta o espírito para a atenção e a indagação, que frequentemente levam a descobertas.

O egoísta *estético* é aquele ao qual o próprio *gosto* basta, ainda que outros possam achar ruins, censurar ou até ridicularizar seus versos, quadros, música etc. Ele priva a si mesmo do progresso para o melhor, se se isola com seu juízo, || aplaude a si mesmo e só em si mesmo busca a pedra de toque do belo da arte.

Finalmente, o egoísta *moral* é aquele que reduz todos os fins a si mesmo, que não vê utilidade senão naquilo que lhe serve, e também como eudemonista coloca simplesmente na utilidade e na própria felicidade, e

[1] Mesmo se todos os pais disserem, eu não. (N.T.)

não na representação do dever, o fundamento-de-determinação supremo de sua vontade. Pois como cada ser humano forma conceitos diferentes sobre aquilo que considera fazer parte da felicidade, é precisamente o egoísmo que leva a não ter pedra de toque alguma do genuíno conceito do dever, que, como tal, tem de ser inteiramente um princípio de validade universal. — Todos os eudemonistas são, por isso, egoístas práticos.

Ao *egoísmo* pode ser oposto apenas o *pluralismo*, isto é, o modo de pensar que consiste em não se considerar nem em proceder como se o mundo inteiro estivesse encerrado no próprio eu, mas como um simples cidadão do mundo. — É o que cabe à antropologia. Pois, no que se refere a essa diferença segundo conceitos metafísicos, ela fica totalmente fora do campo da ciência a ser tratada aqui. É que se a questão fosse meramente saber se eu, como ser pensante, tenho razão para admitir, fora da minha existência, a existência de um conjunto de outros seres estando em comunidade comigo (conjunto denominado mundo), esta não seria uma questão antropológica, mas simplesmente metafísica.

Nota
Sobre a formalidade da linguagem egoísta

A linguagem do chefe de Estado para falar ao povo é, em nossos tempos, habitualmente pluralista (Nós etc., pela graça de Deus etc.). A questão é se o sentido aqui não é, ao contrário, egoísta, isto é, se não indica a própria autoridade, e se não deveria significar exatamente o mesmo que o que o rei da Espanha diz com seu *Io, el Rei* (eu, o rei). Parece, todavia, que essa formalidade da autoridade suprema deveria indicar originalmente uma *condescendência* (Nós, o rei e seu conselho, ou os estamentos). — Mas como aconteceu que o tratamento recíproco, expresso nas antigas línguas clássicas pelo singular *tu*, passou a ser indicado pelo plural *vós* em diversos povos, principalmente germânicos? Para que fim ainda os alemães inventaram duas expressões que indicam uma maior distinção da pessoa com a qual se fala, || a saber, o *Er* <ele> e o *Sie* <eles>[2] (como se não fossem forma de tratamento, mas forma de narração sobre um ou alguns indivíduos ausentes)? Depois disso, enfim, para completar todos os absurdos da pretensa humilhação perante aquele a quem se dirige a palavra e da exaltação do outro sobre si, entrou em uso,

---

[2] Kant faz essa referência porque em sua época "er" e "sie", pronomes relativos à terceira pessoa, eram usados também como pronome de tratamento para a segunda pessoa. (N.T.)

no lugar da pessoa, o abstrato que qualifica a condição daquele a quem a palavra é dirigida (Vossa Alteza, Vossa Senhoria, Vossa Excelência etc.). — Tudo presumivelmente devido ao feudalismo, que cuidou para que não faltasse o *grau* de respeito que cabe ao nobre — começando pela dignidade real e passando por todos os níveis, até chegar ali onde a dignidade humana acaba e resta somente o ser humano, isto é, a condição do servo, único a ser tratado por *tu* por seu superior, ou a de uma criança, que ainda não pode ter vontade própria.

Da consciência voluntária das próprias representações

§ 3

O esforço para chegar a ser consciente das próprias representações é ou *atenção* (*attentio*) ou *abstração* de uma representação de que sou consciente (*abstractio*). — Esta última não é uma mera omissão e descuido da primeira (pois isso seria distração (*distractio*)), mas um ato real da faculdade de conhecer para afastar, numa consciência, uma representação, de que sou consciente, da ligação com outras. — Não se diz, por isso, abstrair (separar) *algo*, mas abstrair *de algo*, isto é, de uma determinação do objeto da minha representação, pelo que esta obtém a universalidade de um conceito e é assim apreendida no entendimento.

Poder abstrair de uma representação, mesmo quando se impõe ao ser humano pelo sentido, é uma faculdade bem mais ampla que a de prestar atenção: porque demonstra uma liberdade da faculdade de pensar e o poder próprio do espírito, de *ter em seu poder o estado de suas representações* (*animus sui compos*). — Ora, nesse aspecto a *faculdade de abstrair* é muito mais difícil, mas também mais importante que a de prestar atenção, se concerne às representações dos sentidos.

Muitas pessoas são infelizes porque não podem abstrair. O noivo poderia fazer um bom casamento, se pudesse deixar de lado uma verruga || no rosto ou uma falha nos dentes da amada. Mas é um costume especialmente ruim de nossa faculdade de atenção fixá-la, mesmo sem intenção, justo no que há de defeituoso nos outros, voltando os olhos para a visível falta de um botão no casaco, para falhas nos dentes ou para um habitual erro de linguagem, o que desconcerta o outro, mas também estraga o próprio prazer que se poderia ter no convívio com ele. — Quando o principal é bom, não é apenas justo, mas também prudente *desviar os olhos* daquilo que é ruim nos outros, e até em nosso próprio

132

estado de felicidade; essa faculdade de abstrair é, porém, uma força do espírito que só pode ser adquirida por meio de exercício.

Da observação de si mesmo

§ 4

O animadversão (*animadvertere*) não é ainda uma *observação* (*observare*) de si mesmo. Esta última é uma combinação metódica das percepções feitas em nós mesmos, que fornece a matéria para o *diário de um observador de si mesmo* e leva facilmente ao desvario[3] e à loucura.

É de fato necessário prestar atenção (*attentio*) a si mesmo, quando se tem de lidar com seres humanos, mas isso não precisa ser visível nas relações, porque torna o indivíduo *incomodado* (embaraçado) ou *afetado* (inatural). O contrário de ambos é o *desembaraço* (o *air dégagé*): uma confiança em si mesmo de que a própria dignidade não será julgada desfavoravelmente pelos outros. Aquele que se põe diante do espelho como se quisesse julgar a si mesmo pelo que ali vê, ou que fala como se ouvisse falar a si mesmo (e não meramente como se um outro o ouvisse), é uma espécie de ator. Ele quer *representar* e forja uma aparência de sua própria pessoa; por isso, se se percebe esse seu esforço, ele perde prestígio nos juízos dos demais, porque suscita a suspeita de ter intenção de enganar. — A sinceridade na maneira de se mostrar exteriormente, que não dá motivo a nenhuma suspeita semelhante, é o que se denomina comportamento *natural* (que, no entanto, não exclui por isso toda bela arte e formação do gosto) e agrada pela mera *veracidade* de sua manifestação. Mas onde simultaneamente se entrevê, na fala, franqueza provindo de *simplicidade*, isto é, de ausência de uma arte da dissimulação já convertida em regra, aí ela significa *ingenuidade*.

‖ A maneira franca de se expressar, numa moça que se aproxima da puberdade ou num camponês que desconhece os modos urbanos, desperta, por sua inocência e simplicidade (ou ignorância na arte da aparência), um sorriso alegre naqueles que já são exercitados e muito hábeis nessa arte. Não uma *risada* de desprezo, pois se honra, de coração, a integridade e sinceridade, mas uma risada benévola e amistosa pela inexperiência na maligna *arte da aparência*, que está fundada em nossa

---

[3] Em alemão, *Schwärmerei*. A palavra aparece em Kant ligada à crítica de uma certa forma de especulação delirante e exaltada. Pode, por isso, também ser traduzida por "entusiasmo místico", "tanatismo", "obscurantismo" etc. (N.R.)

natureza humana já corrompida, e que antes mais se deveria lamentar do que dela rir, quando comparada com a ideia de uma natureza ainda não corrompida.[4] É uma alegria momentânea, como a que se produz num céu nublado que deixa um raio de sol passar por uma brecha, mas que logo de novo se fecha para poupar os estúpidos olhos de toupeira do egoísmo.

Mas com respeito ao verdadeiro propósito deste parágrafo, a saber, a *advertência* anterior de não se ocupar com a investigação e como que estudada redação de uma história interna do curso *involuntário* dos próprios pensamentos e sentimentos, ela ocorre porque este é o caminho direto para cair na confusão mental de supostas inspirações mais elevadas e de forças que influem sobre nós, sabe-se lá de onde, sem nossa intervenção; ela é o caminho direto para que se entre na Ordem dos Iluminados[5] ou no terrorismo. Pois, sem notá-lo, fazemos supostas descobertas daquilo que nós mesmos introduzimos em nós, como fez uma Bourignon[6] com ideias lisonjeiras ou um Pascal com ideias assustadoras e angustiantes, e este também foi o caso de um intelecto, no mais notável, Albrecht Haller: no diário que escreveu durante muito tempo, mas também muitas vezes interrompido, sobre o estado de sua alma, ele diz que chegou, por fim, a perguntar a um célebre teólogo, o Dr. Less, antigo colega universitário seu, se no grande tesouro de sabedoria divina deste não poderia encontrar consolo para sua alma inquieta.[7]

Observar em mim os diferentes atos da faculdade de representação, *quando eu os provoco*, é algo digno de reflexão, e necessário e proveitoso para lógica e a metafísica. — Mas querer espreitar como vêm por si próprios ao espírito, *mesmo sem ser evocados* (isso ocorre pelo ‖ jogo

---

[4] A esse respeito se poderia parodiar o conhecido verso de Pérsio dizendo: *Naturam videant ingemiscantque relicta*.* (N.A.) (N.T.)

*) [Contemplam a natureza e suspiram por tê-la abandonado]. O verso da terceira sátira de Pérsio (V: 38) diz: "*Virtutem videant intabescantque relicta*", isto é, eles podem contemplar a virtude e consomem-se (de inveja) por tê-la abandonado. (V.) (N.T.)

[5] Ordem dos Iluminados: sociedade secreta maçom-iluminista do século XVIII. (N.R.)

[6] Antoinette Bourignon (1616-1680), uma visionária e fundadora de seita, natural de Lila, que influiu principalmente nos Países Baixos, e cujas obras teosófico-místicas chegam a nada menos que vinte e um volumes. (V.) (N.T.)

[7] Albrecht Haller. *Tagesbuch seiner Beobachtungen über Schriftsteller und über sich selbst* [Diário de suas observações sobre escritores e sobre si mesmo]. Berna, 1787. Less, doutor e professor de teologia de Göttingen (1736 a 1793). Haller, poucos dias antes de sua morte (dezembro de 1777), lhe fez chegar por meio de uma carta a Heyne esta consulta: "que livro (não há de ser extenso), em minhas circunstâncias e contra as angústias da morte, poderia eu ler com resultado para compartilhar firmemente os merecimentos do Salvador?" (K.) (N.T.)

da imaginação poética involuntária), é uma inversão da ordem natural da faculdade de conhecer, porque então os princípios do pensar não vêm antes (como devem), mas depois, e isso, ou já é uma enfermidade do espírito (melancolia), ou conduz a ela e ao hospício. Em sua viagem de descobrimento e busca de si mesmo, quem muito sabe narrar sobre *experiências internas* (graças, tentações) pode atracar sempre apenas em Antícira.[8] Pois com essas experiências internas não se dá o mesmo que com as *externas* dos objetos no espaço, nas quais os objetos aparecem uns ao lado dos outros e são retidos como *permanecendo* nele. O sentido interno vê as relações de suas determinações somente no tempo, portanto, no fluxo, onde não há continuidade da observação, o que, porém, é necessário para a experiência.[9]

135 *Das representações que temos sem delas sermos conscientes*

§ 5

Ter representações, e contudo, não ser consciente delas, nisso parece haver uma contradição, pois, como podemos saber que as temos se delas

[8] Antícira foi uma cidade da Fócida, no golfo de Corinto, cujos habitantes haviam convertido em um meio terapêutico muito eficaz o heléboro que crescia em grande quantidade em suas montanhas, pelo que Antícira é citada em Horácio várias vezes como o lugar de cura (*Sátiras*, II, 3, 83, 166, *Arte Poética*, 360). Kant pode ter-se baseado também na citação de um artigo do *Teutscher Merkur* de 1784, v. 2, p. 151. (K.) (N.T.)

[9] Se representamos a ação interna (espontaneidade) pela qual um *conceito* (um pensamento) se torna possível — *reflexão* —, e a *susceptibilidade* (receptividade) por meio da qual se torna possível uma *percepção* (*perceptio*), isto é, a *intuição* empírica — apreensão —, ambos atos, porém, com consciência, a consciência de si mesmo (*apperceptio*) pode ser dividida na consciência da reflexão e na da apreensão. A primeira é uma consciência do entendimento, a segunda, do sentido interno; aquela é a apercepção *pura*, esta, a empírica, aquela sendo erroneamente chamada de *sentido* interno. — Em psicologia investigamos a nós mesmos segundo nossas representações do sentido interno; mas na lógica, segundo o que a consciência intelectual nos oferece. — Ora, aqui o eu nos parece ser duplo (o que seria contraditório): 1) o eu como *sujeito* do pensar (na *lógica*), que significa a apercepção pura (o mero eu reflexionante) e do qual não há absolutamente nada mais a dizer, senão que é uma representação inteiramente simples; 2) o eu como *objeto* da percepção, portanto, do sentido interno, que contém uma multiplicidade de determinações que tornam possível a *experiência* interna.
A questão de saber se em diversas modificações internas do espírito (de sua memória ou dos princípios aceitos por ela) o ser humano, quando é consciente dessas modificações, pode dizer ainda que é *exatamente o mesmo* (segundo a alma), é uma questão absurda; pois só pode ser consciente dessas modificações representando a si próprio nos vários estados como um e mesmo *sujeito*, e o eu do ser humano é, sem dúvida, duplo pela forma (pela maneira de representar), mas não pela matéria (pelo conteúdo). (N.A.)

não somos conscientes? Essa objeção já a fez *Locke*, que também por isso rejeitou a existência de semelhante espécie de representações. — No entanto, podemos ser *mediatamente* conscientes de ter uma representação, mesmo que não sejamos imediatamente conscientes dela. — Tais representações se chamam então *obscuras*, as restantes são *claras*, e se a sua claridade se estende às representações parciais de um todo delas e à sua ligação, são *representações distintas*, do pensar ou da intuição.

Se estou consciente de estar vendo, distante de mim, um ser humano num prado, mesmo não estando consciente de ver-lhe os olhos, nariz, boca etc., *concluo* de fato apenas que essa coisa é um ser humano, pois se quisesse afirmar *que não tenho* absolutamente a representação dessas partes da cabeça (e assim também das partes restantes desse ser humano) porque não sou consciente de percebê-las, então também não poderia dizer que vejo um ser humano: pois a representação total (da cabeça ou do ser humano) é composta dessas representações parciais.

Que seja imenso o campo das nossas sensações e intuições sensíveis, isto é, das representações *obscuras* no ser humano (e também nos animais), de que não somos conscientes, ainda que possamos concluir indubitavelmente que as temos; que, ao contrário, as representações claras contenham apenas infinitamente poucos pontos acessíveis à consciência; que, por assim dizer, no grande *mapa* de nosso espírito só haja poucos lugares *iluminados*, isso pode nos causar espanto com relação a nosso próprio ser; pois bastaria apenas que um poder superior exclamasse "faça-se a luz!", que, mesmo sem o acréscimo de quase nada (por exemplo, se tomamos um literato com tudo o que tem em sua memória), meio mundo, por assim dizer, se abriria diante de nós. Tudo o que o olho armado descobre por meio do telescópio (por exemplo, na lua) ou do microscópio (em animálculos em infusão) é visto por nossos meros olhos, pois aqueles meios ópticos não trazem mais raios de luz e, com eles, imagens produzidas || no olho, do que as que se pintariam na retina sem aqueles instrumentos artificiais, que apenas as ampliam para nos tornar conscientes delas. — Precisamente o mesmo vale para as sensações auditivas: quando um músico toca com dez dedos e ambos os pés uma fantasia ao órgão, e ainda fala com alguém que se encontra a seu lado, um grande número de representações é em poucos instantes despertado na alma, representações que exigiriam, para a escolha de cada uma elas, um juízo particular sobre sua adequação, porque um só movimento de dedo destoando da harmonia seria imediatamente percebido como dissonância; e no entanto o todo produz tal resultado, que o músico, improvisando livremente, desejaria com frequência conservar, em notação musical, algumas das peças executadas com êxito por ele, peças que, por mais que se aplique, talvez não tenha esperança de realizar de novo tão bem.

Assim, o campo das representações *obscuras* é o maior no ser humano.

— Mas como só deixa perceber o ser humano em sua parte passiva, como jogo das sensações, a teoria dessas representações pertence apenas à antropologia fisiológica, não à pragmática, que é a propriamente visada aqui.

É que frequentemente jogamos com representações obscuras e temos interesse em ocultar à imaginação objetos desejados ou indesejados; com mais frequência, porém, somos nós mesmos um jogo das representações obscuras, e nosso entendimento não pode se salvar dos absurdos em que é posto pela influência delas, ainda que as reconheça como engano.

É o que ocorre com o amor sexual, tão logo não tencione propriamente o bem-querer, mas, ao contrário, o gozo de seu objeto. Quanto engenho não se despendeu desde sempre para colocar uma fina flor sobre aquilo que é, de fato, amado, mas que faz ver o ser humano num tão estreito parentesco com o gênero animal comum, que por isso se exorta ao pudor e aquilo que se diz não pode ser expresso sem floreios na sociedade refinada, ainda que com transparência suficiente para fazer sorrir. — Aqui a imaginação se compraz em passear no escuro, e é preciso empregar uma arte incomum, se, para evitar o *cinismo*, não se quer correr o perigo de cair no *purismo* ridículo.

Por outro lado, com bastante frequência somos também o jogo de representações obscuras que não querem desaparecer, mesmo que o entendimento as || ilumine. Estabelecer se o próprio jazigo deve ficar num jardim ou à sombra de uma árvore, no campo ou em terreno seco, é com frequência uma questão importante para um moribundo, embora, no primeiro caso, não tenha motivo para esperar desfrutar a bela vista, nem tenha, no segundo, motivo para se preocupar com uma constipação devido à umidade.

Que o hábito faz o monge, isso também vale em certa medida para aquele que tem entendimento. O provérbio russo diz: "Recebe-se o hóspede conforme o traje dele, e se lhe faz companhia de acordo com seu entendimento"; o entendimento, porém, não pode evitar a impressão de representações obscuras, a impressão de uma certa importância causada por uma pessoa bem vestida, mas, quando muito, pode ter somente o propósito de corrigir posteriormente o juízo que provisoriamente fez a respeito dela.

Para simular penetração e profundidade usa-se, muitas vezes com o resultado desejado, até mesmo uma obscuridade estudada, assim como, no crepúsculo ou através de uma névoa, os objetos são vistos sempre maiores do que são.[10] O *skotíson* (torna obscuro!) é a palavra de ordem de todos os místicos para, mediante uma obscuridade artificial, simular atraentes tesouros da sabedoria. — Mas em geral um certo teor enigmático numa obra não é desagradável ao leitor, porque com isso se lhe tornará sensível a própria sagacidade para resolver o que é obscuro em conceitos claros.

Da distinção e indistinção na consciência das próprias representações

§ 6

A consciência das próprias representações que basta para *diferenciar* um objeto de outro é a **clareza**. || Aquela, porém, pela qual se torna clara também a *composição* das representações, se chama **distinção**. Esta última é a única que faz de uma soma de representações um *conhecimento*; neste, porque toda composição acompanhada de consciência pressupõe a unidade desta, por conseguinte, uma regra da composição, é pensada uma *ordem* no diverso. — À representação distinta não pode se opor a *confusa* (*perceptio confusa*), mas tem de se opor meramente a *indistinta* (*mere clara*). Aquilo que é confuso tem de ser composto; pois no simples não há nem ordem, nem *confusão*. Esta última é, pois, a *causa* da indistinção, não a *definição* dela. — Em toda representação de conteúdo múltiplo (*perceptio complexa*), como é cada *conhecimento* (porque para ele sempre se exigem intuição e conceito), a nitidez está na *ordem* segundo a qual são compostas as representações parciais, que então dão ensejo, ou a uma mera divisão lógica (respectivamente à mera forma) em superiores e inferiores (*perceptio primaria et secundaria*), ou a uma divisão *real* em representações principais e acessórias (*perceptio principalis et adhaerens*); ordem mediante a qual o conhecimento se torna distinto. — Bem se vê que se a faculdade de *conhecer* deve

138

---

[10] Pelo contrário, visto à *luz do dia*, aquilo que é mais claro que os objetos circundantes também parece ser maior; por exemplo, meias brancas tornam as panturrilhas mais grossas que as pretas, à noite um fogo aceso sobre uma alta montanha parece ser maior do que quando é medido. — Daí talvez se possa explicar o maior tamanho aparente da lua e também a aparentemente maior distância entre as estrelas, quando estão próximas no horizonte; pois em ambos os casos se nos apresentam objetos brilhantes que, pela proximidade no horizonte, são vistos através de uma camada de ar mais obscurecedora do que quando estão no alto do céu, e o que é escuro se julga também mais pequeno por obra da luz circundante. No tiro ao alvo seria, por fim, mais favorável ao acerto um disco negro com um círculo branco ao meio, que o inverso. (N.A.)

ser denominada em geral *entendimento* (na significação mais geral da palavra), este tem de conter a *faculdade de apreensão* (*attentio*) das representações dadas para produzir a *intuição*; a *faculdade de abstração* (*abstractio*) do que é comum a várias representações para produzir o *conceito*; e a *faculdade de reflexão* (*reflexio*), para produzir *conhecimento* do objeto.

Denomina-se um *crânio* aquele que possui essas faculdades em grau elevado; aquele a quem são dadas em medida muito escassa, um *simplório* (porque sempre precisa ser conduzido pelos demais[11]); aquele, porém, que tem em si até mesmo originalidade no uso dessas faculdades (em virtude da qual produz, de si mesmo, aquilo que habitualmente precisa ser aprendido sob a direção alheia), um *gênio*.

Aquele que nada aprendeu — é preciso no entanto ter sido instruído para saber disso — se chama um *ignorante*, caso deva saber aquilo para passar por um homem instruído; pois, sem essa pretensão, pode ser um grande gênio. Aquele que não é capaz de *pensar por si mesmo*, ainda que muito possa aprender, é chamado uma *mente limitada* (estreita). — Pode-se ser alguém de vasta erudição (máquina de instruir os outros como se foi instruído) e, no entanto, ser bastante limitado no que diz respeito ao || uso racional de seu saber histórico. — *Pedante* é aquele que, ao lidar em público com o que aprendeu, revela coerção escolar (ou seja, falta de liberdade no pensar por si mesmo), seja ele erudito, soldado ou até homem da corte. Dentre estes, o pedante erudito é o mais suportável, porque com ele se pode aprender; nos últimos, ao contrário, o escrúpulo com formalidades (o pedantismo) não é apenas inútil, mas além disso ridículo também devido ao orgulho, que inevitavelmente acompanha o pedante, já que é o orgulho de um *ignorante*.

No entanto, a arte ou, antes, a habilidade de falar num *tom* sociável e se mostrar em geral na moda, que, principalmente se se refere à ciência, é erroneamente denominada *popularidade*, quando, ao contrário, deveria se chamar superficialidade ornamentada, encobre muita pobreza da mente estreita. Mas somente as crianças se deixam enganar por isso. "Teu tambor (diz, em Addison, o quacre ao loquaz oficial que viaja a seu lado na carruagem) é um símbolo teu: ele soa porque está vazio".[12]

---

[11] Em alemão, se diz Pinsel (pincel) de uma pessoa "sem iniciativa", simplória. (N.R.)
[12] Joseph Addison (1672-1719), conhecido satírico e moralista inglês. A frase citada no texto encontra-se na revista editada por ele junto com Richard Steele em 1711-12. *The spectator*, n. 132. (K.) (N.T.)

Para julgar os seres humanos segundo sua faculdade de conhecer (o entendimento em geral), eles são divididos entre aqueles aos quais se deve conceder *senso comum* (*sensus communis*), que com certeza não é *vulgar* (*sensus vulgaris*), e *os homens de ciência*. Os primeiros são os que conhecem as regras em casos de aplicação (*in concreto*), os outros, os que as conhecem por si mesmos e antes de sua aplicação (*in abstrato*).
— O entendimento que pertence à primeira faculdade de conhecer se denomina entendimento humano *sadio* (*bon sens*); o que pertence à segunda, uma mente inteligente (*ingenium perspicax*). — É notável que o primeiro, que habitualmente é considerado apenas uma faculdade de conhecer prática, seja representado não só como um entendimento que pode prescindir da cultura, mas como um tal ao qual esta é até mesmo prejudicial, se não é levada suficientemente adiante; daí ser exaltado até o desvario e representado como uma mina de tesouros escondidos nas profundezas da mente, e também por vezes sua sentença é declarada como um oráculo (o gênio de Sócrates) mais confiável do que tudo quanto uma estudada ciência possa trazer à praça do mercado. — O certo é que, se a solução de uma questão se baseia nas regras universais e inatas do entendimento (cuja posse é denominada agudeza natural), é mais inseguro buscar princípios estudados e artificialmente estabelecidos || (agudeza escolar) e tirar sua conclusão de acordo com eles, do que deixar a decisão aos fundamentos-de-determinação do juízo que se encontram em massa na obscuridade da mente, a que se poderia chamar de *tato* lógico, onde a reflexão se torna representável o objeto por muitos lados e obtém um resultado correto, sem se tornar consciente dos atos que ocorrem no interior da mente.

140

O entendimento sadio só pode, no entanto, provar essa sua superioridade no que diz respeito a um objeto da experiência, não só para crescer em conhecimento *por meio* desta, mas para ampliá-la (a experiência), porém não do ponto de vista especulativo e sim meramente do empírico-prático. Pois naquele se necessita de princípios científicos *a priori*, mas neste também pode haver experiências, isto é, juízos continuamente comprovados por meio de tentativa e erro.

Da sensibilidade em oposição ao entendimento

§ 7

No que respeita o estado das representações, minha mente é *ativa* e demonstra *poder* (*facultas*), ou é *passiva* e consiste em *receptividade* (*receptivitas*). Um *conhecimento* contém ambas ligadas, e a possibilidade de ter um tal conhecimento tira o seu nome, de *faculdade de conhecer*, da parte mais nobre, a saber, da atividade da mente de ligar ou separar representações.

Representações com respeito às quais o espírito se comporta passivamente, pelas quais, portanto, o sujeito é *afetado* (podendo afetar a si mesmo ou ser afetado por um objeto), pertencem à faculdade de conhecimento *sensível*, mas as que contêm um mero *agir* (o pensar) pertencem à faculdade de conhecimento *intelectual*. Aquela é denominada também faculdade inferior de conhecimento, esta, porém, faculdade *superior*.[13] Aquela tem o ‖ caráter da *passividade* das sensações do sentido interno, esta, o da espontaneidade da apercepção, isto é, da pura consciência da ação que constitui o pensar e pertence à lógica (um sistema de regras do entendimento), assim como aquela pertence à *psicologia* (um conjunto de todas as percepções internas sob leis naturais) e funda a experiência interna.

Nota. O objeto da representação que contém apenas o modo como sou por ele afetado, só pode ser por mim conhecido como me aparece, e toda experiência (conhecimento empírico), interna não menos que externa, é apenas conhecimento dos objetos como eles nos *aparecem*, não como *são* (considerados por si sós). Pois de que espécie será a intuição sensível a que se segue o pensar do objeto (o conceito dele), isso não depende meramente da índole do objeto da representação, mas da do sujeito e de sua receptividade. — Mas a índole formal dessa receptividade não pode, por seu turno, ser tomada de empréstimo aos sentidos, mas precisa ser dada *a priori* (como intuição), isto é, precisa ser uma intuição sensível que subsista ainda que todo o empírico (contendo a *sensação dos sentidos*) seja suprimido, e esse formal da intuição é, na experiência interna, o *tempo*.

---

[13] Pôr a *sensibilidade* meramente na indistinção das representações, a *intelectualidade*, pelo contrário, na distinção, estabelecendo desse modo uma divisão meramente *formal* (lógica) da consciência, em lugar da *real* (psicológica), que não concerne simplesmente à forma de pensar, mas também a seu conteúdo, foi um grande erro da escola leibniz-wolffiana, isto é, colocar a sensibilidade meramente numa *falta* (de clareza das representações parciais), por conseguinte, na indistinção, a natureza da representação intelectual, porém, na distinção, apesar de ‖ aquela ser algo muito positivo e um ingrediente indispensável à última para produzir um conhecimento. — Mas Leibniz foi propriamente o culpado. Pois, pertencendo à escola de Platão, admitiu a existência de intuições intelectuais puras, inatas, chamadas Ideias, que se encontrariam na mente humana, embora agora estejam obscurecidas, e a cuja decomposição e iluminação pela atenção devemos exclusivamente o conhecimento dos objetos como são em si mesmos. (N.A.)

Porque experiência é conhecimento empírico, mas para o conhecimento (já que repousa em juízos) se exige reflexão (*reflexio*), portanto, consciência da atividade na composição do diverso da representação segundo uma regra de unidade dele, isto é, *conceito* e pensar em geral (que é diferente do intuir), a consciência é dividida em *discursiva* (que, como lógica, porque dá a regra, tem de preceder) e *intuitiva*; a primeira (a pura apercepção da ação de sua mente) é simples. O eu da reflexão não contém em si diverso algum e é em todos os juízos sempre um e o mesmo, porque é simplesmente esse formal da consciência; em contrapartida, a *experiência interna* contém o material dela e um diverso ∥ da intuição empírica interna, o eu da *apreensão* (por conseguinte, uma apercepção empírica).

Eu, como ser pensante, sou de fato um mesmo sujeito comigo, como ser sensível, mas como objeto da intuição empírica interna, isto é, enquanto sou afetado internamente por sensações no tempo, simultâneas ou sucessivas, só me conheço como apareço a mim mesmo, não como coisa em si mesma. Pois isso depende da condição do tempo, que não é um conceito do entendimento (portanto, não mera espontaneidade); por conseguinte, de uma condição com respeito à qual minha faculdade de representação é passiva (e pertence à receptividade). — Por isso sempre me conheço, mediante a experiência interna, somente como *apareço* a mim mesmo, proposição que é frequentemente deturpada de um modo maldoso, como se quisesse dizer: apenas me *parece* (*mihi videri*) que tenho certas representações e sensações, que em geral eu existo. — A aparência é o fundamento de um juízo errôneo por razões subjetivas falsamente consideradas objetivas; o fenômeno, porém, não é um juízo, mas mera intuição empírica, que, por meio da reflexão e do conceito do entendimento que dela nasce, se torna experiência interna e, com isso, verdade.

A causa desses erros é que as palavras *sentido interno* e *apercepção* são geralmente tomadas como sinônimos pelos psicólogos, apesar de que somente a primeira deve indicar uma consciência psicológica (aplicada), e a segunda meramente uma consciência lógica (pura). Mas a afirmação de que pelo sentido interno só podemos nos conhecer *como aparecemos a nós mesmos* se torna clara porque a apreensão (*apprehensio*) das impressões do sentido interno pressupõe uma condição formal da intuição interna do sujeito, a saber, o tempo, que não é um conceito do entendimento e, portanto, vale simplesmente como condição subjetiva de como nos são dadas sensações internas segundo a índole da alma humana, por conseguinte, ela *não nos dá* a conhecer como o objeto é em si.

* * *

Esta nota não pertence propriamente à antropologia. Nesta, fenômenos unificados segundo leis do entendimento são experiências, e então não se pergunta por aquele modo de representar as coisas no qual são consideradas mesmo sem sua relação com os *sentidos* (ou seja, em si mesmas); ‖ pois essa investigação pertence à metafísica, que tem a ver com a possibilidade do conhecimento *a priori*. Mas foi necessário recuar até esse ponto para impedir os equívocos da mente especulativa relativos a essa questão. — Como aliás o conhecimento do ser humano por meio da experiência interna é de grande importância, porque em grande parte ele também julga os outros de acordo com ela, mas ao mesmo tempo de uma dificuldade talvez maior que o julgamento correto dos outros, pois o investigador de seu íntimo, em vez de simplesmente observar, facilmente *introduz* muita coisa na autoconsciência, por tudo isso é aconselhável e até necessário começar pelos *fenômenos* observados em si mesmo, e somente então passar à afirmação de certas proposições que concernem à natureza do ser humano, isto é, à *experiência interna*.

Apologia da sensibilidade

§ 8

Todos demonstram total respeito para com o *entendimento*, como também já o mostra sua denominação de faculdade *superior* de conhecimento; aquele que quisesse louvá-lo seria despachado com o escárnio daquele orador que faz o elogio da *virtude* (*stulte! quis unquam vituperavit*).[14] A sensibilidade, porém, tem má fama. Fala-se muito mal dela, por exemplo: 1) que *confunde* a faculdade de representação; 2) que é presunçosa, teimosa e difícil de dominar como *senhora*, quando só devia ser *servidora* do entendimento; 3) que até mesmo *engana*, e com ela toda cautela é pouca. — Mas, por outro lado, não lhe faltam encomiastas, principalmente entre poetas e pessoas de gosto, que não apenas enaltecem, como sendo um mérito, a *sensibilização* dos conceitos do entendimento, mas também colocam justamente nisso, e em que os conceitos não sejam decompostos com tão meticuloso cuidado em suas partes integrantes, a *expressividade* (a abundância de pensamento) ou a *ênfase* (reiteração) da linguagem e a *luminosidade* (claridade na consciência) das repre-

---

[14] Louco! Quem jamais a vituperou. (N.T.)

sentações, e declaram precisamente a simplicidade do entendimento como indigência.[15] Não necessitamos aqui de um panegirista, mas apenas de um advogado que refute o acusador.

‖ O que há de *passivo* na sensibilidade, que no entanto não podemos pôr de lado, é propriamente a causa de todo mal que a ela se atribui. A perfeição interna do ser humano consiste nisto: ter o uso de todas as suas faculdades em seu poder, para submetê-lo ao seu *livre-arbítrio*. Mas para isso se exige que o *entendimento* domine sem, contudo, debilitar a sensibilidade (que é em si plebe, porque não pensa), porque sem ela não haveria matéria que pudesse ser elaborada para uso do entendimento legislador.

Defesa da sensibilidade contra a primeira acusação

§ 9

Os sentidos não confundem. Daquele que *apreendeu* um diverso dado, mas *ainda não o ordenou*, não se pode dizer que o *confunde*. As percepções dos sentidos (representações empíricas com consciência) só podem ser denominadas *fenômenos* internos. Somente o entendimento, que vem em acréscimo a elas e as une sob uma regra do pensar (introduz *ordem* no diverso), faz delas um conhecimento empírico, isto é, *experiência*. — A responsabilidade é, portanto, do *entendimento*, que descuida de sua incumbência, se julga arriscadamente sem ter antes ordenado as representações sensíveis segundo conceitos, e depois se queixa da confusão delas, imputada à conformação sensível da natureza do homem. Essa censura se refere tanto às queixas infundadas sobre a confusão das representações externas, quanto sobre a confusão das representações internas provocada pela sensibilidade.

As representações sensíveis precedem certamente as representações do entendimento e se apresentam em massa. Tanto mais rico, porém, é o produto quando o entendimento entra com sua ordenação e sua forma intelectual, e traz, por exemplo, à consciência expressões *concisas* para o conceito, *enfáticas* para o sentimento e representações *interessantes* para a determinação da vontade. — *A riqueza* que os produtos do espírito apresentam de uma só vez (em massa) ao entendimento na oratória e na poesia, ‖ com frequência o coloca em embaraço em virtude de seu uso

---

[15] Como aqui só se fala da faculdade de conhecer e, portanto, de representação (não do sentimento de prazer ou desprazer), a *sensação* não significa nada mais que ‖ a representação dos sentidos (intuição empírica), em sua diferença tanto dos conceitos (o pensar), quanto também da intuição pura (espaço e representação do tempo). (N.A.)

racional, e ele cai frequentemente em confusão quando deve tornar distintos e separar todos os atos da reflexão que, embora obscuramente, realmente emprega aqui. Mas nisso a sensibilidade está isenta de culpa, ao contrário, é mérito dela ter oferecido ao entendimento rico material diante do qual os conceitos abstratos deste são frequentemente apenas brilhantes ninharias.

Defesa da sensibilidade contra a segunda acusação

§10

Os sentidos não governam o entendimento. Ao contrário, apenas se oferecem ao entendimento, para que disponha de seus serviços. O fato de não quererem ver ignorada a sua importância, que lhes é devida principalmente naquilo que se denomina senso comum do homem (*sensus communis*), não pode ser imputado à pretensão deles de querer dominar o entendimento. Há realmente juízos que não são *formalmente* apresentados perante o tribunal do entendimento, para que sejam por ele julgados: parecem, por isso, ser imediatamente ditados pelo sentido. Tais juízos se encontram nos chamados provérbios ou nas inspirações oraculares (como aqueles cuja sentença Sócrates atribuía a seu gênio). Nestes se pressupõe que o *primeiro* juízo que se formula sobre o que é justo e sábio fazer em determinado caso também é geralmente o *correto*, e muita ponderação só o poria a perder. Na verdade, esses juízos não procedem dos sentidos, mas de reflexões efetivas, ainda que obscuras, do entendimento. — Os sentidos não têm essa pretensão e são como o povo comum, que, quando não é plebe (*ignobile vulgus*), se submete de bom grado a seu soberano, o entendimento, mas quer ser ouvido. Ora, admitir que certos juízos e conhecimentos procedem imediatamente do sentido interno (sem o intermédio do entendimento), e considerar este como comandando por si e as sensações como valendo por juízos, é um puro *desvario*, que está em parentesco próximo com a perturbação dos sentidos.

Defesa da sensibilidade contra a terceira acusação

§11

Os sentidos não enganam. Essa proposição é rejeição da censura mais importante, mas também, ponderando as coisas com rigor, a mais nula que se faz aos sentidos; e isso não porque os sentidos julgam sempre corretamente, mas porque não julgam de modo algum; por isso, o erro sempre recai somente sobre o entendimento. — Mas para o entendimento a *aparência sensível* (*species, apparentia*) basta, se não como justificação, ao menos como desculpa, daí porque ocorre com muita frequência de o ser humano tomar o subjetivo de seu modo de representação pelo objetivo (a torre distante, em que ele não *vê* lados, como sendo *redonda*; o mar, cuja parte distante lhe chega aos olhos por meio de raios de luz mais elevados, como sendo *mais alto* que a margem (*altum mare*); a lua cheia, que vê nascer no horizonte através de uma névoa, ainda que a apreenda pelo mesmo ângulo visual, como sendo mais distante, portanto, também *maior*, do que quando aparece no alto do céu) e, assim, a tomar o *fenômeno* pela *experiência*; mas por isso ocorre com muita frequência de cair em erro, mas num erro do entendimento, não num erro dos sentidos.

* * *

Uma censura que a lógica lança contra a sensibilidade é a seguinte: reprova-se o conhecimento proporcionado pela *superficialidade* (individualidade, restrição ao singular), ao passo que o entendimento, que se dirige ao universal, mas, por isso mesmo, tem de se acomodar com abstrações, é censurado por sua *aridez*. Mas modo de consideração estético, cujo primeiro requisito é popularidade, segue um caminho pelo qual se pode contornar ambos os erros.

Do poder-fazer em relação à faculdade de conhecer em geral

§ 12

O parágrafo anterior, que tratou do poder da aparência naquilo em que nenhum ser humano *é capaz de* fazer, nos leva à discussão dos conceitos de *leve* e *pesado* (*leve et grave*), que ao pé da letra significam em alemão propriedades e forças dos corpos, mas que por certa analogia devem significar, como em latim, o || *factível* (*facile*) e o *comparativamente infactível* (*difficile*); pois aquilo que quase não é factível em certas condições e situações é sempre considerado como *subjetivamente infactível* por um sujeito que duvida que sua capacidade esteja à altura de realizá-lo.

A *facilidade* em fazer algo (*promptitudo*) não deve ser confundida com a *habilidade* <*Fertigkeit*> em tais ações (*habitus*). A primeira significa um certo grau de capacidade mecânica: "posso, se quero", e designa a

147

possibilidade subjetiva; a segunda, a *necessidade* subjetivo-prática, isto é, o *hábito*, portanto, um certo grau de vontade adquirido pelo uso frequentemente repetido de sua faculdade: "quero porque o dever manda".

Não se pode, por isso, explicar a *virtude* assim: ela é a *habilidade* nas ações justas e livres, pois então seria um mero mecanismo de aplicação de força; mas virtude é a *força moral* no cumprimento do seu dever, que jamais se tornará hábito, devendo provir, sempre de forma inteiramente nova e original, da maneira de pensar.

O fácil se opõe ao *difícil*, mas com frequência também ao *incômodo*. Fácil é para um sujeito aquilo para o qual nele se pode encontrar grande sobra de capacidade no emprego da força necessária para um ato. O que é mais fácil de praticar que as formalidades das visitas, felicitações e pêsames? O que é, contudo, mais penoso para um homem atarefado? Elas são *vexações* amistosas (maçadas), de que cada um deseja de coração ficar livre, mas hesita em ir contra o costume.

Que vexações não existem em todo aquele ritual que se considera fazer parte da religião, mas que na realidade foi incorporado à forma da igreja, onde o mérito da devoção reside precisamente no fato de que todo o ritual de nada serve, e na mera submissão dos crentes, que devem se deixar importunar pacientemente pelas cerimônias e regras, penitências e castigos (quanto mais, melhor); apesar de tais trabalhos servis serem *mecanicamente fáceis* (porque neles não se precisa sacrificar nenhuma inclinação viciosa), para o indivíduo sensato, no entanto, eles têm de ser *moralmente* muito *incômodos e pesados*. — Por isso, quando o grande educador moral do povo disse: "Meus mandamentos não são difíceis", não quis dizer que necessitavam apenas de pequeno dispêndio de força para cumpri-los, pois de fato são os mais difíceis, como aqueles que requerem sentimentos puros do coração, mas, para || um indivíduo sensato, infinitamente mais fáceis que os mandamentos de um atarefado não-fazer-nada (*gratis anhelare, multa agendo nihil agere*),[16] como foram aqueles que fundaram o judaísmo, pois o homem sensato sente o que é mecanicamente fácil como muito mais pesado, quando vê que o esforço aplicado não serve para nada.

Tornar fácil algo difícil é *mérito*; *pintá-lo* como fácil, embora não se possa fazê-lo, é *embuste*. Fazer o que é fácil *carece de mérito*. Os métodos e as máquinas e, com estes, a divisão dos trabalhos entre diferentes artesãos (trabalho fabril), tornam fácil muita coisa que seria difícil fazer com as próprias mãos sem outros instrumentos.

[16] [desejar inutilmente, agindo muito sem produzir nada] (N.T.)

Indicar as dificuldades antes de dar a instrução para o empreendimento (como, por exemplo, em muitas investigações da metafísica), pode sem dúvida intimidar, mas é sempre melhor que *ocultá-las*. Aquele que tem por fácil tudo o que empreende é *leviano*. Aquele que se sai facilmente em tudo quanto faz é *hábil*, assim como aquele cujos atos revelam esforço é *pesado*. — A conversa sociável (conversação) é um simples jogo onde tudo deve ser fácil e leve. Por isso, nela a cerimonia (a rigidez), por exemplo, a despedida solene após um banquete, é abolida como antiquada.

A disposição de espírito do homem ao empreender um negócio varia conforme a diferença de temperamento. Alguns começam com dificuldades e preocupações (os melancólicos), em outros a esperança e a suposta facilidade de realização é o que lhes vem primeiro ao pensamento (os sanguíneos).

Mas que pensar da célebre sentença dos homens de gênio, que não está meramente fundada no temperamento: "O que o homem *quer*, ele *pode*"? Ela não passa de uma sonora tautologia, pois o que ele quer *por ordem de sua razão moral-imperativa*, ele *deve* fazer, e por conseguinte, também *pode* fazer (pois a razão não lhe ordenará o impossível). Há alguns anos, porém, existiram uns convencidos que arrogavam isso para si também no sentido físico e se anunciavam como assediadores do mundo, mas sua raça se extinguiu há tempos.

Por último, quando algo *se torna usual* (*consuetudo*), ou seja, quando sensações exatamente da mesma espécie desviam a atenção dos sentidos por sua prolongada duração sem alteração, e quase já não se ‖ é conscientes delas, isso torna *fácil* suportar o mal (o que então é erroneamente honrado com o nome de uma virtude, a saber, a paciência), mas também torna *mais difíceis* a consciência e a lembrança do bem recebido, o que conduz comumente à ingratidão (um verdadeiro vício).

O *hábito* (*assuetudo*) é, todavia, uma necessidade física interna de continuar procedendo do mesmo modo que até agora se procedeu. O *hábito* retira o valor moral das boas ações precisamente porque prejudica a liberdade do espírito e leva, além disso, à repetição irrefletida do mesmo ato (monotonia), tornando-se com isso ridículo. — As ênfases habituais (*frases* para o mero preenchimento do vazio do pensamento) tornam o ouvinte ininterruptamente ansioso por escutar novamente a frasezinha de efeito e o orador, uma máquina falante. A causa da repugnância que o hábito de um outro suscita em nós é que aqui o animal sobressai em demasia no ser humano, que é guiado *instintivamente* pela regra do hábito como uma outra natureza (não humana) e então corre perigo de cair na mesma categoria das bestas. — Certos hábitos podem, contudo, ser propositais e aceitos quando a natureza recusa sua ajuda ao livre-arbítrio, por exemplo, o ancião se habitua à hora de comer e beber, à qualidade ou quantidade de comida e bebida ou também de sono, hábitos que então se tornam gradualmente mecânicos; mas isso só vale excepcionalmente e em caso de necessidade. Em regra, todo hábito é reprovável.

Do jogo artificial com a aparência sensível

§ 13

O engano provocado no entendimento pelas representações dos sentidos (*praestigiae*) pode ser natural *ou* também artificial, e é *ilusão* (*illusio*) ou *fraude* (*fraus*). — O engano pelo qual se é obrigado a tomar algo como real com base no testemunho que é dado pela visão, ainda que o mesmo sujeito, mediante seu entendimento, o declare impossível, se chama *ilusão de óptica* (*praestigiae*).

A *ilusão* é aquele engano que permanece, ainda que se saiba que o objeto suposto não é real. — Esse jogo || da mente com a aparência sensível é muito agradável e divertido como, por exemplo, o desenho em perspectiva do interior de um templo ou como disse Raphael Mengs sobre a pintura *Escola dos Peripatéticos* (parece-me que de Correggio):[17] "quando a gente olha essas figuras por muito tempo, parece que estão andando", ou como a escada pintada na prefeitura de Amsterdã, com uma porta semiaberta, que induz todos a subir por ela etc.

O *engano* dos sentidos ocorre, porém, quando a aparência cessa imediatamente, tão logo se saiba o que se passa com o objeto. Tais são as artes dos prestidigitadores de toda espécie. — Um vestido cuja cor se destaca vantajosamente para a vista é ilusão; mas maquiagem é engano. Pela primeira se é seduzido, pelo segundo, burlado. — Por isso também as *estátuas* de figuras humanas ou animais pintadas com cores naturais não podem ser admitidas: pois se é levado a considerá-las vivas toda vez que se mostrem inesperadamente à vista.

A *fascinação* (*fascinatio*) num estado de ânimo normalmente saudável é um engano dos sentidos, do qual se diz que não condiz com as coisas naturais, pois se um juízo que afirma a *existência* de um objeto (ou de uma qualidade dele) alterna irresistivelmente, quando se presta atenção nele,

---

[17] O quadro referido não pode ser outro que a *Escola de Atenas*, de Raphael (não de Correggio). A frase citada por Kant, Külpe não conseguiu encontrá-la nas obras de Raphael Mengs. (V.) (N.T.)

com o juízo segundo o qual ele *não existe* (ou que é de outra maneira) — o sentido parece contradizer a si mesmo, como um pássaro que adeja diante do espelho no qual vê a si mesmo, e ora o tem por um pássaro real, ora não. Esse jogo em que os seres humanos *não confiam nos próprios sentidos* ocorre principalmente com aqueles que são fortemente acometidos de paixão. Para o enamorado que (segundo *Helvetius*)[18] a viu nos braços de um outro, a amada pode simplesmente negar o fato e dizer: "Infiel, você não me ama mais, você crê mais no que vê que do que naquilo que lhe digo".

— Mais grosseiro, ou ao menos mais nocivo, era o engano perpetrado por *ventríloquos, gassnerianos, mesmerianos*[19] e pelos supostos necromantes. Antigamente eram chamadas de *bruxas* as mulheres pobres e ignorantes que pretendiam poder fazer algo sobrenatural e, todavia, neste século não se extinguiu por completo a crença nisso.[20] Parece que o sentimento de surpresa perante || o inaudito tem em si mesmo algo de muito atraente para o homem fraco: não só porque se lhe abrem novas perspectivas, mas porque com isso é induzido a se livrar do uso da razão, para ele tão incômodo, e a pôr os outros no mesmo estado de ignorância que o seu.

Da aparência moral permitida

§ 14

Feitas as contas, quanto mais os seres humanos se tornam civilizados, tanto maior é o número de atores; eles aparentam simpatia, respeito pelos

---

[18] *De l'esprit*, cap. 2. (V.) (N.T.)

[19] John Josef Gabner (1727-1779), pároco católico da Suíça oriental, famoso também como exorcista no sul da Alemanha, até que uma ordem imperial pôs um termo à fraude. Mesmer (1734-1815), médico, igualmente teólogo católico, se tornou conhecido como inventor do chamado magnetismo animal (1775), que se converteu em moda em Paris e encontrou numerosos partidários, inclusive entre os médicos, pelos anos de 1778-84. (V.) (N.T.)

[20] Interrogado como testemunha pelo juiz sobre um desses casos, um padre protestante da Escócia disse ainda neste século: "Meu senhor, || eu lhe asseguro por minha honra de sacerdote que essa mulher é uma *bruxa*", ao que replicou o juiz: "E eu lhe asseguro por minha honra de juiz que o senhor não é um bruxo". A palavra *Hexe* [bruxa], agora germanizada, vem das palavras iniciais da fórmula que se diz na consagração da hóstia, que o crente vê com os olhos *do corpo* como um pequeno disco de pão, mas que, depois de pronunciada aquela fórmula, está obrigado a ver, com os olhos do *espírito*, como o corpo de um homem. Pois as palavras *hoc est* primeiro atraíram a palavra *corpus*, onde dizer *hoc est corpus* foi modificado em fazer *hocuspocus*, provavelmente por um piedoso temor de denominar e profanar o nome correto, como costumam fazer os supersticiosos em questões sobrenaturais, para não cometer nenhuma violação. (N.A.)

outros, recato, altruísmo, sem enganar ninguém com isso, porque cada um dos demais está de acordo que não se está sendo exatamente sincero, e também é muito bom que as coisas sejam assim no mundo. Pois, porque os homens representam esse papel, as virtudes, cuja aparência apenas afetam por um longo espaço de tempo, são por fim pouco a pouco realmente despertadas e passam a fazer parte do caráter. — Enganar, porém, o enganador que há em nós mesmos, enganar a inclinação é, por sua vez, voltar a obedecer à lei da virtude, não engano, mas inocente ilusão de nós mesmos.

Assim, o fastio com a própria existência, o vazio mental provocado pela falta de sensações a que se anseia sem cessar, o *tédio* em que se sente ao mesmo tempo o peso da indolência, isto é, do enfado com qualquer ocupação que poderia se chamar de trabalho e que poderia acabar com aquele fastio porque está ligada a fadigas, é um sentimento sumamente repugnante, cuja causa não é outra que a inclinação natural à *comodidade* (repouso não precedido de esforço). — Mas essa inclinação é enganosa, mesmo em vista dos fins que || a razão dá como lei para que o ser humano fique satisfeito consigo mesmo, *quando ele não faz absolutamente nada* (vegeta sem finalidade), porque *não faz nada de mal*. Portanto, enganá-la novamente (o que pode ocorrer por meio do jogo com as belas-artes, mas na maioria das vezes por meio da conversa social) se chama *passar o tempo* (*tempus fallere*), expressão que já indica a intenção de enganar a própria inclinação para o descanso ocioso, quando as belas-artes entretêm ludicamente a mente, ou quando apenas o mero jogo sem finalidade numa peleja amistosa produz ao menos o cultivo da mente; em caso contrário, se chama *matar* o tempo. — — Com violência nada se conseguiu contra a sensibilidade nas inclinações; é preciso ludibriá-las e, como diz Swift, dar um tonel para a baleia brincar, a fim de salvar o navio.[21]

A natureza implantou sabiamente no homem a propensão a se deixar de bom grado enganar, quer para salvar a virtude, quer para conduzi-lo a ela. A boa e honrosa *decência* é uma aparência exterior que infunde respeito aos outros (não se fazer vulgar). Sem dúvida, a mulher não ficaria satisfeita se o sexo masculino não parecesse prestar homenagem a seus encantos. Mas a *pudicícia* (*pudicitia*), uma autocoerção que oculta a paixão, é, como ilusão, muito salutar para produzir entre um e outro sexo a distância necessária para não rebaixar um a mero instrumento do gozo do outro. — Em geral, tudo o que se denomina *decoro* (*decorum*) é da mesma índole, a saber, nada mais que *bela aparência*.

A *cortesia* (polidez) é uma aparência de condescendência que infunde amor. As *reverências* (saudações) e todo galanteio *cortês*, junto

[21] Jonathan Swift (1667-1745). *Conto do tonel.* (V.) (N.T.)

com os mais calorosos protestos verbais de amizade, nem sempre são precisamente *verdades* ("Meus queridos amigos, não existe amigo!" *Aristóteles*),[22] mas tampouco *enganam*, porque cada um sabe pelo que os deve tomar, e principalmente porque esses símbolos, inicialmente vazios, de benevolência e de respeito conduzem pouco a pouco a verdadeiros caracteres de tal espécie.

Toda virtude humana nas relações é moeda de pouco valor; é uma criança quem a toma por ouro puro. — Mas é sempre melhor ter em circulação moeda de pouco valor que carecer de um meio como este, e poder finalmente, embora com uma perda considerável, trocá-las por ouro verdadeiro. ‖ Fazer com que passem por meras *fichas de jogo* sem nenhum valor e dizer com o sarcástico Swift: "A honra é um par de sapatos gastos na sujeira"[23] etc.; ou caluniar até mesmo um Sócrates, como o pregador Hofstede em seu ataque ao *Belisário* de Marmontel,[24] e impedir que qualquer pessoa creia na virtude, é alta traição à humanidade. Mesmo a aparência do bem em outros tem de ser estimável para nós, porque esse jogo com dissimulações, que granjeiam respeito sem talvez o merecer, pode por fim se tornar sério. — Somente a aparência do bem *em nós mesmos* precisa ser eliminada sem clemência, e rasgado o véu com que o amor-próprio encobre nossos defeitos morais, porque a aparência *engana* onde o indivíduo, recorrendo a algo sem nenhum conteúdo moral, encena para si mesmo a anulação de sua própria culpa ou até, dispensando esse expediente, se convence de não ser culpado de nada, por exemplo, quando no fim da vida se pinta o arrependimento pelas más ações como verdadeira correção ou a transgressão deliberada, como fraqueza humana.

Dos cinco sentidos

§ 15

Na faculdade de conhecer (faculdade das representações na intuição), a *sensibilidade* contém duas partes: o *sentido* e a *imaginação*. — O primeiro é a faculdade de intuição na *presença* do objeto; a segunda, também *sem* a presença deste. — Os sentidos, porém, são divididos

---

[22] Na *Ética Eudemia*, 1245b 20-21. Cf. Diógenes Laercio, V, 21. (K.) (N.T.)
[23] Op. cit. (V.) (N.T.)
[24] J. Peter Hofstede, membro da igreja reformista e professor de Teologia em Roterdã, escreveu uma obra, *O Belisario publicado pelo senhor Marmotel, julgado* (Leipzig, 1769), cujo capítulo 23 (O filósofo grego Sócrates desmascarado) provocou uma veemente polêmica. (K.) (N.T.)

por sua vez em sentido *externo* e *interno* (*sensus internus*); o primeiro é aquele em que o corpo humano é afetado pelas coisas corporais, o segundo, aquele em que é afetado pela mente, onde se deve notar que o último, como mera faculdade de percepção (da intuição empírica), é considerado distinto do *sentimento* de prazer e desprazer, isto é, da receptividade que o sujeito tem de ser determinado por certas representações para a manutenção ou rejeição do estado dessas representações, o que se poderia denominar sentido *interior* (*sensus interior*). — Uma representação pelo sentido, de que se é consciente como sendo uma tal, chama-se *sensação* <Sensation> especialmente quando o sentimento desperta simultaneamente a atenção para o estado do sujeito.

§ 16

Antes de mais nada, os sentidos da sensação corporal podem ser divididos em sentidos da || *sensação vital* (*sensus vagus*) e da *sensação do órgão* (*sensus fixus*), e porque todos eles só são encontrados onde há nervos, podem ser divididos entre aqueles que afetam o sistema nervoso inteiro e aqueles que só afetam o nervo pertencente a um certo membro do corpo. — A sensação de *calor* e *frio*, mesmo aquela que é suscitada pela mente (por exemplo, pela esperança ou temor que aumentam rapidamente), pertence ao *sentido vital*. O *calafrio* <Schauer> que percorre o próprio ser humano à representação do sublime, e o *terror* com que já tarde da noite histórias da carochinha fazem as crianças fugir para a cama, são dessa última espécie; eles penetram o corpo, onde nele haja vida.

Se se referem à sensação externa, os órgãos dos sentidos, porém, não podem ser, com boa razão, nem mais nem menos que em número de cinco.

Mas *três* deles são mais objetivos que subjetivos, isto é, como *intuição* empírica contribuem mais para o conhecimento do objeto externo do que estimulam a consciência do órgão afetado; — *dois*, no entanto, são mais subjetivos que objetivos, isto é, a representação que se tem por meio deles é mais de *fruição* que de conhecimento do objeto externo; por isso, sobre os primeiros se pode facilmente entrar em acordo com as outras pessoas, em relação aos últimos, porém, ainda que a intuição empírica externa seja uma só e a denominação do objeto a mesma, a maneira *como* o sujeito se sente afetado pelo objeto pode ser de todo diferente.

Os sentidos da primeira classe são: 1) *tato* (*tactus*), 2) *visão* (*visus*), 3) *audição* (*auditus*). — Os da segunda: a) *paladar* (*gustus*), b) *olfato* (*olfactus*); todos eles sentidos puros da sensação orgânica, como que muitas vias externas de acesso, que a natureza preparou para que o animal possa diferenciar os objetos.

Do tato

§ 17

O sentido do tato está nas pontas dos dedos e nas saliências nervosas (*papillae*) deles para que, ao contato com a superfície de um corpo sólido, investigue sua forma. — A natureza parece ter destinado esse órgão unicamente ao ser humano para que, tocando um corpo por todos os lados, pudesse ter um conceito <*Begriff*> da forma dele, pois as antenas dos insetos || parecem ter em vista apenas a presença, não a investigação da forma do corpo. — Esse sentido é também o único de percepção externa *imediata*, e precisamente por isso também o mais importante e o que instrui de modo mais seguro, embora não obstante o mais grosseiro: porque a matéria, a partir de cuja superfície devemos nos instruir, por contato, sobre a forma, tem de ser sólida. (Quando se fala aqui da sensação vital, não entra em questão se a superfície deve ser sentida como suave ou não, e menos ainda se é quente ou fria). — Sem esse sentido do órgão não poderíamos ter nenhuma noção de uma forma corporal, a cuja percepção, portanto, temos de referir originariamente os dois outros sentidos da primeira classe, para proporcionar conhecimento da experiência.

155

Da audição

§ 18

O sentido da audição é um dos sentidos de percepção meramente *mediata*. — Através do ar que nos circunda e por meio dele se reconhece em grande medida um objeto distante, e justamente por esse meio, posto em movimento pelo órgão da voz, a boca, os homens podem entrar, mais fácil e integralmente, em comunidade de pensamentos e sentimentos com os outros, principalmente quando os sons que cada qual faz o outro ouvir são articulados e em sua ligação segundo leis constituem uma linguagem pelo entendimento. — A forma do objeto não é dada pela audição, e os sons da linguagem não levam diretamente à representação dele, mas exatamente por isso e porque em si nada significam, ou ao menos não significam nenhum objeto e, quando muito, apenas sentimentos internos, eles são os meios mais adequados para a designação dos conceitos, e os surdos de nascimento, que precisamente por isso também devem ficar mudos (sem linguagem), nunca podem chegar a algo mais que a um *análogo* da razão.

Ele, porém, no que diz respeito ao sentido vital, não só é movido de um modo indescritivelmente vivo e variado, mas também fortalecido pela *música*, como um jogo regular de sensações auditivas, que é como que uma linguagem de meras sensações (sem nenhum conceito). Os sons aqui são *tons*, são para o ouvido o que as cores são para a visão: uma comunicação dos sentimentos à distância, num espaço circundante, comunicação a todos os que nele se encontram, e uma fruição social que não é diminuída pelo fato de muitos dela participarem.

Da visão

§ 19

Também a visão é um sentido da sensação *mediata*, produzida por meio de uma matéria móvel sentida apenas por um certo órgão (*os olhos*), a *luz*, a qual não é meramente, como o som, um movimento ondulatório de um elemento fluido, que se propaga em todas as direções do espaço ao redor, mas uma corrente pela qual é determinado um ponto para o objeto no espaço, e por meio da qual o universo se nos torna conhecido numa extensão tão imensa que, sobretudo quando comparamos, a partir de nossas escalas terrestres, as distâncias dos corpos celestes dotados de luz própria em relação à terra, nos cansamos com a série de números e, nesse caso, quase temos mais motivo para admirar a delicada sensibilidade desse órgão, no que se refere à percepção de impressões tão fracas, do que a grandeza do objeto (o universo), principalmente quando se considera o mundo em escala menor, como quando é posto diante dos olhos por meio do microscópio, por exemplo, nos animálculos em infusão. — Se não é mais indispensável que o ouvido, a visão é seguramente o sentido mais nobre, porque é, dentre todos, o que mais se distancia do tato, como condição mais limitada das percepções, e não só contém a maior esfera delas no espaço, mas também sente seu órgão menos afetado (porque, do contrário, não seria mera visão), e, com isso, se aproxima, portanto, de uma *intuição pura* (a representação imediata do objeto dado sem que nela se note mistura de sensação).

* * *

Esses três sentidos externos conduzem o sujeito, por reflexão, ao conhecimento do objeto como uma coisa fora de nós. — Mas quando a sensação se torna tão forte que a consciência do movimento do órgão se torna mais intensa que a referência a um objeto exterior, então as representações externas se convertem em internas. — Notar o liso ou o áspero no tangível é algo totalmente diferente que reconhecer com isso a figura do corpo exterior. Do mesmo modo, uma voz esganiçada pode tornar alguém surdo por alguns instantes, se a fala do outro é tão forte que, como se diz, doem os ouvidos, ou então alguém pode ficar cego por alguns instantes, se || sai de um aposento escuro para a luz do sol e pisca os olhos, isto é, nenhum dos dois pode chegar ao conceito do objeto devido a veemência da sensação, a atenção deles estando meramente fixada na representação subjetiva, a saber, na modificação do órgão.

Do paladar e do olfato

§ 20

Os sentidos do paladar e do olfato são, ambos, mais subjetivos que objetivos, o primeiro, pelo *contato* do objeto externo com o órgão da *língua*, da *garganta* e do *céu da boca*; o segundo, pela aspiração de aromas que se mesclam ao ar, onde o corpo que as emite pode inclusive estar distante do órgão. Ambos são bastante aparentados, e aquele a quem falta o olfato tem sempre apenas um paladar embotado. — Pode-se dizer que ambos são afetados por *sais* (fixos e voláteis), dos quais um precisa ser dissolvido pelo líquido na boca, o outro, através do ar, sais que têm de se infiltrar no órgão para fazer chegar a este a sensação específica deles.

Nota geral sobre os sentidos externos

§ 21

As sensações dos sentidos externos podem ser divididas nas de influxo *mecânico* e nas de influxo *químico*. Às que influem mecanicamente pertencem os três sentidos superiores; às de influxo químico, os dois sentidos inferiores. Aqueles são sentidos da *percepção* (superficial); estes, da *fruição* (ingestão no mais íntimo). — A *náusea*, estímulo de se libertar do ingerido pelo caminho mais curto do *esôfago* (vomitar), foi dada ao homem como uma sensação vital muito forte, porque a ingestão pode ser perigosa ao animal.

Mas assim como existe também uma *fruição espiritual*, que consiste na comunicação dos pensamentos, fruição que, no entanto, a mente acha repugnante quando nos é imposta e não nos é saudável como alimento espiritual (como, por exemplo, a repetição sempre das mesmas ideias pretensamente espirituosas ou divertidas não pode nos ser saudável justamente por essa monotonia), assim também o instinto natural de se livrar dele se chama igualmente, ‖ por analogia, náusea, ainda que pertença ao sentido interno.

O *olfato* é como que um paladar à distância, que força os demais a compartilhar a fruição de algo querendo ou não, e por isso esse sentido, contrário à liberdade, é menos sociável que o paladar, onde dentre muitos pratos ou bebidas o convidado pode escolher *um* de seu agrado, sem obrigar os demais a compartilhar a fruição dele. — A imundície parece despertar náusea não tanto pela repugnância para olho e língua, quanto pela suposta fetidez. Pois a ingestão pelo olfato (nos pulmões) é ainda mais íntima que pelos vasos de absorção da boca ou garganta.

Quanto mais intensamente os sentidos se sentem *afetados*, ainda que o grau de influxo exercido sobre eles permaneça o mesmo, tanto menos eles *ensinam*. Ou inversamente: para que ensinem muito, precisam ser moderadamente afetados. Quando a *luz* é mais intensa, nada se *vê* (distingue), e uma voz de estentor[25] *ensurdece* (abafa o pensamento).

Quanto mais o sentido vital é receptivo a impressões (quanto mais delicado e sensível), tanto mais infeliz é o ser humano; quanto mais receptivo ao sentido orgânico (mais sensitivo) e, inversamente, quanto mais duro para o sentido vital, tanto mais feliz ele é — digo mais feliz, não exatamente melhor moralmente —, pois ele tem mais em seu poder o sentimento de seu bem-estar. A faculdade de sentir pela *força* do sujeito (*sensibilitas sthenica*) pode se chamar sensibilidade fina; a faculdade de sentir pela *debilidade* do sujeito em não poder resistir suficientemente à invasão dos influxos dos sentidos na consciência, isto é, em lhes prestar atenção contra a vontade, pode se chamar suscetibilidade delicada (*sensibilitas asthenica*).

Questões

§ 22

Que órgão de sentido é o mais ingrato e parece ser também o mais dispensável? O do *olfato*. Não compensa cultivá-lo ou sequer refiná-lo para

---

[25] Kant, ao escrever "eine stentorisch angestrengte Stimme" provavelmente quis se referir à "stentorische Stimme", isto é, à voz de Stentor, homem que, segundo Homero (Ilíada, 5, 785) sabia gritar tão alto quanto cinquenta juntos. (N.T.)

fruir dele, pois pode proporcionar mais objetos de asco (principalmente em lugares de muita aglomeração) que de agrado e, para causar prazer, a fruição por meio desse sentido também só pode ser sempre fugaz e passageira. — Mas como condição negativa do bem-estar, para que não || se respire um ar nocivo (o vapor dos fornos, a fetidez dos pântanos e cadáveres), ou também não se usem coisas estragadas como alimento, esse sentido não é sem importância. — Exatamente essa mesma importância tem também o segundo sentido de fruição, a saber, o sentido do *paladar*, mas com a vantagem particular de que fomenta a sociabilidade na fruição, o que o anterior não faz, além de também julgar se os alimentos são proveitosos já na porta de entrada do canal intestinal; pois nessa fruição o proveito está ligado ao agrado como uma predição bastante segura desse último, contanto que a opulência e a gulodice não tenham posto a perder o sentido. — Onde falta apetite aos doentes, isso costuma ser em geral para eles proveitoso tal qual um remédio. — O cheiro das comidas é como que um antegosto, e o faminto é convidado à fruição pelo cheiro dos pratos prediletos, assim como dela se afasta aquele que está satisfeito.

159

Existe um substituto dos sentidos, isto é, um uso de um sentido para substituir um outro? Por meio de gestos, isto é, da visão se pode fazer um *surdo* falar da maneira habitual, desde que *tenha* podido ouvir um dia; a isso também pertence a observação do movimento de seus lábios, e o mesmo pode ocorrer pelo sentido do tato, tocando-se os lábios em movimento no escuro. Mas se é surdo de nascença, então o sentido da *visão*, partindo do movimento dos órgãos da linguagem, precisa converter os sons que se conseguiu obter dele por aprendizado num *sentimento* do movimento próprio dos músculos da fala, ainda que com isso ele nunca chegue a verdadeiros conceitos, porque os signos de que necessita para isso não são próprios para a universalidade. — A falta de ouvido musical, ainda que o ouvido meramente físico permaneça intacto, porque o ouvido pode ouvir sons, porém não tons, ou seja, um ser humano que possa falar mas não cantar, é uma atrofia difícil de explicar, assim como existem pessoas que podem *ver* muito bem, mas não distinguir cores, pessoas para as quais todos os objetos aparecem como numa gravura em cobre.

A falta ou perda de qual sentido é mais grave, a da audição ou a da visão? — A primeira, se é de nascença, é dentre todas a menos reparável; mas se só ocorre mais tarde, depois que já se cultivou o uso da visão, quer para observar a gesticulação, quer ainda indiretamente pela leitura de uma obra escrita, || então uma tal perda pode ser mal-e-mal reparada por meio da visão, principalmente num indivíduo abastado. Mas alguém que se tornou surdo na velhice em muito sentirá a falta desse meio de

160

relacionamento, e assim como se vêem muitos cegos que são expansivos, sociais e alegres à mesa, assim também alguém que perdeu a audição dificilmente se mostrará em sociedade a não ser como um aborrecido, desconfiado e insatisfeito. Ele vê na fisionomia de seus companheiros de mesa muitas expressões de afeto, ou ao menos de interesse, e se esfalfa sem êxito para adivinhar a sua significação, estando, pois, condenado à solidão mesmo em meio à sociedade.

* * *

§ 23

Dos dois últimos sentidos (que são mais subjetivos que objetivos) ainda faz parte uma receptividade para certos objetos de sensações externas de um tipo especial, que são meramente subjetivos e atuam sobre os órgãos do olfato e do paladar por meio de um estímulo que não é nem cheiro nem sabor, mas é sentido como a influência como *desopilantes* específicos de certos sais fixos que estimulam os órgãos; por isso, tais objetos não serão propriamente fruídos nem recebidos *intimamente* nos órgãos, mas devem apenas tocá-los e ser retirados em seguida, porém, exatamente por isso, poderão ser usados sem saciedade durante o dia inteiro (excetuadas as horas de comer e dormir). — O material mais comum dessa receptividade é o *tabaco*, *inalado* ou colocado entre as laterais e o céu da boca, como estímulo à expectoração, ou *fumado* com cachimbo, como a mulher espanhola de Lima o faz com um cigarro[26] aceso. Em vez de tabaco, os malaios se servem, no último caso, da noz da areca enrolada numa folha de bétele (areca de bétele), que produz exatamente o mesmo efeito. — Abstraindo-se da utilidade ou do dano medicinal que a secreção de líquido pode causar em ambos órgãos, essa *avidez* (*pica*[27]), como mera excitação do sentimento sensível em geral, é como que um impulso frequentemente repetido para recobrar a atenção sobre o próprio estado de pensamento, que, do contrário, se entorpeceria ou se aborreceria com a uniformidade e monotonia, enquanto aqueles meios sempre os despertam como que aos solavancos. Essa espécie de entretenimento do || ser humano consigo mesmo substitui uma companhia, pois preenche, no lugar da conversa, o vazio do tempo com sensações sempre novas e com excitações fugazes, mas sempre renovadas.

---

[26] "Cigarro", isto é, folha de tabaco (palavra espanhola). No tempo de Kant, fumar tabaco era, todavia, pouco usual. A primeira fábrica de cigarros foi fundada em Hamburgo em 1788, mas em princípio, teve apenas uma produção escassa. (V.) (N.T.)

[27] Como em português, perversão do apetite. Em latim no original. (N.R.)

Do sentido interno

§ 24

O sentido interno não é a pura apercepção, uma consciência do que o ser humano *faz*, pois esta pertence à faculdade de pensar, mas do que ele *sofre* quando é afetado pelo jogo de seus próprios pensamentos. Seu fundamento está na intuição interna, por conseguinte, na relação das representações no tempo (tais que nele sejam simultâneas ou sucessivas). As suas percepções e a experiência interna (verdadeira ou aparente) composta pela ligação entre elas não são meramente *antropológicas*, a saber, onde se desconsidera se o homem tem ou não uma alma (como substância incorpórea particular), mas *psicológicas*, onde se acredita perceber em si uma tal alma, e a mente, representada como mera faculdade de sentir e de pensar, é considerada como substância particular que habita o ser humano.
— Há então somente *um* sentido interno, porque não são diversos os órgãos por meio dos quais o ser humano sente interiormente a si mesmo, e poder-se-ia dizer que a alma é o órgão do sentido interno, do qual se afirma que está sujeito também a *ilusões*, que consistem em que o ser humano toma os fenômenos desse sentido por fenômenos externos, isto é, ficções por sensações ou as tem até mesmo por inspirações de que um outro ser é a causa, ser, porém, que não é objeto do sentido externo: então a ilusão é *desvario* ou também *sonho de visionário*, e ambos, *engano* do sentido interno. Em ambos os casos a *enfermidade do espírito* é a propensão a tomar o jogo das representações do sentido interno por um conhecimento empírico, quando é só uma ficção, e também a se entreter frequentemente com um estado de ânimo artificial, talvez porque seja considerado saudável e elevado acima da baixeza das representações sensíveis, e a enganar a si mesmo com intuições forjadas conforme aquele estado (sonhar acordado). — Pois pouco a pouco o homem toma aquilo que ele mesmo introduziu de propósito na mente por algo que já || fora posto antes nela, e crê ter apenas descoberto nas profundezas de sua alma o que ele mesmo havia se imposto.

Foi assim com as exaltadas e excitantes sensações internas de uma Bourignon, ou as exaltadas e assustadoras de um Pascal. Essa perturbação da mente não pode ser convenientemente eliminada por representações racionais (pois que podem estas contra supostas intuições?). A propensão ao ensimesmamento, junto com as ilusões do sentido interno que dela decorrem, só pode ser corrigida se o ser humano é reconduzido ao mundo exterior e, com isso, à ordem das coisas que se apresentam aos sentidos externos.

Das causas do aumento ou diminuição das impressões sensíveis quanto ao grau

§ 25

As sensações são ampliadas quanto ao grau pelo: 1) contraste, 2) novidade, 3) mudança, 4) desenvolvimento.

a
Contraste

Contrastar (contraste) é a justaposição, sob um mesmo conceito, de *representações sensíveis* que se repugnam mutuamente, justaposição esta que desperta a atenção. É algo diferente da *contradição*, que consiste na ligação de *conceitos* que conflitam um com o outro. — Um terreno bem cultivado num deserto *faz ressaltar* a representação do primeiro pelo mero contraste, como as supostas paragens paradisíacas nos arredores de Damasco, na Síria. — Ver o tumulto e o brilho de uma corte ou mesmo apenas de uma grande cidade, ao lado da vida silenciosa, simples e sempre satisfeita do camponês; encontrar, sob um teto de palha, uma casa com aposentos confortáveis e cheios de gosto: isso aviva a representação e nela nos detemos com prazer, porque com isso os sentidos são fortalecidos.— — Ao contrário, a pobreza e a altivez, os adereços ostentosos de uma dama que cintila de tantos brilhantes, mas cuja roupa é suja; ou, como outrora na casa de um magnata polonês, mesas fartas e numerosos serviçais, mas com || sapatos de ráfia, são coisas que não estão em contraste, mas em contradição, e uma representação sensível anula ou enfraquece a outra, porque quer unir sob um mesmo conceito aquilo que é oposto, o que é impossível. — — Pode-se, porém, estabelecer *comicamente* um contraste e expor uma contradição aparente em *tom* de verdade ou algo manifestamente desprezível na linguagem do elogio, para tornar mais sensível ainda o absurdo, como Fielding em seu *Jonathan Wild, o Grande*, ou Blummauer em seu *Virgílio travestido*;[28] ou, por exemplo, parodiar alegremente e com utilidade um romance que aflige o coração, como *Clarissa*,[29] e assim fortalecer os sentidos, porque se libertam do conflito em que são enredados por conceitos falsos e nocivos.

---

[28] Henry Fielding (1707-1754); Aloys Blummauer (1755-1798) escreveu o *Virgílio Travestido* (*Die Abenteuer des frommen Helden Äneas*, 1783-1786 — *A Aventura do beato Eneias*). (N.T.)

[29] Romance de Samuel Richardson (1689-1761). (V.) (N.T.)

b
Novidade

A *atenção* é vivificada por aquilo que é *novo*, de que também faz parte o raro e o que estava oculto. Pois o novo é uma aquisição; logo, a representação sensível ganha com ele mais intensidade. O *costumeiro* ou o *habitual* a apaga. Não se deve, porém, entender por novo a descoberta, contato ou exposição pública de uma peça da *antiguidade*, onde se apresenta algo que, pelo curso natural das coisas, se deveria supor há muito destruído pelo poder do tempo. Sentar-se numa parte dos muros de um teatro romano antigo (em Verona ou em Nimes); ter nas mãos um utensílio daquele povo, proveniente da velha Herculano descoberta sob a lava depois de muitos séculos; poder mostrar uma moeda dos reis da Macedônia ou um camafeu da escultura antiga etc., desperta a maior atenção nos sentidos do conhecedor. A propensão a adquirir um conhecimento meramente por sua novidade, raridade ou ocultamento se chama *curiosidade*. Jogando apenas com representações e sem interesse em seu objeto, essa inclinação não é censurável, desde que não tenha a intenção de espiar o que só interessa propriamente a outros. — No que se refere à mera impressão sensível, cada manhã torna, simplesmente pela *novidade* de suas sensações, todas as representações dos sentidos (se estes não estão enfermos) mais claras e vivas do que costumam ser à noite.

c
A troca

164

A *monotonia* (completa uniformidade nas sensações) causa por fim a *atonia* delas (extenuação da atenção sobre seu *estado*), e a sensação é enfraquecida. A variação a refresca, assim como um sermão lido num mesmo tom, aos gritos ou em voz moderada, mas uniforme, faz dormir a comunidade inteira. — O trabalho e o descanso, a vida da cidade e a do campo; nas relações, a conversa e o jogo; na solidão, a distração ora com a história ora com a poesia, ora com a filosofia ora com a matemática, fortalecem o espírito. — É exatamente a mesma força vital que excita a consciência das sensações, mas os diversos órgãos dela se revezam em sua atividade. Assim, é mais fácil conversar um longo tempo ao *caminhar*, porque um músculo (da perna) *alterna* com o outro no repouso, do que permanecer rigidamente num mesmo local, onde um músculo tem de atuar sem descanso por um certo tempo.— Por isso viajar é tão atraente, sendo apenas lamentável que nas pessoas ociosas deixe um *vazio* (a atonia), como consequência da monotonia da vida doméstica. A natureza mesma ordenou que a dor se introduza inopinadamente entre sensações agradáveis e que entretêm o sentido, e, assim, torne a vida interessante. Mas é despropósito introduzir intencionalmente nela a dor em vista da variação e se ferir; é despropósito deixar-se despertar para realmente sentir o renovado adormecer ou fazer como um editor do romance de Fielding (*As aventuras de Tom Jones*), que, depois da morte do autor, inseriu ainda uma última parte nele a fim de introduzir, para efeito de variação, também ciúme no casamento (com o qual se encerrava a história), porque o agravamento de um estado não é o aumento do interesse que os sentidos têm por ele, nem mesmo numa tragédia. Pois conclusão não é variação.

d
Desenvolvimento até a perfeição

165
Uma série contínua de representações sensíveis sucessivas e *diferentes* segundo o grau tem, se a seguinte é sempre mais forte || que a anterior, um extremo de *tensão* (*intensio*): aproximar-se dele é estimulante, ultrapassá-lo, *relaxante* (*remissio*). No ponto, porém, que separa ambos estados está a *acabamento* (*maximum*) da sensação, que tem por consequência a insensibilidade, portanto, a falta de vida.

Se se quer manter viva a faculdade de sentir, não se deve começar pelas sensações fortes (pois estas nos fazem insensíveis para as seguintes), mas de preferência privar-se delas no início e administrá-las com parcimônia para poder ascender cada vez mais alto. O pregador começa, na introdução, com uma fria instrução do entendimento, que induz a tomar em consideração o conceito de um dever; insere então um interesse moral nas divisões de seu texto e termina, na aplicação, movendo todos os móbiles da alma humana mediante as sensações que podem dar ênfase àquele interesse.

Jovem homem! Evita a saciedade (da diversão, do excesso, do amor e semelhantes), se não com o propósito estoico de se abster completamente dela, ao menos com o fino propósito epicurista de ter a perspectiva de uma fruição sempre crescente. Essa parcimônia com o pecúlio de teu sentimento vital te fará realmente mais rico pelo *retardamento* do prazer, ainda quando no fim de tua vida devas ter renunciado em grande parte ao uso dele. A consciência de ter a fruição em seu poder é, como tudo o que é ideal, mais fecunda e muito mais ampla que toda satisfação dos sentidos porque esta é ao mesmo tempo consumida e, assim, subtraída à massa do todo.

Da inibição, enfraquecimento e perda total da faculdade de sentir

§ 26

A faculdade de sentir pode se enfraquecer, inibir ou suprimir totalmente. Daí os estados da embriaguez, do sono, do desmaio, da morte aparente (asfixia) e da morte real.

A embriaguez é o estado antinatural de incapacidade de ordenar suas representações sensíveis conforme as leis da experiência, se é efeito de uma bebida ingerida em excesso.

O sono é, pela definição da palavra, o estado de incapacidade, ‖ em um ser humano saudável, de poder se tornar consciente das representações pelos sentidos externos. Encontrar a definição real dele cabe aos fisiologistas — aos quais compete esclarecer, se puderem, esse relaxamento que é ao mesmo tempo uma recuperação de forças para a renovação da sensação externa (mediante o qual o homem se vê no mundo igual a um recém-nascido e durante o qual transcorre, inconscientemente e sem pesar, um terço de nosso tempo de vida).

O estado antinatural de atordoamento dos órgãos dos sentidos que tenha por consequência um grau menor de atenção sobre si mesmo que no estado natural, é um análogo da embriaguez: por isso, se chama de entorpecido a alguém que é despertado rapidamente de um sono profundo. — Ele ainda não está em sua plena consciência. — Mas também em vigília a súbita dificuldade de alguém em ter clareza sobre o que deve fazer num caso imprevisto, produz, como inibição do uso regular e habitual de sua faculdade de refletir, uma paralisação no jogo das representações sensíveis, como quando se diz: ele perdeu a calma, está fora de si (de prazer ou de medo), está *perplexo, estupefato, desconcertado*, perdeu o *tramontano*[30] etc.; e esse estado deve ser considerado como um sono momentâneo, onde se necessita *recobrar* suas sensações. No afeto violento, súbito (de terror, de ira, mas também de alegria) o ser humano está, como se diz, *fora de si* (num *êxtase*, se crê estar às voltas com uma

[30] *Tramontano* ou *Tramontana* se denomina a Estrela do Norte, e *perdere la tramontana*, perder o norte (como estrela-guia dos navegantes), significa perder a calma, não saber se encontrar. (N.A.)

intuição que não é a dos sentidos), não é dono de si e está por alguns instantes como que tolhido do uso dos sentidos externos.

§ 27

O *desfalecimento* que costuma seguir uma vertigem (mudança de muitas sensações heterogêneas, que gira como um turbilhão e sobrepuja a capacidade de apreensão) é um prelúdio da morte. A inibição total dessas sensações em geral é a asfixia ou *morte aparente*, que, até onde se pode perceber exteriormente, só pode se distinguir da morte verdadeira pelo resultado (como nos afogados, nos enforcados e nos que se asfixiam com fumaça).

Nenhum ser humano pode experimentar *morrer* em si mesmo (pois || para fazer uma experiência é necessário a vida), mas só pode perceber isso em outros. Que morrer seja doloroso, isso não se pode julgar pela agonia ou convulsões do moribundo; antes parece ser uma mera reação mecânica da força vital e talvez uma suave sensação de se tornar pouco a pouco livre de toda dor. — O medo natural de todos os homens à morte, mesmo dos mais infelizes e também do mais sábio, não é, portanto, um horror à morte, e sim, como diz corretamente Montaigne,[31] medo à ideia de *ter morrido* (isto é, de estar morto); medo que, por conseguinte, o candidato à morte supõe ter mesmo depois de morrer, pois pensa o cadáver, que não mais é ele mesmo, como sendo ele mesmo numa cova escura ou em outra parte qualquer. — Essa ilusão não pode ser destruída, pois está na natureza do pensamento, como uma fala de si para si mesmo. O pensamento: *eu não sou*, não pode *existir*; pois se não sou, tampouco posso me tornar consciente de que não sou. Posso certamente dizer que não sou saudável e pensar *semelhantes predicados* negando-os acerca de mim mesmo (*como ocorre em todos os verbos*); mas, *falando* em primeira pessoa, *negar* o sujeito mesmo, pelo que então este aniquila a si mesmo, é uma contradição.

Da imaginação

§ 28

A imaginação (*facultas imaginandi*), como faculdade de intuições mesmo sem a presença do objeto, é ou *produtiva*, isto é, uma faculdade de exposição original do objeto (*exhibitio originaria*), que, por con-

---

[31] Michel Eyquem de Montaigne (1533-1592). (N.T.)

seguinte, antecede a experiência, ou *reprodutiva*, uma faculdade de exposição derivada (*exhibitio derivativa*) que traz de volta ao espírito uma intuição empírica que já se possuía anteriormente. — As intuições puras do espaço e do tempo pertencem à primeira exposição, todas as restantes supõem uma intuição empírica, que, quando se une ao *conceito* do objeto e se torna, pois, conhecimento empírico, se chama *experiência*. — A imaginação, quando produz involuntariamente ficções, se chama *fantasia*. Aquele que está habituado a tomar essas ficções por experiências (internas ou externas) é um *fantasista*. — Ser, no *sono* (num estado saudável), um jogo involuntário de suas ficções, se chama *sonhar*.

A imaginação é (noutras palavras) ou *poética* (produtiva), ou meramente *evocativa* (reprodutiva). No entanto, ‖ precisamente por isso a imaginação produtiva não é *criadora*, pois não é capaz de produzir uma representação sensível que *nunca* foi dada a nossa faculdade de sentir, mas sempre se pode mostrar qual é a sua matéria. Jamais se poderá tornar a sensação do *vermelho* apreensível a quem nunca o viu entre as sete cores, mas nenhuma das demais poderá ser apreensível ao cego de nascença, nem sequer a cor intermediária produzida pela mistura de outras duas, por exemplo, o verde. Amarelo e azul misturados dão o verde, mas a imaginação não produziria a menor representação dessa cor sem tê-los *visto* misturados.

O mesmo acontece com cada um dos demais cinco sentidos, a saber, que as sensações não podem resultar da composição que a imaginação faz a partir deles, mas têm de ser retiradas originariamente da faculdade de sentir. Houve pessoas que não tinham em sua faculdade de ver maior provisão para a representação da luz que branco ou preto, e para elas, ainda que pudessem ver bem, o mundo visível aparecia apenas como uma gravura em cobre. Do mesmo modo existem mais pessoas do que se acredita dotadas de bom ouvido, e mesmo de ouvido extremamente fino, mas pura e simplesmente não-musical, e cujo sentido é totalmente insensível para os tons, não meramente para reproduzi-los (para cantar), mas também apenas para diferenciá-los do simples ruído. — O mesmo se passa com as representações do paladar e do olfato, a saber, que para várias sensações específicas dessas matérias de fruição falta o *sentido*, e um crê entender o outro sobre isso, enquanto as sensações de um não são diferentes das do outro apenas em grau, mas especificamente diferentes. — Existem pessoas a quem falta totalmente o sentido do olfato, as quais tomam por odor a sensação de ar puro entrando pelas narinas, e por isso não podem entender nada de todas as descrições feitas a respeito desse modo de sentir; onde porém falta o olfato, há também muita falta de paladar, e é trabalho vão ensiná-lo e transmiti-lo onde ele não existe. Mas a fome e sua satisfação (a saciedade) são totalmente distintas do paladar. Assim, ainda que seja uma tão grande artista, e mesmo mágica, a imaginação não é criadora, mas precisa retirar dos sentidos a *matéria* para suas criações. Estas, porém, não são, segundo || as considerações que acabam de ser feitas, tão universalmente comunicáveis quanto os conceitos do entendimento. Às vezes, a receptividade a representações da imaginação na comunicação também é chamada (ainda que só impropriamente) de senso, e se diz: esse homem não tem *senso* para isso, ainda que não seja uma incapacidade do sentido, mas em parte uma incapacidade do entendimento em apreender as representações comunicadas e uni-las no pensamento. Ele não pensa nada ao dizer isso e os outros, por isso, também não o compreendem. Ele diz *contrassenso* (*nonsense*), erro distinto da *falta de sentido*, onde se juntam ideias de tal modo que um outro não sabe o que deve fazer com elas. — Que a palavra "sentido" (mas só no singular) seja com frequência usada no lugar de pensamento, e deva inclusive designar ainda um nível mais alto que o do pensar; que se diga de uma sentença: nela há um *sentido* mais rico ou mais profundo (daí a palavra *Sinnspruch* <máxima>[32]), e que o entendimento humano sadio também seja chamado de senso comum e seja alçado ao mais alto, ainda que essa última expressão só designe propriamente o nível mais baixo da faculdade de conhecer, isso se baseia no seguinte: a imaginação, que fornece a matéria ao entendimento para proporcionar a seus conceitos um conteúdo (para o conhecimento), parece lhes proporcionar realidade em virtude da analogia entre suas intuições (fictícias) e as percepções reais.

§ 29

Existe um meio físico de excitar ou abrandar a imaginação,[33] que é o uso de estimulantes, || dos quais alguns, como venenos, *debilitam* a

---

[32] Em alemão, a palavra *Sinnspruch* é composta por *Sinn*, provindo de sentido, e por *Spruch*, oriundo de *sprechen*, falar. (N.T.)
[33] Passo por alto aqui o que é não meio para um propósito, mas consequência natural da situação em que alguém vem a se encontrar e em virtude da qual sua mera imaginação o faz perder o próprio domínio. A esta classe pertencem a *vertigem* que se sente ao olhar da borda de um alto declive (em rigor basta uma ponte estreita sem parapeito) e o *enjoo do mar*. — A tábua que a pessoa que se sente frágil pisa não lhe infundiria nenhum temor se estivesse em terra; mas se está colocada como passarela sobre um abismo profundo, o pensamento da mera possibilidade de pisar em falso é tão forte que o homem corre realmente perigo em seu intento. — O enjoo do mar (do qual eu mesmo tive uma experiência numa viagem de Pillau a Königsberg, se é que se pode

força vital (certos cogumelos, o *porsch*, o acanto selvagem, o *chica* dos peruanos, o *ava* dos índios do Pacífico, o ópio); outros a *fortificam* ou, ao menos, elevam o sentimento dela (como as bebidas fermentadas, o vinho e a cerveja ou a essência espiritual delas, a aguardente), mas todas são artificiais e antinaturais. Aquele que os ingere em demasia e se torna um longo tempo incapaz de ordenar as representações sensíveis conforme as leis da experiência, se chama *bêbado* ou *embriagado*; e colocar-se voluntária ou intencionalmente nesse estado, se chama *embriagar-se*. Todos esses meios devem servir para fazer o homem esquecer o peso que originalmente parece estar contido na vida em geral. — Essa inclinação muito propagada e sua influência sobre o uso do entendimento merecem ser tomadas em consideração, principalmente numa antropologia pragmática.

Toda embriaguez *silenciosa*, isto é, aquela que não vivifica a sociabilidade e a comunicação mútua de pensamentos, tem em si algo de abjeto; tal é a embriaguez do ópio e a da aguardente. Vinho e cerveja, dos quais o primeiro é meramente excitante, a segunda mais nutritiva e saciadora como uma refeição, servem à embriaguez sociável, com a diferença, todavia, de que as bebedeiras de cerveja são mais sonhadoras e fechadas, frequentemente também rudes, mas as de vinho, alegres, ruidosas, falantes e entremeadas de gracejos.

O descomedimento, quando se bebe socialmente, até a ofuscação dos sentidos é certamente um mau costume do homem não apenas com respeito aos companheiros com que se entretém, mas também com respeito à autoestima, quando o deixa cambaleando, com passo inseguro ou apenas balbuciando. Entretanto, também se pode alegar muita coisa para amenizar o juízo sobre um tal descuido, porque se pode facilmente não ver e *ultrapassar* a linha-limite do autodomínio, já que o anfitrião, por um gesto de sociabilidade, quer que o convidado vá para casa plenamente satisfeito (*ut conviva satur*).

A despreocupação e, com ela, a imprudência provocadas pela embriaguez são um sentimento ilusório de aumento da força vital; o embriagado não sente os obstáculos da vida, em cuja superação a natureza se ocupa permanentemente (no que consiste a saúde), e é feliz em sua debilidade, pois a natureza realmente nele se esforça para restabelecer gradualmente a sua vida mediante um aumento sucessivo de suas forças.

mesmo denominar esta uma viagem marítima), me veio, segundo creio ter observado, com sua ânsia de vômito, meramente pela visão: pois, com a oscilação do navio, ao olhar do camarote me vinha aos olhos ora a enseada, ora o topo do Balga, e o baixar e subir alternados estimulou, por meio da imaginação, um movimento antiperistáltico das vísceras através dos músculos do abdome. (N.A.)

171 ‖ — As mulheres, os eclesiásticos e os judeus habitualmente não se embriagam, ao menos evitam cuidadosamente toda aparência de embriaguez, porque são fracos em sua cidadania e têm necessidade de compostura (para o qual se exige inteiramente sobriedade). Pois seu valor externo consiste meramente na *crença* dos outros em sua castidade, devoção e legitimidade separatista. Pois, no que se refere ao último aspecto, como homens especiais e presumivelmente escolhidos, todos os separatistas, isto é, aqueles que não se submetem apenas à lei pública de um país, mas a uma lei especial (de uma seita), estão particularmente expostos à atenção da coletividade e ao rigor da crítica; também não podem, portanto, afrouxar a atenção sobre si mesmos, e por isso a embriaguez, que suprime esse cuidado, é para eles um *escândalo*.

De *Catão* disse seu admirador estoico:[34] "Sua virtude se robustecia com o vinho (*virtus eius incaluit mero*)"; e dos alemães antigos disse um moderno: "Faziam suas deliberações (para decidir sobre uma guerra) bebendo, para não perder a severidade, e refletiam sóbrios sobre elas, para não perder o entendimento".[35]

A bebida solta a língua (*in vino disertus*). — Mas ela também abre o coração e é o veículo material de uma qualidade moral, a saber, a franqueza. — Conter os próprios pensamentos é, para um coração puro, um estado opressivo, e bebedores alegres também não toleram facilmente que alguém seja muito moderado num banquete: porque ele representa um observador que repara nos erros dos demais, mas resguarda os seus próprios.[36] Também *Hume* diz: "É desagradável o companheiro que não esquece; as tolices de um dia devem ser esquecidas para dar lugar às do outro".[37] Nessa permissão que o homem tem para a alegria social, para transgredir um pouco e por curto tempo a linha-limite da sobriedade, se pressupõe uma boa índole; a política em voga há meio século, quando as cortes nórdicas enviavam embaixadores que podiam beber muito sem se embriagar, mas embriagavam os outros para investigá-los ou persuadi-los, era uma política insidiosa, mas desapareceu junto com a rudeza

---

[34] Horácio, *Odes*, III, 21, II e ss. Provavelmente neste lugar Kant não pensa em Horácio, mas no estoico Sêneca, que se refere a algo semelhante em Catão, o Jovem (*De tranqillitate animi*, XV, 11). (K.) (N.T.)

[35] A passagem remonta, por seu conteúdo, à *Germania* de Tácito (cap. 22). (V.) (N.T.)

[36] Külpe chama a atenção sobre uma passagem análoga da *Nova Heloísa* de Rousseau (Livro I, Carta 23). (V.) (N.T.)

[37] Hume, *An Enquiry concerning the Principles of Moral*. In: Hume, D. *Philosophical Works*, editado por Thomas Hill Green e Thomas Hodge Grose, v. 4, p. 200. Também aqui Kant reproduz o texto de forma inexata. (V.) (N.T.)

dos costumes daquele tempo antigo, e uma epístola alertando contra esse vício pode ser agora supérflua no que concerne aos estamentos cultivados. Pode-se investigar o temperamento do homem que se embriaga ou seu caráter enquanto bebe? Não o creio. || Um novo líquido é misturado aos humores que circulam nas veias e um novo estímulo aos nervos, que não faz *descobrir* mais nitidamente a temperatura *natural*, mas *introduz* uma outra. — Por isso, entre os que se embriagam um se tornará enamorado, outro fanfarrão, o terceiro embirrento, o quarto (principalmente com a cerveja) se mostrará meigo ou devoto, ou absolutamente mudo; mas, quando a embriaguez passar e se lhes lembrarem os seus discursos da noite anterior, todos rirão dessa estranha disposição ou indisposição de seus sentidos.

§ 30

A originalidade (produção não imitada) da imaginação, se concorda com os conceitos, chama-se *gênio*; se não concorda, *desvario*. — É digno de nota que não possamos pensar como adequada para um ser *racional* outra figura que a de um ser humano. Qualquer outra seria, no máximo, um símbolo de uma certa característica do ser humano — por exemplo, a serpente como imagem da astúcia maliciosa —, mas não representaria o ser racional mesmo. Assim, povoamos todos os demais corpos celestes em nossa imaginação com puras formas humanas, ainda que provavelmente eles, segundo a diversidade do solo que os sustenta e nutre e dos elementos de que estão compostos, possam ser constituídos de formas muito diferentes. Todas as demais figuras que queiramos lhes dar são *caricaturas*.[38]

Quando a falta de um sentido (por exemplo, a visão) é de nascença, o indivíduo dele privado cultiva, segundo a possibilidade, um outro sentido, que se torna *vicário* daquele, e exercita em grande medida a imaginação produtiva, pois procura apreender as formas dos corpos exteriores pelo *tato* ou, se este não é suficiente devido ao tamanho do objeto (por exemplo, de uma casa), procura apreender a sua *amplitude* por meio de um outro sentido, por exemplo, da *audição*, a saber, pela ressonância da voz num cômodo; mas, por fim, se uma operação bem sucedida desimpede o órgão || para a sensação, ele tem primeiro de

---

[38] Daí que a *Santíssima Trindade*, um velho, um jovem e uma ave (a pomba), tenham de ser representados, não como figuras reais, semelhantes a seus objetos, mas apenas como símbolos. As expressões figuradas "Queda" e "Subida aos Céus" significam exatamente isso. Para emprestar uma intuição a nossos conceitos de entes racionais, não podemos proceder de outro modo a não ser antropomorfizando-os; mas é um infortúnio ou uma ingenuidade, se a representação simbólica se eleva a conceito de coisa em si mesma. (N.A.)

aprender a ver e a ouvir, isto é, procurar subsumir suas percepções aos conceitos de tal espécie de objetos.

Conceitos de objetos induzem com frequência a atribuir-lhes involuntariamente uma imagem criada espontaneamente (por meio da imaginação produtiva). Quando se lê ou se deixa relatar a vida, as ações de um grande homem reconhecido por seu talento, mérito ou posição, incorre-se comumente no erro de atribuir a ele, na imaginação, uma estatura considerável e, em contrapartida, a outro, de caráter fino e suave segundo a descrição, uma figura pequena e dócil. Não apenas o camponês, mas também um conhecedor suficiente do mundo sente estranheza se o herói que ele imaginava segundo as ações relatadas se revela um homenzinho, ou se, ao contrário, lhe dizem que o fino e suave Hume é um homem atarracado. — Não se deve, por isso, levar muito longe a expectativa sobre algo, porque a imaginação é naturalmente inclinada a aumentar ao extremo as coisas; pois a realidade é sempre mais limitada que a ideia que serve de modelo a sua construção. —

Não é aconselhável fazer muitos elogios antecipados a uma pessoa que se queira introduzir pela primeira vez numa sociedade; isso, pelo contrário, pode ser frequentemente uma peçazinha maliciosa de que o folgazão se serve para ridicularizá-la. Pois a imaginação eleva tão alto a representação do que é esperado, que, em comparação com a ideia prévia, a referida pessoa não pode sair senão perdendo. Precisamente isso ocorre quando se anuncia com elogio exagerado uma obra, um drama ou algo que faça parte do refinamento social, pois, quando for apresentado, só terá a decair. Ao assistir a uma representação teatral, a impressão se enfraquece se já se leu a obra, mesmo se tratando de uma boa peça. — Mas se o que se elogiou antes é o contrário exato daquilo que ansiosamente se espera, o objeto exibido, se não é nocivo, provoca as maiores gargalhadas.

Figuras cambiantes postas em movimento, que não tenham por si propriamente significado que possa chamar a atenção — tais como o bruxuleio da fumaça de uma chaminé ou os diversos rodopios e o borbulhamento de um riacho correndo sobre pedras —, entretêm a imaginação com uma porção de representações ‖ de espécie totalmente diferente (que as da visão), o que a faz jogar em espírito e afundar-se em reflexão. Mesmo a música pode colocar um poeta ou um filósofo, se não a ouve como entendido, numa disposição na qual pode apreender ou mesmo ter em seu poder ideias sobre os objetos de sua ocupação ou dileção que não teria captado com tanto êxito se tivesse se fechado sozinho em seu aposento. A causa desse fenômeno parece estar nisto:

quando o sentido é distraído de sua atenção a um objeto qualquer mais fortemente perceptível por um diverso que por si só não pode chamar a atenção, isso não somente alivia, mas também vivifica o pensamento, porque ele necessita de uma imaginação persistente e esforçada que forneça matéria para suas representações do entendimento. — O *Espectador* inglês[39] conta que um advogado se habituara em suas defesas a retirar da bolsa uma linha de costura que incessantemente enrolava e desenrolava em volta do dedo; quando certa feita seu adversário astuto a retirou secretamente da bolsa, ele ficou totalmente em apuros e proferiu tão-somente palavras sem sentido, e por isso se dizia: ele perdeu o fio de seu discurso. — O sentido, fixado numa sensação, não deixa (por causa do hábito) que se dê atenção a outras sensações estranhas, portanto, ele não se distrai; mas a imaginação pode manter-se tanto melhor com isso num curso regular.

Da faculdade imaginativa <Dichtungsvermögen> *sensível segundo suas distintas espécies*

§ 31

Existem três espécies distintas de faculdade imaginativa sensível. Elas são a *plástica* da intuição no espaço (*imaginatio plastica*), a *associativa* da intuição no tempo (*imaginatio associans*) e a da *afinidade*, com as representações descendendo umas das outras de uma origem comum (*affinitas*).

A
Da faculdade imaginativa sensível plástica

Antes de o artista poder constituir uma figura corpórea (como que palpável) ele precisa tê-la construído em sua imaginação, e || essa figura é então uma ficção que, quando involuntária (como no sonho), se chama *fantasia* e não pertence ao artista; mas quando regida pelo arbítrio é denominada *composição*, *invenção*. Se o artista trabalha com imagens semelhantes às obras da natureza, seus produtos se chamam *naturais*; mas se constrói segundo imagens que não podem se apresentar na experiência, então os objetos assim formados (como os do príncipe Palagonia

---

[39] Kant se refere ao *Spectador* de Addison, em cujo número 77 se encontra a passagem citada. (K.) (N.T.)

na Sicília)[40] são denominados excêntricos, antinaturais, figuras monstruosas, e tais achados são como imagens de sonho de alguém acordado (*velut aegri somnia vanae finguntur species*). — Jogamos frequente e prazerosamente com a imaginação, mas a imaginação (como fantasia) também joga tão frequente e às vezes muito inoportunamente conosco. O jogo que a fantasia joga com o homem dormindo é o sonho, e também se dá em estado saudável; revela, ao contrário, um estado doentio se ocorre quando está acordado. — O sono, como relaxamento de toda faculdade de percepção externa e principalmente de movimentos voluntários, parece necessário a todos os animais, mesmo às plantas (segundo a analogia destas últimas com os primeiros), para recobrar as forças utilizadas quando se está acordado; mas isso mesmo parece ser também o que ocorre com os sonhos, de modo que, se no sono a força vital não fosse mantida ativa por sonhos, ela teria de se extinguir e o sono mais profundo implicaria simultaneamente morte. — Quando se diz ter tido um sono pesado, sem sonhos, isso nada mais é que não se recordar destes ao despertar; o que pode ocorrer também a alguém acordado, caso as imagens mudem rapidamente, a saber, quando está distraído e, à pergunta sobre o que está pensando agora com o olhar momentaneamente fixo num mesmo ponto, ele responde: "eu não estava pensando em nada". Não sei se não presumiríamos viver em dois mundos distintos se ao despertar não houvesse muitas lacunas em nossas lembranças (representações intermediárias de ligação que são passadas por alto por falta de atenção), se começássemos a sonhar novamente na noite seguinte a partir de onde deixamos de sonhar na noite anterior. — Sonhar é uma sábia disposição da natureza para estímulo da força vital, mediante afetos que são relativos a acontecimentos involuntariamente imaginados, quando os movimentos do corpo baseado no arbítrio, a saber, os movimentos dos músculos, estão suspensos. — Apenas não se devem considerar as histórias || do sonho como revelações de um mundo invisível.

B

Da faculdade imaginativa sensível associativa

A lei de *associação* é: representações empíricas que sucederam frequentemente umas às outras provocam no espírito um hábito de fazer com que, tão logo uma seja produzida, surja também a outra. — É inútil

---

[40] Sobre as absurdas invenções do jardim e palácio do príncipe Palagonia, em sua vila em Palermo, ainda hoje existente, Goethe dá notícia na *Viagem à Itália*, 9 de abril de 1787. (V.) (N.T.)

exigir uma explicação fisiológica para isso; também se pode fazer uso de qualquer hipótese que se queira para explicá-lo (hipótese que, por sua vez, é ela mesma uma ficção), como a de Descartes[41] sobre as chamadas ideias materiais no cérebro. Uma explicação dessa espécie ao menos não é *pragmática*, isto é, não se pode usá-la para o exercício da arte, porque não temos conhecimento do cérebro e dos lugares nele onde os vestígios das impressões de representações possam entrar simpateticamente em harmonia uns com os outros, ao se afetarem, por assim dizer, (ao menos indiretamente) uns aos outros.

Várias vezes essa vizinhança é muito grande, e frequentemente a imaginação passa do centésimo ao milésimo tão rapidamente, que parece que certos elos intermediários da cadeia de representações teriam sido pulados, embora só não se tenha tido consciência deles, tanto que muitas vezes é preciso perguntar a si mesmo: onde eu estava, de onde havia partido em minha conversa e como cheguei a esse ponto final?[42]

C
A faculdade imaginativa sensível da afinidade

Entendo por *afinidade* a unificação que faz o diverso derivar de um fundamento. — Numa conversa social, ‖ ir de um tema a outro totalmente heterogêneo, para o qual se é induzido pela associação empírica das representações, cujo fundamento é meramente subjetivo (isto é, em um as representações são associadas de maneira diferente das do outro), é uma espécie de desatino segundo a forma, que interrompe e destrói toda conversação. — Só quando um tema foi esgotado e sobrevém uma pequena pausa, alguém pode iniciar outro que seja interessante. A imaginação vagando desregradamente confunde a mente pela alternância das representações, que a nada estão objetivamente ligadas, de maneira que quem sai de uma companhia dessa espécie se sentirá como se tivesse sonhado. — É preciso que sempre haja um tema, tanto quanto se pensa em silêncio quanto na comunicação dos pensamentos, ao qual se prende

---

[41] René Descartes. *Paixões da alma*. (N.T.)

[42] Por isso, quem começa um discurso social deve iniciar pelo que lhe está próximo e presente e conduzir paulatinamente ao que está mais longe, à medida que possa interessar. O mau tempo é nisso uma boa e habitual ajuda para quem chega da rua a uma reunião social de entretenimento recíproco. Pois começar, por exemplo, pelas notícias da Turquia que estão nos jornais, quando se entra no recinto, faz violência à imaginação dos demais, que não veem o que levou a fazer menção a elas. ‖ O espírito requer em toda comunicação dos pensamentos uma certa ordem, onde são muito importantes as ideias introdutórias e o começo, tanto no discurso quanto numa prédica. (N.A.)

o diverso, portanto, também o entendimento precisa ser ativo nisso; mas o jogo da imaginação segue aqui as leis da sensibilidade, que proporciona a matéria a ele, e sua associação se faz sem consciência das regras e, todavia, conforme a elas, logo, *conforme* o entendimento, se bem que não como derivada *do* entendimento.

A palavra *afinidade* (*affinitas*) faz lembrar aqui uma ação recíproca tirada da química, análoga a esse vínculo intelectual, de duas matérias especificamente diferentes, corpóreas, interagindo intimamente entre si e tentando alcançar uma unidade, onde essa *união* causa um terceiro, que tem propriedades que só podem ser produzidas pela união das duas substâncias heterogêneas. Em sua heterogeneidade, entendimento e sensibilidade se irmanam por si mesmos para a realização de nosso conhecimento, como se um tivesse sua origem no outro, ou ambos em um tronco comum, embora isso não possa ser assim, ao menos é para nós inconcebível como o heterogêneo pode nascer de uma e mesma raiz.[43]

§ 32

A imaginação não é, entretanto, tão criadora quanto se afirma. Não podemos pensar como adequada para um ser racional outra figura que a de um ser humano. Por isso, o escultor ou o pintor sempre faz um ser humano quando elabora um anjo ou Deus. Qualquer outra figura lhe parece conter partes que, segundo sua ideia, não se deixam unir com a constituição de um ser racional (como asas, garras ou patas). O tamanho, ao contrário, pode ser imaginado por ele com bem entender.

A ilusão causada pela *força* da imaginação do ser humano vai frequentemente tão longe, que acredita ver e sentir fora de si o que só tem no próprio cérebro. Daí a vertigem que acomete a quem olha um abismo,

---

[43] As duas primeiras espécies de composição das representações poderiam ser denominadas *matemáticas* (da amplificação); mas a terceira, *dinâmica* (da produção), por meio da qual surge uma coisa inteiramente nova (algo como o sal amargo na química). O jogo das forças, tanto na natureza inerte quanto na viva, tanto na alma quanto no corpo, repousa em decomposições e combinações || de heterogêneos. Chegamos, sem dúvida, ao conhecimento deles pela experiência de seus efeitos; mas a causa suprema e os elementos simples em que sua matéria pode ser dissolvida são inacessíveis para nós. —— O que, com efeito, pode ser a causa de que todos os seres orgânicos que conhecemos reproduzam sua espécie tão-só mediante a união de dois sexos (que se denominam então masculino e feminino)? Não se pode admitir que o Criador tenha como que apenas jogado com extravagância e só para produzir em nosso globo terrestre um arranjo que lhe agradasse; parece, ao contrário, ser *impossível* a reprodução de criaturas orgânicas da matéria de nossa terra, sem o estabelecimento de dois sexos para isso. —— Em que obscuridade não se perde a razão humana, ao intentar descobrir aqui a origem ou tão-só adivinhá-la? (N.A.)

ainda que tenha em torno de si uma superfície suficientemente ampla para não cair ou esteja junto a um parapeito seguro. — Estranho é o temor de alguns doentes mentais quando são tomados de um ímpeto interior de saltar voluntariamente no vazio. — Ver outros fruindo coisas repugnantes (por exemplo, quando os tungues[44] chupam e ingerem a um só tempo o muco das narinas de seus filhos) leva o espectador ao vômito, como se a ele mesmo tivesse sido imposta uma tal fruição.

A *saudade* dos suíços (e como fiquei sabendo por um general experiente também dos vestefalenses e dos pomerânios de algumas regiões), de que são acometidos quando deslocados a outros países, é o efeito de uma nostalgia suscitada pela evocação de imagens de despreocupação e proximidade social em seus anos de juventude, nostalgia dos lugares em que gozaram as alegrias simples da vida, ao passo que, em visitas posteriores, se acham bem frustrados em suas expectativas e || também curados, sem dúvida pensando que tudo se modificou muito, mas de fato porque não podem passar novamente sua juventude ali; nisso é sempre digno de nota que essa saudade acomete mais as pessoas de uma província *pobre*, mas unida pela irmandade e parentesco, que aqueles que se ocupam em ganhar dinheiro e têm por lema *patria ubi bene*.[45]

Quando anteriormente se ouviu que este ou aquele é má pessoa, se crê poder ler a maldade em seu rosto, e a imaginação, principalmente se acrescida de afeto e paixão, se mistura com a experiência numa só sensação. Segundo Helvetius,[46] uma dama viu através de um telescópio a sombra de dois enamorados na lua; o pároco, que observou por ele em seguida, disse: "Não, senhora, são dois campanários de uma catedral".

Pode-se ainda somar a tudo isso os efeitos devidos à simpatia da imaginação. Ver um homem tendo ataques convulsivos ou epilépticos estimula a movimentos espasmódicos semelhantes, assim como o bocejo de outro estimula a que se boceje com ele, e o médico, Sr. Michaelis,[47] menciona que quando no exército na América do Norte um homem entrava numa fúria violenta, dois ou três presentes, ao vê-lo, também se punham subitamente furiosos, mesmo que o ataque fosse apenas passageiro; por isso não é aconselhável que os fracos dos nervos (hipocondríacos) visitem por curiosidade os manicômios. A maior parte deles também os evita por

---

[44] Termo derivado de Tungusca e que se refere aos membros de um povo que vive na Sibéria central e oriental e no nordeste da China (na Manchúria), ao qual Kant se referiu positivamente em *Physische Geographie* [*Geografia Física*], IX: 401. (N.T.)
[45] "A pátria é o lugar onde se está bem." (N.T.)
[46] Claude Adrien Helvetius. *Do espírito*, Disc. I, cap. 2. (V.) (N.T.)
[47] Christian Friedrich Michaelis, professor e médico em Kassel, em sua *Medizinisch--praktische Bibliothek* (Göttingen, 1785), v. I, p. 114 e segs. (K.) (N.T.)

conta própria, pois temem pela própria sanidade mental. — Também se descobrirá que pessoas vivazes, quando alguém lhes conta ter sentido uma afecção, principalmente de ira, fazem caretas ao prestar toda a atenção e entram involuntariamente no jogo das expressões faciais que convêm àquela afecção. — Também se pretende ter observado que cônjuges que se dão bem vão pouco a pouco adquirindo uma semelhança nas feições e explica-se que a causa disso é que se casaram devido a essa semelhança (*similis simili gaudet*); o que, contudo, é falso. Pois no instinto a natureza impele mais para a diversidade dos sujeitos que devem se apaixonar um pelo outro, a fim de que com isso se desenvolva toda a multiplicidade que colocou em seus germes; mas a intimidade e afeição com que eles, colados um no outro, se olham frequente e longamente nos olhos durante suas conversas privadas, produz fisionomias simpatéticas || semelhantes que, quando fixadas, se tornam finalmente traços faciais permanentes.

Por último, pode-se incluir nesse jogo involuntário da imaginação produtiva, que então pode ser chamada de *fantasia*, também a propensão a *mentiras* ingênuas, que é encontrada *sempre* em crianças, mas *de quando em quando* também em adultos de boa índole, por vezes quase como doença hereditária, onde o relato dos acontecimentos e pretensas aventuras nasce da imaginação e cresce como uma bola de neve, sem que se queira tirar outra vantagem a não ser simplesmente se fazer interessante; como o cavalheiro John Falstaff em Shakespeare, que antes de terminar seu relato transforma em cinco pessoas dois homens vestindo roupas de lã.[48]

§ 33

Porque a imaginação é mais rica e fecunda em representações que os sentidos, ela se vivificará mais pela ausência que pela presença do objeto, se sobrevier alguma paixão, se algo ocorrer que reevoque na mente sua representação, a qual durante algum tempo parecia anulada por distorções. — Assim, um príncipe alemão, aliás um guerreiro rude mas homem nobre, para esquecer sua paixão por uma pessoa burguesa que habitava na residência de seu governo, empreendeu uma viagem à Itália, mas em seu regresso, ao ver pela primeira vez a casa dela, sua imaginação foi mais fortemente despertada que se tivesse mantido

---

[48] Conforme Shakespeare, *Henrique IV*, primeira parte, II, 4, onde, todavia, de dois homens se terão onze. Kant cita Shakespeare frequentemente em suas lições, e o chama gênio, ainda que desordenado; mas parece que o conhecia indiretamente. (V.) (N.T.)

contato constante, tanto que cedeu sem hesitar à decisão, a qual também correspondeu felizmente à expectativa.[49] — Essa doença, como efeito de uma imaginação poética, é incurável: salvo por meio do *casamento*. Pois este é verdade (*eripitur persona, manet res. Lucret.*).[50]

A imaginação poética funda uma espécie de convivência com nós mesmos, embora meramente como fenômenos do sentido interno, mas segundo uma analogia com o externo. A noite a vivifica e eleva acima de seu conteúdo real, assim como a lua à noite faz no céu uma grande figura, ela que com o dia claro só é visível como uma insignificante nuvenzinha. Ela se exalta naquele que lucubra no silêncio da noite ou se zanga com o adversário imaginário ou constrói castelos no ar, dando voltas em seu quarto. Mas tudo o que ali lhe parece ser importante, perde toda a importância na manhã seguinte; e com o tempo ele sente || as forças da mente diminuírem por esse mau hábito. Por isso, moderar a imaginação deitando-se cedo para poder se levantar cedo novamente é uma regra muito útil da dieta psicológica; mas as jovens e os hipocondríacos (habitualmente o mal deles provém justo disto) preferem a conduta oposta. — Por que tarde da noite ainda se escutam histórias de fantasmas, as quais de manhã logo ao acordar todos consideram insípidas e totalmente inadequadas para o entretenimento, quando ao contrário se pergunta: que há de novo em casa ou na comunidade, ou se prossegue o trabalho do dia anterior? A causa é: o que em si é simples *jogo*, é adequado ao relaxamento das forças esgotadas durante o dia, mas o que são *ocupações* é adequado ao ser humano fortificado e como que recém-nascido pelo descanso noturno.

Os vícios (*vitia*) da imaginação são suas ficções simplesmente *desenfreadas* ou absolutamente *desregradas* (*effrenis aut perversa*). Este último erro é o pior. As primeiras ficções bem poderiam encontrar seu lugar num mundo possível (da fábula), as últimas, em absolutamente nenhum, porque se contradizem. — Que as figuras de homens e de animais talhadas em pedra frequentemente encontradas no deserto líbio de Ras-Sem[51] sejam vistas com horror pelos árabes, porque as têm por homens petrificados em virtude de maldição, isso pertence às ficções do primeiro gênero, quer dizer, à imaginação desenfreada. — Mas é uma contradição que as estátuas de animais, segundo a opinião dos mesmos árabes, no dia da ressurreição universal se queixarão com o artista e o repreenderão por tê-las feito sem lhes ter dado uma alma.

---

[49] Leopold von Dessau e a filha de um farmacêutico, Annelise Föse, com a qual se casou em 1698. (V.) (N.T.)

[50] 49) Lucrécio. *De rerum natura*, III, 58. (V.) [a máscara cai, a coisa fica] (N.T.)

[51] Kant as conhecia por um artigo do *Hamburgische Magazin*, XIX (1757), pp. 631-632: "Descrição de uma cidade de pedra no campo de Trípoli, na África". (K.) (N.T.)

— A fantasia desenfreada sempre pode se curvar (como a do poeta a quem o cardeal Este perguntou na entrega do livro dedicado a ele: "Mestre Ariosto, de onde, carrasco, retirou todas estas coisas?"); essa fantasia é exuberante por sua riqueza. Mas a desregrada se aproxima da loucura, onde a fantasia joga totalmente com o ser humano, e o infeliz não tem de modo algum em seu poder o curso de suas representações. Aliás, um artista político pode, tão bem quanto um artista estético, reger e dirigir o mundo (*mundus vult decipi*)[52] por ficções, com as quais ele simula a realidade, por exemplo, a da *liberdade* do povo (como no Parlamento inglês), ou a da dignidade e a da *igualdade* (como na Convenção francesa), que consistem em meras fórmulas, || mas é melhor estar de posse desse bem enobrecedor da humanidade, mesmo que a título de aparência, do que se sentir manifestamente privado dele.

Da faculdade de tornar presente o passado e o futuro por meio da imaginação

§ 34

A faculdade de tornar propositadamente presente o passado é a *faculdade de recordar*, e a faculdade de representar algo como futuro, a *faculdade de prever*. Ambas se fundam, enquanto são sensíveis, na *associação*, com o presente, das representações do estado passado e futuro do sujeito e, embora não sejam percepções elas mesmas, servem para a ligação das percepções *no tempo*, isto é, para ligar o que *já não é* com o que *ainda não é*, através do que *é presente*, numa experiência concatenada. Chamam-se *faculdade de recordar e de adivinhar*, de se voltar para trás <*Respizienz*> e de prever <*Prospizienz*> (se são permitidas essas expressões), porque se é consciente das próprias representações como seriam encontradas no estado passado ou futuro.

A
Da memória

A memória se diferencia da imaginação meramente reprodutiva porque, sendo ela capaz de reproduzir *voluntariamente* a representação passada, a mente não é um mero jogo desta. A fantasia, isto é, a imaginação criadora, não deve se imiscuir nisso, pois então a memória se

[52] O mundo quer ser enganado. (N.T.)

tornaria *infiel*. — *Captar* logo algo na memória, *lembrar-se* depois facilmente dele e *retê-lo* por muito tempo são as perfeições formais da memória. Essas qualidades, porém, raramente estão juntas. Quando alguém acredita ter algo na memória, mas não pode trazê-lo à consciência, diz então que não pôde *recordá*-lo (mas não *se* recordar, isso significa tanto quanto perder o sentido). O esforço aqui, quando se empenha em recordar algo, exige muito da mente e é melhor se distrair um momento com outros pensamentos e de tempos em ‖ tempos voltar a lançar apenas um olhar ligeiro sobre o objeto; então em geral se apanha de surpresa uma das representações associadas, que o traz de volta.

183

Apreender algo *metodicamente* na memória (*memoriae mandare*) se chama *memorizar* (não *estudar*, como o homem comum diz do capelão que apenas decora o sermão que deve pronunciar futuramente). — Essa memorização pode ser *mecânica, engenhosa* ou também *judiciosa*. A primeira consiste meramente na repetição literal e frequente, por exemplo, no aprendizado da tabuada, onde o aprendiz tem de passar pela série inteira das palavras em sua ordem habitual para chegar àquilo que é procurado; se se pergunta, por exemplo, ao aprendiz: quanto é três vezes sete?, ele chegará, partindo de três vezes três, a vinte e um; mas se se lhe pergunta: quanto é sete vezes três?, não poderá se lembrar logo, mas precisará inverter os números, para colocá-los na ordem habitual. Se o aprendido é uma fórmula solene, no qual nenhuma expressão pode ser alterada, mas, como se diz, deve ser recitada, mesmo as pessoas de melhor memória têm medo de confiar nela (pois o próprio temor poderia induzi-las a erro) e, por isso, consideram necessário *lê-la*, como fazem também os capelães mais experimentados, porque a menor modificação das palavras seria ridícula.

A memorização *engenhosa* é um método para gravar na memória certas representações pela associação delas com representações secundárias que em si (para o entendimento) não têm parentesco umas com as outras, por exemplo, os sons de uma língua com imagens totalmente heterogêneas que devem corresponder a eles: para apreender algo mais facilmente na memória, o que se faz aí é molestá-la ainda com mais representações secundárias; por conseguinte, este é um método *desatinado*, como procedimento desregrado da imaginação ao emparelhar, sob um único e mesmo conceito, coisas que não podem estar juntas, e ao mesmo tempo é contradição entre meio e fim, porque se busca facilitar o trabalho da memória, mas de fato ele é dificultado pela associação, que se impinge desnecessariamente a ela, de representações muito díspares.[53]

[53] Assim, uma cartilha ou Bíblia ilustrada ou até uma *doutrina das Pandectas** representada em imagens é uma caixa óptica de um professor pueril para tornar seus discípulos mais

184 Que pessoas engenhosas raramente tenham uma memória || confiável (*ingeniosis non admodum fida est memoria*), é uma observação esclarecedora desse fenômeno.

A *memorização judiciosa* não é outra coisa que memorizar uma tabela de *divisão* de um sistema (por exemplo, o de Lineu) em ideias: nela, caso se tenha esquecido algo, é possível se orientar de novo pela enumeração dos elementos que foram preservados; ou também a memorização das *seções* de um todo tornado visível (por exemplo, as províncias de um país espalhadas ao norte, oeste etc. de um mapa), porque para isso também se necessita do entendimento, e este ajuda, reciprocamente, a imaginação. A memorização judiciosa é sobretudo a *tópica*, uma divisória para conceitos gerais, denominados *lugares-comuns*, que facilita a lembrança por meio da divisão em classes, como quando se repartem pelas estantes de uma biblioteca os livros com diferentes etiquetas.

Uma *arte mnemônica* (*ars mnemonica*) não existe como doutrina geral. Dos artifícios especiais para ela fazem parte as sentenças em verso (*versus memoriales*), porque o ritmo contém uma cadência silábica regular que é de muito proveito para o mecanismo da memória. — Dos homens de memória prodigiosa, um Pico de Mirandola, Scaligero, Angelus Politanus, Magliabecchi etc.,[54] dos polímatas que carregam em suas cabeças, como materiais para as ciências, uma carga de livros para cem camelos, não há que falar desdenhosamente porque talvez não possuam o *juízo* condizente com o uso adequado da capacidade de selecionar entre todos esses conhecimentos, pois já é mérito suficiente deles ter acumulado bastante matéria bruta, ainda que outras inteligências tenham de vir em seguida para elaborá-la com *juízo* (*tantum scimus, quantum memoria tenemus*).[55] Um dos antigos[56] disse: "A arte de escrever arruinou a memória (em parte a tornou dispensável)". Há algo de verdade

pueris do que eram. Da última pode servir como exemplo um título das Pandectas confiado desta sorte à memória: *de herebidus suis et* || *legitimis*.** A primeira palavra foi tornada sensível por meio de uma caixa com cadeados; a segunda, por meio de uma porca <Sau>,*** a terceira, por meio das duas tábuas de Moisés. (N.A.)

*) Compilação dos tratados dos principais jurisconsultos romanos realizada na época de Justiniano (533 d.C.). (N.T.)
**) De seus herdeiros e legítimos. (N.T.)
***) Em latim, *sus*. (N.T.)
[54] Pico de Mirandola, neoplatônico do Renascimento (1463-1494); Julio Cesar Scaligero (1484-1558), pai do célebre filólogo Justo Scaligero; Angelus Politanus, filólogo florentino (1454-1491); Antonio Magliabecchi (1633 a 1714), sábio bibliotecário e colecionador de Florença. (N.T.)
[55] Sabemos tanto quanto temos na memória. (N.T.)
[56] Platão. *Fedro*, 275 A. (V.) (N.T.)

nessa frase, pois o homem simples tem geralmente mais presteza em ordenar e rememorar a diversidade que lhe é dada justamente porque aqui a memória é mecânica ‖ e nela não se imiscui nenhum raciocínio, enquanto que para o erudito, pela cabeça do qual passam muitas ideias paralelas, escapam por distração muitos de seus encargos ou assuntos domésticos, porque não os considera com suficiente atenção. Mas estar seguro, com o caderno de notas no bolso, de encontrar novamente com toda a exatidão e sem esforço tudo o que se pôs na cabeça para ser aí conservado, é uma grande comodidade, e a arte de escrever permanece sempre uma arte magnífica porque, ainda que não seja usada para comunicar seu saber aos outros, substitui a memória mais extensa e mais fiel, cuja falta pode suprir.

Tanto pior, ao contrário, é o mal da *falta de memória* (*obliviositas*), em que a cabeça, por mais vezes que se encha, permanece sempre vazia como um barril cheio de furos. Por vezes não se tem culpa nele, como nas pessoas idosas, que podem recordar muito bem os acontecimentos de seus anos de juventude, mas sempre perdem do pensamento o passado próximo. Contudo, frequentemente é também o efeito de uma distração habitual, que costuma afetar principalmente as leitoras de romances. Pois como nessas leituras o propósito é apenas se entreter no momento, porque se sabe que são meras ficções, a leitora tem aqui completa liberdade para, ao ler, criar segundo o curso de sua imaginação, o que naturalmente distrai e torna habitual a *distração mental* (falta de atenção ao presente): com isso, a memória tem inevitavelmente de se enfraquecer. — Exercitar-se na arte de matar o tempo e tornar-se inútil para o mundo, para depois lamentar a brevidade da vida, é, abstraindo-se da disposição fantasiosa da mente que a produz, um dos ataques mais hostis à memória.

B
Da faculdade de previsão
(Praevisio)

§ 35

Interessa possuir esta faculdade mais que qualquer outra, porque é a condição de toda prática possível e dos fins, aos quais o homem relaciona o emprego de suas forças. Todo desejo contém uma previsão (duvidosa ou segura) a respeito daquilo que é possível ‖ por meio dela. Voltar os olhos para o passado (lembrar) só ocorre com a intenção de tornar possível a previsão do futuro: olhamos à nossa volta de um ponto de vista do presente em geral para decidir algo ou tomar uma resolução.

A previsão empírica é a *expectativa de casos semelhantes* (*expectatio casuum similium*) e não necessita do conhecimento racional de causas e efeitos, mas apenas da lembrança como os acontecimentos observados se sucedem comumente, e as experiências repetidas produzem nisso uma habilidade. Como estarão o vento e o tempo interessa muito ao navegante e ao camponês. Todavia, com isso nossas previsões não vão além do chamado "calendário do camponês", cujas previsões são elogiadas quando por acaso acerta, mas quando não, são esquecidas, e assim permanecem sempre em algum crédito. — Quase se deveria crer que a Providência entrelaçou intencionalmente as mudanças climáticas de uma maneira impenetrável, para que não fosse tão fácil aos seres humanos tomar as medidas necessárias a cada situação climática, mas que fossem obrigados a usar o entendimento para estar preparados em todos os casos.

Viver despreocupadamente (sem cautela nem receio) não é, por certo, muito honroso ao entendimento do ser humano; como se passa com o caraíba, que pela manhã vende sua rede e à tarde fica perplexo por não saber como dormirá à noite. Mas se não se peca contra a moralidade, pode-se considerar que aquele que é insensível em relação a tudo o que possa acontecer é mais feliz do que aquele que sempre estraga o prazer de viver tão-somente com perspectivas lúgubres. Todavia, dentre todas as perspectivas do ser humano a mais consoladora é quando, em seu presente estado moral, tem razão para ter no horizonte a continuidade e o progresso ulterior até o melhor. Em compensação, quando toma corajosamente a resolução de começar uma vida nova e melhor, mas tem de dizer a si mesmo "isso não dará em nada, porque com frequência você se faz essa promessa (por procrastinação), mas a tem quebrado sempre sob o pretexto de uma exceção desta *única vez*": então esta é uma situação desconsoladora de expectativa de que ocorram casos semelhantes.

Mas onde se trata do destino que possa pairar sobre nós, e não do uso de nosso livre-arbítrio, a perspectiva || para o futuro é ou pressentimento, isto é, *previsão* (*praesensio*),[57] ou presságio (*praesagitio*). O primeiro

---

[57] Quis-se fazer novamente uma diferença entre *Ahnen* e *Ahnden;** contudo a primeira não é palavra alemã e só resta a última. — *Pressentir* <*ahnden*> significa tanto quanto *lembrar* <*gedenken*>. Tenho o receio de que <es *ahndet* mich> significa: algo paira obscuramente à lembrança; *vingar* <*anhden*> *algo* significa relembrar com rancor a ação cometida por alguém (isto é, castigá-la). É sempre o mesmo conceito, mas outro o uso. (N.A.)

*) Ambos significam "prevenir". (N.T.)

indica, por assim dizer, um sentido oculto para o que ainda não está presente; o segundo, uma consciência do futuro produzida por reflexão sobre a lei da série dos acontecimentos sucessivos (a lei de causalidade). Vê-se facilmente que todo pressentimento <*Ahndung*> é uma quimera, pois, como se pode sentir o que ainda não existe? Mas se são juízos oriundos de conceitos obscuros de uma relação causal, então não se trata de pressentimentos, mas se podem desenvolver os conceitos que levam àquilo, e esclarecer o que ocorre com o juízo em questão. — Pressentimentos provêm, em sua maior parte, de temor; o receio, que tem suas causas *físicas*, precede, sem que se determine qual é o objeto do temor. Mas há também os pressentimentos alegres e ousados dos exaltados, que farejam a revelação próxima de um segredo para o qual o homem não tem a receptividade dos sentidos, e que creem ver desvendado em breve o pressentimento daquilo que, como epoptas, esperam em intuição mística. — Também faz parte dessa classe de encantamentos a visão dos escoceses das montanhas, pela qual, ao entrar no porto distante, alguns deles afirmam já saber da notícia da morte de alguém, por crerem tê-lo visto preso ao mastro.

C
Do dom divinatório
(Facultas divinatrix)

§ 36
Prever, adivinhar e predizer são diferentes nisto: o *primeiro* é um prever segundo as leis da experiência (portanto naturalmente), o *segundo* é um prever contra as leis conhecidas da experiência (antinatural), mas o *terceiro* é uma inspiração de uma causa distinta da natureza (sobrenatural), ou considerada como tal, cuja || faculdade, porque parece proceder da influência de um deus, também é denominada propriamente *faculdade de divinatória* <*Divinationsvermögen*> (pois toda suposição perspicaz sobre o futuro também é chamada, impropriamente, de divinação).

Quando se diz de alguém: ele *adivinha* este ou aquele destino, isso pode indicar uma habilidade inteiramente natural. Mas daquele que afirma ter aqui um conhecimento sobrenatural, tem-se de dizer: ele *prognostica*, como os ciganos de origem hindu que denominam a quiromancia de "*ler os planetas*", ou os astrólogos e caçadores de tesouros, aos quais se associam também os alquimistas, dentre todos os quais se sobressai, na

188

Antiguidade grega, a Pítia[58] e, em nosso tempo, o esfarrapado xamã siberiano. As predições dos áuspices[59] e arúpices[60] dos romanos não tinham por intenção descobrir o que ficou oculto no curso dos acontecimentos do mundo, mas a vontade dos deuses, à qual tinham de se submeter conforme a sua religião. — Mas como os poetas chegaram a se considerar *também* entusiastas (ou possessos) e adivinhos (*vates*) e a se gabar de ter inspirações em seus impulsos poéticos (*furor poeticus*), isso só pode se explicar assim: o poeta não executa com ócio o trabalho encomendado, como o orador em prosa, mas tem de se apegar ao momento favorável em que surge para ele a disposição interna dos sentidos, no qual lhe afluem espontaneamente imagens e sentimentos vivazes e enérgicos, e ele se comporta como que apenas passivamente; pois é também uma observação antiga de que ao *gênio* está mesclada uma certa dose de loucura. Nisso se funda também a crença nas sentenças oraculares que se supunha existir em passagens, escolhidas às cegas, dos poetas famosos (movidos como que por inspiração) (*sortes Virgilianae*);[61] nisso se funda também aquele meio de descobrir a vontade do céu semelhante ao cofrezinho dos novos devotos, ou a exegese dos livros sibilinos,[62] que deveriam ter previsto aos romanos o destino de seu Estado e que infelizmente (!) eles em parte puseram a perder por sovinice exagerada.[63]

Todas as profecias que anunciam com antecedência o destino inevitável de um povo, o qual, todavia, é culpado dele, destino, pois, que deve ser produzido por *seu livre-arbítrio*, não implicam apenas que o saber prévio lhe é *inútil*, porque não pode fugir dele, mas também o absurdo de que nessa fatalidade incondicional (*decretum* || *absolutum*) é pensado um *mecanismo da liberdade* cujo conceito contradiz a si mesmo.

O máximo do absurdo ou do engano na adivinhação ocorria quando um louco era considerado um *vidente* (de coisas invisíveis), como se por ele falasse um espírito que ocupasse o lugar da alma, separada há muito tempo de sua morada corporal, e o pobre doente mental (ou apenas epiléptico) passava por um *energúmeno* (possuído) e, quando o demônio que possuía fosse considerado um espírito bom, ele era chamado entre

---

[58] Sacerdotisa de Apolo em Delfos. (N.T.)
[59] Feiticeiros romanos que previam o futuro interpretando o voo dos pássaros. (N.T.)
[60] Feiticeiros romanos que previam o futuro esquadrinhado os órgãos internos de animais oferecidos aos deuses. (N.T.)
[61] Sorte virgiliana: expressão popular relativa ao destino. O costume de utilizar Virgílio para este fim foi muito difundido na Idade Média até início do século XVI. (V.) (N.T.)
[62] Livros sibilinos, que foram perdidos pelos romanos. (N.T.)
[63] Alusão à lenda de Tarquino, o Soberbo, e à Sibila Cunea, relatada por Gélio, I, 19. (V.) (N.T.)

os gregos um *mante*, e seu intérprete, *profeta*. — Inventaram-se todas as formas de loucura para nos pôr de posse do futuro, cuja previsão tanto nos interessa, saltando por cima de todos os degraus que, com a mediação do entendimento e através da experiência, poderiam levar a ele. *O, curas hominum!*[64]

Não há, aliás, ciência divinatória tão segura e, todavia, tão amplamente extensa quanto a astronomia, que anuncia antecipadamente, ao infinito, as revoluções dos corpos celestes. Isso, porém, não impediu que a ela logo se tenha associado uma mística, que não quis fazer os números das épocas do universo depender dos acontecimentos, como o exige a razão, mas o inverso, quis fazer os acontecimentos depender de certos números sagrados, e assim transformou a própria cronologia, condição tão necessária de toda a história, numa fábula.

Da ficção involuntária no estado saudável, isto é, do sonho

§ 37

Pesquisar o que seja a constituição natural do *sono*, do *sonho* e do *sonambulismo* (do qual também faz parte falar em voz alta durante o sono) está fora do campo de uma antropologia *pragmática*, pois não se podem extrair desse fenômeno regras de *conduta* durante o estado onírico, já que estas só valem para quem está acordado e não sonhando ou dormindo sem pensamentos. E o juízo daquele imperador grego, que condenou à morte um homem que contou a seus amigos um sonho em que teria matado o imperador, sob o pretexto de que "ele não teria sonhado, se não tivesse pensado nisso acordado",[65] é contrário à experiência e cruel ||. "Quando estamos acordados, temos um mundo em comum; mas se dormimos, cada um tem o seu próprio".[66] — Sonhar parece fazer tão necessariamente parte do dormir, que dormir e morrer seriam o mesmo se não aparecesse o sonho como uma agitação natural, ainda que involuntária, dos órgãos internos vitais por meio da imaginação. Eu me lembro muito bem que, quando menino, se me punha a dormir cansado de brincar, era

---

[64] Oh, os cuidados dos homens! (N.T.)
[65] Nos *Sonhos de um visionário*, Kant atribui erroneamente essa frase heraclitiana a Aristóteles (A58). Cf. também Bemerkungen in den *Beobachtungen über das Gelüht des Schönen und Erhabenem*. Edição de Marie Rischmüller, Hamburgo: Meiner, 1991, p. 132 (Ar 143). (N.R.)
[66] Idem.

subitamente despertado, no momento de adormecer, por um sonho em que era como se eu tivesse caído na água e, próximo de afundar, girava em círculo, para logo adormecer novamente mais calmo, provavelmente porque a atividade dos músculos do peito na inspiração, a qual depende inteiramente do arbítrio, relaxa, e assim, com a falta da inspiração, o movimento do coração é tolhido, mas a imaginação onírica posta de novo em jogo. — É aí que entra também o efeito benéfico do sonho no chamado *pesadelo* (*incubus*). Pois sem essa pavorosa imaginação de um fantasma que nos oprime, e sem o empenho de toda força muscular para se colocar em outra situação, a paralisação do sangue poria rapidamente um fim à vida. Exatamente por isso a natureza parece ter disposto as coisas de tal modo que a grande maioria dos sonhos contém incômodos e circunstâncias muito perigosas: porque semelhantes representações estimulam as forças da alma mais que quando tudo caminha segundo o desejo e a vontade. Sonha-se frequentemente que não se pode ficar de pé ou que se está perdido, que se perdeu o fio num sermão ou que, por esquecimento, se vai a uma grande reunião vestindo uma touca de dormir em vez da peruca, ou também que se pode flutuar à vontade para lá e para cá, ou se desperta sorrindo alegremente sem saber por quê. — Permanecerá sempre inexplicado como ocorre que, em sonho, sejamos frequentemente transportados para uma época remota do passado, falemos com quem já faleceu há muito, sejamos tentados a tomar isso mesmo por um sonho, mas nos vejamos forçados a tomar tal imaginação por realidade. Pode-se, entretanto, ter seguro que não pode haver sono sem sonho, e quem presume não ter sonhado, somente esqueceu o seu sonho.

Da faculdade de designar
(Facultas signatrix)

§ 38

A faculdade de conhecer o presente como meio de ligação da representação do que se prevê com a representação do passado, é a *faculdade de designar* <Bezeichnungsvermögen>. — A ação do espírito que realiza essa ligação é a designação (*signatio*), que também se chama assinalar, cujo grau superior se denomina *distinguir*.

As formas das coisas (intuições), conquanto se limitem a servir de meios à representação por conceitos, são *símbolos*, e o conhecimento por meio destes se chama simbólico ou *figurado* (*speciosa*). — Os *caracteres* ainda não são símbolos, pois podem também ser sinais meramente mediatos (indiretos), que em si nada significam, mas só por associação levam às intuições e, por meio destas, aos conceitos; por isso, o conhecimento *simbólico* não tem de ser oposto ao *intuitivo*, mas ao *discursivo*, no qual o sinal (*character*) acompanha o conceito apenas como guardião (*custos*) para reproduzi-lo oportunamente. O conhecimento simbólico não é, portanto, oposto ao intuitivo (pela intuição sensível), mas ao intelectual (mediante conceitos). Símbolos são meros meios do entendimento, mas só indiretamente, por uma *analogia* com certas intuições, às quais o conceito pode ser aplicado para lhe proporcionar significação mediante a exposição de um objeto.

Quem sempre pode se expressar apenas simbolicamente, tem ainda poucos conceitos do entendimento, e a tão frequente e admirada vivacidade de exposição que os selvagens (às vezes também os supostos sábios num povo ainda rude) deixam ouvir em seus discursos não é nada mais que pobreza de conceitos e, por isso, também de palavras para exprimi-los; por exemplo, quando o selvagem americano diz "queremos enterrar o machado de guerra", isso quer dizer tanto quanto: queremos fazer a paz; e de fato os antigos cantos, desde Homero até Ossian ou de um Orfeu até os profetas, devem o brilho de sua apresentação meramente à falta de meios para expressar os seus conceitos.

Considerar os fenômenos reais do mundo, presentes aos sentidos, como meros *símbolos* de um mundo inteligível escondido por detrás deles (como Swedenborg),[67] é *desvario*. Mas nas ‖ exposições dos conceitos (denominados ideias) pertinentes à moralidade, que constitui a essência de toda religião, e portanto à razão pura, distinguir o simbólico do intelectual (o culto da religião), distinguir o *invólucro*, necessário e útil por algum tempo, da coisa mesma, é *esclarecimento* <*Aufklärung*>, porque senão se troca um *ideal* (da razão prática pura) por um *ídolo*, e não se atinge o fim-último. — É indiscutível que todos os povos da terra começaram com essa troca e que, quando se trata de saber o que seus próprios mestres realmente pensaram ao redigir seus livros sagrados, não se deve interpretá-los simbolicamente, mas *literalmente*, pois seria desonesto torcer suas palavras. Todavia, se não se trata meramente da *veracidade* do mestre, mas também, e sem dúvida essencialmente, da *verdade* da doutrina, então se pode e deve interpretá-las como simples modo de representação simbólico, para acompanhar aquelas ideias práticas com cerimônias e rituais, porque senão se perderia o sentido intelectual que constitui o fim-último.

---

[67] Místico sueco (1688-1772). (V.)

§ 39

Podem-se dividir os sinais em *arbitrários* (artificiais), *naturais* e *maravilhosos*.

A. Dos primeiros fazem parte: 1. os *sinais gestuais* (mímicos, que em parte são também naturais); 2. os *sinais gráficos* (letras, que são sinais para os sons); 3. os *sinais sonoros* (notas); 4. os sinais meramente visuais convencionados entre indivíduos (*cifras*); 5. os *sinais nobilitários* de homens livres, honrados com prerrogativas hereditárias (brasões); 6. os *sinais de serviçais* em trajes legais (uniformes e librés); 7. os *símbolos honoríficos* por serviços prestados (insígnias de ordens); 8. os *sinais de desonra* (estigmas e semelhantes). — Deles fazem parte, nos escritos, os sinais gráficos de pausa, de interrogação ou de afeto, de exclamação (as pontuações).

Toda língua é designação de pensamentos e, inversamente, a forma mais primorosa de designar pensamentos é pela língua, esse meio máximo de entender a si mesmo e aos outros. Pensar é *falar* consigo mesmo (os índios de Otaheite[68] chamam o pensar de linguagem do ventre), por conseguinte, também se *ouvir* interiormente (por meio da imaginação reprodutiva). Para o surdo de nascimento seu falar é um sentimento do jogo de seus lábios, língua e maxilar, e quase não é possível pensar que em sua fala ele faça algo mais que jogar com sentimentos corporais, sem ter conceitos próprios nem pensar. — ‖ Mas eis por que também os que podem falar e ouvir nem sempre se entendem a si mesmos ou aos demais, e à deficiência da faculdade de designar ou ao uso incorreto dela (porque se tomam os símbolos por coisas e vice-versa) se deve que, principalmente nas coisas da razão, os seres humanos, concordes na linguagem, se afastem enormemente uns dos outros nos conceitos, o que só se revela casualmente quando cada qual atua conforme o seu.

B. Segundo: no que diz respeito aos sinais naturais, a relação dos signos para com as coisas designadas é, de acordo com o tempo, *demonstrativa*, *rememorativa* ou *prognóstica*.

A pulsação indica ao médico o atual estado febril do paciente, como a fumaça indica o fogo. Os reagentes descobrem para o químico as substâncias que se encontram ocultas na água, assim como o cata-vento, o vento etc. Mas nos momentos em que o rubor ocorre, não se pode saber ao certo se ele denuncia a consciência da culpa ou, antes, um delicado sentimento de honra por se ter de aguentar também uma impertinência com relação a algo de que se teria de ter vergonha.

Túmulos e mausoléus são sinais de recordação dos mortos; do mesmo modo, ou mesmo para perpetuar a memória do antigo poderio de um rei,

---

[68] Otaheite foi o nome dado ao Taiti por James Cook. Cf. p. 305. (N.T.)

as pirâmides. — As camadas de conchas em regiões muito distantes do mar, ou os buracos dos fólades[69] nos altos Alpes, ou restos vulcânicos onde agora não jorra fogo algum da terra, nos indicam o antigo estado do mundo e fundam uma *arqueologia* da natureza, certamente não tão visível quanto as cicatrizes de um guerreiro. — As ruínas de Palmira, Babilônia e Persépolis são monumentos loquazes da situação da arte nos Estados *antigos*, e tristes marcas da mudança de *todas* as coisas.

Os sinais *prognósticos* são os mais interessantes de todos, porque na série das mudanças o presente é só um momento, e o fundamento-de-determinação da faculdade de desejar o toma em consideração apenas em vista de consequências futuras (*ob futura consequentia*), e chama a atenção principalmente para estas. — A prognose mais segura com respeito aos futuros acontecimentos do universo se encontra na astronomia, mas ela é pueril e fantástica se as constelações, ligações e distintas posições dos planetas, são representadas como sinais alegóricos, escritos no céu, dos futuros destinos dos seres humanos (na *Astrologia iudiciaria*).

‖ Os sinais naturais que prognosticam uma enfermidade, restabelecimento ou (como a *facies hippocratica*) morte próximos, são fenômenos que, fundados em larga e frequente experiência, também servem para orientar o médico na cura, caso conheça a conexão de causa e efeito que entre eles exista; assim são os dias críticos. Mas os augúrios e aruspícios instituídos pela habilidade política dos romanos eram uma superstição consagrada pelo Estado para governar o povo em conjunturas perigosas.

C. No que diz respeito aos *sinais maravilhosos* (acontecimentos nos quais a natureza das coisas se revolve), exceto aqueles que agora não têm nenhuma importância (as deformidades entre os seres humanos e entre os animais de criação), os sinais e milagres no céu, os cometas, os globos de luz cruzando as alturas, as auroras boreais no norte, mesmo os eclipses do sol e da lua, principalmente quando se reúnem vários símbolos semelhantes e são acompanhados de guerra, peste e coisa semelhante, são coisas que à grande massa assustada parecem anunciar que o Juízo Final e o fim do mundo já não estão distantes.

Apêndice

Vale a pena observar ainda aqui um estranho jogo da imaginação com o ser humano na confusão dos signos com as coisas, em que se coloca

---

[69] Fólades são moluscos perfuradores capazes de se fundir profundamente no lodo, na madeira e em matérias duras. (V.) (N.T.)

naqueles uma realidade interior como se estas tivessem que se guiar por eles.
— Como o curso da lua em suas quatro fases (lua nova, quarto crescente, lua cheia e quarto minguante) não se divide, em números inteiros, mais exatamente que em 28 dias (e por isso o zodíaco é dividido pelos árabes nas 28 casas da lua), dos quais uma quarta parte perfaz sete dias, o número 7 obteve uma importância mística, tanto que a criação do mundo também teve de ser regida por ele, principalmente porque (segundo o sistema de Ptolomeu) deveria haver sete planetas, como sete notas na escala musical, sete cores simples no arco-íris e sete metais. — Daí surgiram também os anos climatéricos (7 x 7 e, porque 9 entre os indianos também é um número místico, 7 x 9, igualmente 9 x 9), em cujo desfecho a vida humana deve estar em grande perigo, e as setenta semanas-ano (490 anos) não apenas constituem, na cronologia judaico-cristã, os períodos das mudanças mais importantes (entre Abraão sendo chamado por Deus ‖ e o nascimento de Cristo), mas determinam também com toda a exatidão e, por assim dizer, *a priori* os limites dela, como se a cronologia não tivesse de se regular pela história, e sim o inverso, a história pela cronologia.

Mas também em outros casos é habitual tornar as coisas dependentes de números. Quando um paciente manda um empregado levar uma gratificação a seu médico, e este, ao abrir o papel, encontra onze ducados, suspeitará que o empregado lhe roubou um, pois por que não haveria uma dúzia inteira deles? Quem compra louça de porcelana de mesma fabricação num leilão, dará um lance menor se não houver uma dúzia inteira, e se houver treze pratos, só dará valor ao décimo terceiro por se assegurar de que, com isso, ainda terá aquele número completo mesmo que um prato se quebre. Como, porém, não se convidam convivas por dúzias, que interesse pode haver em dar preferência a esse número par? Um homem deixou em testamento onze colheres de prata a seu primo, e acrescentou: "Ele mesmo sabe melhor que ninguém porque não lhe deixei a décima segunda colher" (o jovem larápio teria colocado furtivamente em seu bolso uma colher da mesa do primo, que percebeu o acontecido, mas então não quis envergonhá-lo). Quando o testamento foi aberto, pôde-se facilmente adivinhar qual era a intenção do testador, mas só pelo preconceito aceite de que apenas a dúzia é um número completo. — Também os doze signos do zodíaco (número por analogia com o qual parecem ser admitidos os doze juízes na Inglaterra) receberam uma significação mística semelhante. Na Itália, Alemanha e talvez também em outra parte, considera-se mau sinal uma mesa com treze convivas, porque se crê que um deles, qualquer que seja, morrerá naquele ano: assim como, numa mesa de doze juízes, o décimo terceiro entre eles não poderia ser outro que o delinquente que deve ser julgado. (Eu mesmo me encontrei uma vez a uma mesa semelhante, onde a dona da casa observou, ao sentar-se, esse suposto inconveniente, e dissimuladamente mandou o filho, que se encontrava entre nós, levantar-se e comer em outro cômodo, para que a alegre atmosfera não fosse perturbada). — Mas também a mera grandeza dos números, quando se tem o bastante das coisas que designam, causa admiração simplesmente porque, ao serem contadas, não preenchem uma divisão conforme o sistema decimal (por conseguinte, em si, arbitrária). Assim, o imperador ‖ da China deve ter uma frota de 9.999 navios, e as pessoas se perguntam secretamente diante desse número: por que não mais um?, ainda que a resposta possa ser "porque esse número de navios é suficiente para o uso dele"; no fundo, a pergunta não é feita em vista do uso, e sim meramente de uma espécie de mística dos números. — Pior, todavia, se bem que não seja algo incomum, é alguém que chegou, pela mesquinhez e logro, a uma riqueza de 90.000 táleres[70] e não descansa até completar os 100.000 sem necessitar deles, e se não ganha a forca por isso, talvez ao menos a mereça.

A que infantilidades não desce o homem, mesmo em idade adulta, quando se deixa levar pela trela da sensibilidade! Vamos ver agora quanto ele faz de melhor, ou pior, quando segue seu caminho à luz do entendimento.

Da faculdade de conhecer enquanto fundada no entendimento

Divisão

§ 40

O *entendimento*, como faculdade de *pensar* (de representar algo por meio de *conceitos*), também é denominado faculdade de conhecer *superior* (por diferença com a sensibilidade, como faculdade *inferior*), porque a faculdade das intuições (puras ou empíricas) só contém o singular nos objetos, enquanto a faculdade dos conceitos contém o universal das representações deles, a *regra*, à qual o diverso das intuições sensíveis tem de ser subordinado para produzir unidade do conhecimento do objeto. — Portanto, o entendimento é, sem dúvida, *mais nobre* que a sensibilidade, da qual os animais desprovidos de entendimento podem se valer em caso necessário, seguindo os instintos neles implantados,

---

[70] Em alemão "Taaler", até o século XVIII a moeda oficial alemã. (N.T.)

assim como um povo sem governante, ao passo que um governante sem povo (o entendimento sem a sensibilidade) não é capaz de absolutamente nada. Por isso, entre ambos não há conflito de hierarquia, se bem que um é intitulado superior e o outro, inferior.

Mas também se toma a palavra *entendimento* em significação particular, a saber, porque ele, como membro de uma classificação, é subordinado, junto com os dois outros membros desta, ao entendimento em significação geral, e porque || a faculdade de conhecer superior (materialmente considerada, isto é, não por si só, mas em referência ao *conhecimento* dos objetos) consiste de *entendimento, juízo* e *razão*. — Deixai-nos fazer agora observações sobre o ser humano, como um se diferencia do outro nesses dons da mente ou no uso ou abuso habitual deles, primeiramente numa alma saudável, mas logo também no caso de doença mental.

Comparação antropológica das três faculdades de conhecer superiores entre si

§ 41

Um entendimento correto não é tanto aquele que brilha pela variedade de seus conceitos quanto aquele que contém a faculdade e a habilidade de conhecer o objeto, portanto, de apreender a *verdade* pela *adequação* deles. Alguns seres humanos têm na mente muitos conceitos que, no conjunto, redundam numa *semelhança* com aquilo que se pretende saber do objeto, mas não coincidem com ele, nem com a determinação dele. Eles podem ter conceitos de grande extensão, que também são conceitos *flexíveis*. O entendimento correto que basta para os conceitos do conhecimento comum se chama bom *senso* (suficiente para o uso caseiro). Ele diz, como o guarda em Juvenal: *Quod sapio, satis est mihi, non ego curo — esse quod Arcesilas aerumnosique Solenes*[71] Compreende-se que os dons naturais de um entendimento exato e correto se limitam em relação à extensão do saber que se atribui a ele, e o dele dotado procede *modestamente*.

§ 42

Se com a palavra entendimento se quer dizer a faculdade de conhecimento das regras em geral (e isso por conceitos), de modo que

---

[71] "O que sei, basta para mim, não ambiciono ser o mesmo para Arcésilas e para o incomodado Sólon." — A passagem não é de Juvenal, mas de Pérsio III, 78-79. (K.) (N.T.)

compreenda em si toda a faculdade de conhecer *superior*, então não se tem de entender por ela aquelas regras segundo as quais a *natureza* guia o ser humano em seu procedimento, como ocorre nos animais impelidos pelo instinto natural, mas só as que *ele mesmo faz*. O que ele meramente aprende e confia à memória é executado apenas mecanicamente (conforme as leis da imaginação reprodutiva) e sem o entendimento. Um criado que tem de fazer simplesmente um cumprimento segundo uma determinada fórmula, não precisa do entendimento, isto é, não necessita pensar por si mesmo, mas dele precisa quando, na ausência do seu senhor, || tem de cuidar dos afazeres domésticos deste, onde são necessárias várias regras de conduta que não podem ser literalmente prescritas.

198

Um entendimento *correto*, um juízo *exercitado* e uma razão *profunda* constituem a inteira extensão da faculdade de conhecimento intelectual, principalmente quando esta é julgada também como habilidade para a promoção do prático, isto é, para fins.

Entendimento correto é bom senso, conquanto contenha a *adequação* dos conceitos aos fins de seus usos. Assim como a *suficiência* (*sufficientia*) e a *precisão* (*praecisio*) reunidas constituem a *adequação*, isto é, a índole do conceito para não conter nem mais nem menos do que requer o objeto (*conceptus rem adaequans*), assim também um entendimento correto é, entre as faculdades intelectuais, a primeira e a mais nobre, porque satisfaz seu fim com um *mínimo* de meios.

Considera-se que a *artimanha*, a mente voltada para intriga, é frequentemente um grande entendimento, ainda que mal empregado; mas ela é exatamente apenas a maneira de pensar de homens muito limitados, e bem diferente da inteligência, cuja aparência ela comporta. O crédulo só pode ser enganado uma vez, o que a seguir será muito prejudicial à própria intenção do astuto.

Aquele que, servindo a um particular ou ao Estado, deve obedecer a ordens rigorosas, precisa ter apenas entendimento; o oficial, a quem se prescreve tão-somente a regra geral para que cumpra a incumbência que lhe é dada, e a quem se deixa que determine por si mesmo o que é preciso fazer no caso em questão, necessita de juízo; o general, que deve considerar os casos possíveis e imaginar as próprias regras para eles, precisa possuir razão. — Os talentos requeridos para esses diferentes empregos são muito diversos. "Alguns, que brilham no segundo nível, não são visíveis no nível superior" (*Tel brille au second rang, qui s'eclipse au premier*).[72]

---

[72] Voltaire, *Henriade*, vers. 31. (K.) (N.T.)

Argumentar com sutilezas não é ter entendimento, e ostentar máximas, como Cristina da Suécia,[73] com as quais sua ação está em contradição, não significa ser sensato. — Aqui se passa o mesmo que com a resposta que o conde de Rochester deu ao rei Carlos II da Inglaterra, quando este o encontrou em profunda meditação e lhe perguntou: "Em que meditais tão profundamente?" — Resposta: "Estou fazendo o epitáfio de Vossa Majestade" — Pergunta: "O que estará escrito nele?" — Resposta: "Aqui jaz || o rei Carlos II, que em vida disse muitas coisas inteligentes, e nunca fez nada daquilo."[74]

Ficar calado em sociedade e só de quando em quando emitir um juízo totalmente comum, é parecer ser razoável, assim como um certo grau de *rudeza* passa por *honestidade* (a velha honestidade alemã).

* * *

Mediante instrução, o entendimento natural pode ser ainda enriquecido de muitos conceitos e dotado de regras; porém a segunda faculdade intelectual, a saber, a de discernir se algo é um caso da regra ou não, o *juízo* (*iudicium*), não pode ser *ensinada* mas só exercitada; daí seu crescimento se chamar *maturidade*, entendimento que só vem com os anos. Também é fácil de compreender que isso não poderia ser diferente; pois a instrução <*Belehrung*> ocorre por transmissão de regras. Por conseguinte, se tivessem de existir ensinamentos para a faculdade de julgar, então teriam de existir regras gerais segundo as quais se pudesse diferenciar se algo é ou não um caso da regra, o que é um regresso ao infinito. Este é, pois, o entendimento do qual se diz que vem com os anos, que está fundado em longa experiência própria, e cujo juízo a república francesa busca na câmara dos chamados anciãos.

Essa faculdade, que só se dirige ao factível, ao que é adequado e ao que convém (para o juízo técnico, estético e prático) não é tão brilhante como aquela outra que é ampliadora; pois apenas se coloca junto ao bom senso e faz a ligação entre este e a razão.

§ 43

Se o entendimento é a faculdade das regras, e o juízo, a faculdade de descobrir o particular como um caso dessas regras, então a *razão* é

---

[73] Johann Arckenholz. *Historische Merkwürdigkeiten die Königin Christina von Schweden betreffend* [Curiosidades históricas em relação à rainha Cristina da Suécia]. Leipzig/ Amsterdã, 1752, v. 2, pp. 73-132. (N.T.)

[74] *The Works of the Earls of Rochester, Roscomon, Dorset etc.* 2 v., Londres, 1718. (N.T.)

a faculdade de deduzir, do universal, o particular e de representar este último como necessário e segundo princípios. — Pode-se, portanto, explicá-la também mediante a faculdade de *julgar* e (em sentido prático) de *agir* segundo princípios. Para todos os juízos morais (por conseguinte, também para a religião) o ser humano necessita da razão e não pode se basear nos dogmas e hábitos introduzidos. — *Ideias* são conceitos da razão, aos quais não pode ser dado adequadamente nenhum objeto na experiência. Não são ‖ nem intuições (como as do espaço e do tempo) nem sentimentos (como os busca a doutrina da felicidade), pois que ambos pertencem à sensibilidade, mas conceitos de uma perfeição de que sempre se pode aproximar, mas nunca alcançar completamente.

Argumentar com argúcias <*Vernünftlei*>[75] (sem razão saudável) é um emprego da razão que passa ao largo do fim-último, em parte por incapacidade, em parte por erro do ponto de vista. *Enfurecer-se com razão* quer dizer proceder segundo princípios quanto à forma dos seus pensamentos, mas empregar justamente os meios opostos a eles quanto à matéria ou ao fim.

Os *subordinados* não necessitam argumentar com argúcias (arrazoar <*räsonnieren*>), porque o princípio conforme o qual se deve agir tem frequentemente de lhes ser ocultado, ou ao menos pode lhes permanecer desconhecido; mas aquele que manda (um general) precisa ter razão, porque não podem lhe dar instruções a cada caso. Dado, entretanto, que a religião tem de ser estimada como moral, é injusto exigir que o chamado leigo (*laicus*) em questões religiosas não se sirva de sua própria razão, mas deva seguir o *sacerdote* constituído (*clericus*), ou seja, uma razão estranha: porque na moral cada um tem de responder por si mesmo por suas ações e omissões, e o sacerdote não assumirá nem pode assumir, com risco próprio, a responsabilidade por elas.

Nesses casos, porém, os seres humanos se inclinam a garantir mais segurança para sua pessoa renunciando a todo uso próprio da razão e submetendo-se passiva e obedientemente aos dogmas introduzidos por homens santos. Mas não o fazem tanto por sentimento de sua incapacidade no conhecimento (pois a essência de toda religião é a moral, que logo aparece a todo ser humano como evidente por si mesma) quanto por *artimanha*, em parte para poder atribuir a culpa aos outros, caso possa haver algo errado, em parte e principalmente para escapar habilmente àquilo que é essencial (a modificação do coração), que é muito mais difícil que o culto.

200

---

[75] "Vernünftlei" significa raciocinar em sentido pejorativo. (N.T.)

Exigir *sabedoria*, como ideia do uso prático, legal e perfeito da razão, é por certo exigir muito do ser humano; mas nem mesmo num grau mínimo um outro pode infundir sabedoria nele, já que tem de retirá-la de si mesmo. A prescrição de alcançar esse fim contém três máximas que conduzem a ele: 1. pensar por si mesmo, 2. colocar-se no lugar do outro (na comunicação com seres humanos), 3. pensar sempre em concordância consigo mesmo.

|| A idade em que o homem chega ao pleno uso de sua razão poderá ser fixada, em vista de sua *habilidade* <*Geschicklichkeit*> (a faculdade de atuar com arte em qualquer propósito), por volta dos vinte anos; em vista da *prudência* <*Klugheit*> (de utilizar outros homens para os seus fins), dos quarenta; finalmente, em vista da *sabedoria* <*Weisheit*> por volta dos sessenta; nesta última época, porém, ela é mais *negativa*, para compreender todas as tolices das duas primeiras, quando se pode dizer: "É pena ter de morrer quando enfim se aprendeu como se poderia viver bem", e mesmo então esse juízo ainda é raro, pois que a inclinação pela vida se torna tanto mais forte, quanto menos valor ela tem, tanto na ação quanto no prazer.

§ 44

Assim como a faculdade de descobrir o particular para o universal (a regra) é a *faculdade de julgar*, assim também a de excogitar o universal para o particular é o *engenho* (*ingenium*). A primeira diz respeito à observação das diferenças no diverso, em parte idêntico; a segunda, à identidade do diverso, em parte distante. — O talento mais primoroso em ambas está em observar inclusive as menores semelhanças ou dessemelhanças. A faculdade para isso é a *agudeza* (*acumen*), e as observações desse tipo chamam-se *sutilezas*, as quais, quando não levam adiante o conhecimento, chamam-se *cavilações* vazias ou *sutilezas* vãs (*vanae argutationes*) e, se bem que não incorram num emprego falso, incorrem num emprego inútil do entendimento em geral.— Por conseguinte, a agudeza não vem ligada meramente ao juízo, mas compete também ao engenho; só que no primeiro caso se reconhece seu mérito mais pela *exatidão* (*cognitio exacta*), no segundo, mais pela *riqueza* da boa inteligência: por isso o espírito também é chamado de *florescente*; e como nas flores a natureza parece mais jogar um jogo, enquanto que nos frutos ela exerce um afazer, o talento encontrado neste último será julgado (segundo os fins da razão) menor em dignidade do que o que cabe ao primeiro. — O entendimento comum, o *bom senso* não tem pretensão nem ao engenho nem à agudeza: estes são uma espécie de luxo da inteligência, enquanto aquele se limita àquilo de que verdadeiramente necessita.

Das fraquezas e enfermidades da alma em relação a sua faculdade de conhecer

A
Divisão geral

§ 45

Os defeitos da faculdade de conhecer são *fraquezas* ou *enfermidades da mente*. As enfermidades da alma relativas à faculdade de conhecer podem ser inseridas em dois gêneros principais. Um é a *atrabílis* (hipocondria) e o outro é a *perturbação mental* (mania). Na *primeira*, o enfermo é consciente de que o curso de seus pensamentos não vai bem: sua razão não tem poder suficiente sobre si mesma para dirigir, deter ou impulsionar o andamento deles. Alegrias e preocupações fora de hora, portanto, caprichos, alternam nele, como o clima que se tem de aceitar tal qual é. — A *segunda* é um curso arbitrário de seus pensamentos, que tem sua regra própria (subjetiva), a qual, porém, é contrária às regras (objetivas) que concordam com as leis da experiência.

Com respeito à representação sensível, a perturbação mental é *amência* ou *demência*. Como perversão do juízo e da razão chama-se insânia <*Wahnwitz*> ou *vesânia* <*Aberwitz*>. Quem em suas imaginações deixa de fazer a comparação com as leis da experiência habitual (sonha acordado) é um *fantasista* (atrabiliário); se o é com *afecção* <*Affekt*>, é denominado *entusiasta*. Os acessos inesperados do fantasista chamam-se *assaltos* da fantasia (*raptus*).

O simplório, o imprudente, o estúpido, o janota, o tolo e o bobo não se diferenciam do perturbado meramente em grau, mas na qualidade diversa de seu desarranjo mental, e não devem ir para o manicômio por causa de seus achaques, isto é, para um lugar onde, a despeito da maturidade e força da idade, seres humanos têm de ser mantidos sob a disciplina de uma razão alheia naquilo que se refere às questões mais comezinhas da vida. — Demência com afecção <*Affekt*> é *loucura*, que pode frequentemente ser original, mas seus ataques são involuntários, e então, como o entusiasmo poético (*furor poeticus*), se avizinha do *gênio*;

mas quando é a razão a atingida por um fluxo fácil, porém desordenado, ‖ de ideias, um tal acesso é chamado de *desvario*. *Cismar* com uma única e mesma ideia sem que esta tenha uma finalidade possível, por exemplo, com a perda do cônjuge que não pode ser chamado de volta à vida, para buscar repouso na própria dor, é *loucura* silenciosa. — A *superstição* se compara mais com a demência, e o *fanatismo* mais com a *insânia*. O doente mental acometido dessa última também é com frequência chamado (em expressão suavizada) de *exaltado*, e mesmo de cabeça excêntrica.

O delírio febril ou o ataque de fúria, semelhante à epilepsia, que às vezes é causado simpateticamente pela imaginação forte ao mero olhar fixo de um furioso (por isso não é aconselhável que as pessoas de nervos muito instáveis estendam sua curiosidade até as celas desses infelizes), devem ser tidos por passageiros e não por loucura. — Mas aquilo que se denomina um *fátuo* <*Wurm*> (que não é uma enfermidade do espírito, pois por ele habitualmente se entende uma melancólica excentricidade do sentido interno) é na maior parte uma *altivez* do ser humano que beira a demência, cuja pretensão de que os demais desprezem a si mesmos em comparação a ele é diretamente contrária à sua própria intenção (como a de um louco), pois justamente com isso ele os estimula a causar de todas as maneiras danos à sua presunção, a importuná-lo, tornando-se objeto de caçoada por sua tolice ofensiva. — Mais suave é a expressão de um *capricho* (*marotte*) que alguém alimenta em si: tal ou qual princípio deve ganhar popularidade, ainda que em nenhuma parte encontre aprovação entre as pessoas prudentes, por exemplo, o dom de pressentir ou certas inspirações semelhantes ao gênio de Sócrates, certas influências fundadas na experiência, embora inexplicáveis, como a simpatia, a antipatia, a idiossincrasia (*qualitates ocultae*), que lhe cricrilam na cabeça como um grilo e que, todavia, ninguém mais pode ouvir. — A mais leve de todas as transgressões dos limites do bom senso é o *hobby*,[76] que é como que um ócio atarefado, uma paixão em se entreter cuidadosamente com objetos da imaginação, com os quais o entendimento simplesmente brinca por distração, como se fossem um negócio. Para pessoas idosas e abastadas que buscam repouso, essa disposição do espírito, de se recolher como que de novo na infância despreocupada, não é apenas proveitosa à saúde como agitação constante da força vital, mas também amável, ainda que também ridícula; de tal maneira que ‖ aquele que é objeto do riso, pode, benevolamente, rir junto. — Essa cavalgada num cavalinho-de-pau, porém, serve também de distração para jovens e pessoas atarefadas,

---

[76] "Steckenpferd" era a palavra usada no alemão para designar "cavalo-de-pau", tradução do inglês *hobby horse*, que dá origem ao neologismo *hobby* em português. (N.T.)

e os sabichões que com pedante seriedade censuram essas tolices tão pequenas e inocentes merecem a repreensão de *Sterne*: "Deixa cada um subir e descer as ruas da cidade montado em seu cavalo-de-pau, *mas apenas quando ele não te obrigue a sentar atrás*".[77]

B
Das fraquezas da mente na faculdade de conhecer

§ 46

Aquele ao qual falta engenho é uma inteligência *embotada* (*obtusum caput*). No mais, se se trata de entendimento e razão, ele pode ser uma cabeça muito boa, só não se pode pretender que faça as vezes de poeta: como Clavius,[78] a quem o mestre-escola queria logo enviar, como aprendiz, ao ferreiro pela simples razão de que não sabia fazer versos, e no entanto se tornou um grande matemático quando teve nas mãos um livro de matemática. — Uma inteligência de compreensão *lenta* não é por isso uma inteligência fraca, assim como a de conceitos *rápidos* nem sempre é uma inteligência profunda, porém, frequentemente muito superficial.

Falta de juízo *sem* engenho é *estupidez* (*stupiditas*). Mas a mesma falta, com engenho, é *necedade* — Quem mostra ter juízo nos negócios é *cauteloso*. Se, além disso, tem ao mesmo tempo engenho, é *esperto*. — Aquele que meramente afeta uma dessas qualidades, o *engenhoso* tanto quanto o *espertalhão*, é um sujeito repugnante. — A pessoa fica *escaldada* depois de levar prejuízo;[79] mas quem foi tão longe nessa escola a ponto de escaldar os demais com o prejuízo que lhes causa é *velhaco*. — *Ignorância* não é estupidez, como supôs certa dama que, à pergunta de um acadêmico "Os cavalos comem também a noite"?, retrucou: "Como pode um homem sábio ser tão estúpido?". Aliás, é prova de bom entendimento se o ser humano sabe ao menos como deve fazer bem uma pergunta (para ser instruído pela natureza, ou por outro ser humano).

Simplório é o que *não* pode apreender *muito* com seu entendimento; mas não é estúpido, se não apreende às avessas. "Leal, mas *estúpido*" (como alguns descrevem injustamente os criados pomerânios) é um dito

---

[77] Laurence Sterne, *Tristram Shandy*, livro I, parte final do cap. 7. (V.) (N.T.)
[78] O jesuíta Christoph Schlüssel — Clavius em latim — nascido em 1537 em Ramberg, falecido em 1612 em Roma, relevante matemático, conhecido por sua participação na reforma do Calendário feita pelo papa Gregório XIII (1582). (V.) (N.T.)
[79] "Durch Schaden wird man gewitzigt": dito popular que corresponde aproximadamente ao português "Gato escaldado de água fria tem medo". (N.R.)

falso e sumamente censurável. É falso porque a lealdade (observância do dever por princípios) é razão ‖ prática. É sumamente censurável porque supõe que qualquer um enganaria só por se sentir hábil para tanto, e se não engana, isso se deve meramente à incapacidade dele. — Por isso os ditados "ele não inventou a pólvora", "ele não trairá a pátria", "ele não é um bruxo", revelam princípios misantrópicos, a saber, não pode haver certeza de que os seres humanos que conhecemos enganem, se se pressupõe uma vontade boa neles, mas somente se neles se pressupõe a incapacidade para enganar. — Assim, diz *Hume*, o grande sultão não confia seu harém à virtude daqueles que devem vigiá-lo, mas à impotência deles (como eunucos). — Ser muito limitado (*tapado*) em relação à *amplitude* dos seus conceitos, ainda não chega a ser estupidez, mas depende da *índole* deles (os princípios). — Que pessoas se deixem enganar por caçadores de tesouros, alquimistas e vendedores de loterias, não se deve atribuir isso à estupidez deles, mas à vontade má de se tornarem ricos à custa dos outros sem esforço proporcional por parte de si mesmos. A *astúcia*, manha e malícia (*versutia, astutia*), é a habilidade de enganar os outros. A questão agora é saber se o enganador precisa ser *mais inteligente* que aquele que é facilmente enganado e se este último é o estúpido. Por ser uma presa fácil de malandros, o *cândido* <*Treuherzige*>, que facilmente *confia* (crê, dá crédito) também é às vezes chamado, ainda que muito injustamente, de *tolo*, como no ditado "quando os tolos vão ao mercado, os vendedores se alegram". É justo e prudente que eu nunca mais confie em quem me enganou uma vez, pois ele está corrompido em seus princípios. Mas não confiar em nenhum *outro* homem porque *um* deles me enganou, é misantropia. — O enganador é propriamente o enganado. — Mas e se ele, por meio de um grande engodo, conseguiu se colocar de uma vez para sempre em condição de não mais precisar de nenhum outro, nem da confiança deste? Neste caso pode bem mudar o caráter sob o qual ele *aparece*, mas somente até certo ponto: enquanto o enganador enganado é *ridicularizado*, o enganador com sorte é *vilipendiado*, o que também não é nenhuma vantagem duradoura.[80]

---

[80] 77) No que diz respeito à sua grande maioria, os palestinos que vivem entre nós desde seu exílio têm tido, por seu espírito usurário, a não infundada fama de ser fraudadores. Parece certamente estranho imaginar uma *nação* de fraudadores, mas é igualmente estranho imaginar uma nação composta unicamente de comerciantes, cuja ampla maioria, unida por uma velha superstição reconhecida pelo ‖ Estado em que vivem, não busca honras civis, mas quer compensar a perda dessas honras pelas vantagens que obtém burlando o povo sob o qual encontra proteção. Ora, numa nação inteira composta tão-somente de comerciantes, como membros não produtivos da sociedade (por exemplo, os judeus na Polônia), isso também não pode ser de outro modo; por conseguinte, ainda que ao lidar conosco façam do ditado "Comprador, abra os olhos!"

§ 47

A *distração* (*distractio*) é o estado em que se desvia a atenção (*abstractio*) de certas representações dominantes por se dividir essa atenção com outras representações heterogêneas. Se é premeditada, chama-se *dissipação*; a involuntária é *ausência* (*absentia*) de si próprio.

Uma das fraquezas da mente é estar atada pela imaginação reprodutiva a uma representação a que se aplica grande atenção, ou uma atenção detida, e dela não poder se afastar, isto é, não poder tornar novamente livre o curso da imaginação. ‖ Se esse mal se torna habitual e se dirige a um único e mesmo objeto, pode resultar em demência. Estar distraído em sociedade é *descortês*, frequentemente também ridículo. Habitualmente a mulher não está sujeita a esse comportamento; para tanto, elas teriam de se ocupar com assuntos referentes à erudição. Um criado que em seu serviço à mesa está distraído, tem em geral algo grave em mente, algo que, ou tenciona fazer, ou com as consequências do qual tem motivos de preocupação.

Mas *distrair-se*, isto é, divertir-se com sua imaginação reprodutiva involuntária, por exemplo, quando, terminado o sermão que sabia de

o princípio supremo de sua moral, sua constituição, sancionada por antigas leis e reconhecida por nós, em meio aos quais vivem (nós que temos com eles alguns livros sagrados em comum), não pode ser abolida sem inconsequência. — Ao invés de traçar planos inúteis para moralizar esse povo no que diz respeito ao engano e à honra, prefiro indicar minha hipótese sobre a origem dessa singular constituição (a saber, a de um povo composto unicamente de comerciantes). — — Nos tempos mais antigos, o comércio com a Índia levou a riqueza, por terra, até as costas ocidentais do Mediterrâneo e portos da Fenícia (à qual pertence também a Palestina). — Certamente ele poderia tomar o caminho por muitos outros lugares, por exemplo, Palmira e em tempos mais antigos, Tiro, Sídon* ou, com uma pequena saída pelo mar, por Asiongaber e Elat,** ou também pela costa árabe até Grande Tebas e, pelo Egito, para as costas sírias; mas a Palestina, cuja capital era Jerusalém, também se encontrava numa posição privilegiada para o comércio de caravanas. Provavelmente o fenômeno da riqueza de Salomão é efeito disso, e até a época dos romanos o país vivia cheio de comerciantes, os quais, depois da destruição daquela cidade, por já terem estado antes em amplo contato com outros mercadores da mesma língua e crença, se espalharam pouco a pouco, com ambas, por países muito distantes (na Europa), mas permaneceram coesos e puderam encontrar proteção nos Estados aos quais se dirigiram graças às vantagens de seu comércio; — de modo que sua dispersão por todo o mundo, com a manutenção da unidade de sua crença e de sua língua, não deve ser imputada a uma *maldição* que se abateu sobre esse povo, mas tem, ao contrário, de ser considerada como uma *benção*, tanto mais que a riqueza deles, estimada pelo número dos indivíduos, supera agora provavelmente a de qualquer outro povo com o mesmo número de pessoas. (N.A.)

*) Sídon foi antigamente a capital da Fenícia na costa da Síria. (N.T.)
**) Ambos lugares se situavam no golfo noroeste do Mar Vermelho, sendo mencionados várias vezes no Antigo Testamento (por ex., Números 33, 35; Deuteronômio 2, 8; I Reis 9, 26 e segs.; I Crônicas 8, 17). (V.) (N.T.)

cor, o padre deseja evitar que ele continue rumorejando em sua mente, é um procedimento preventivo para a saúde do seu espírito, necessário e em parte também artificial. Refletir continuadamente sobre um único e mesmo objeto deixa como que uma ressonância (exatamente como a música para uma dança: se ela se prolonga muito, persegue com seu zumbido o que regressa da festa; ou como as crianças que repetem incessantemente um mesmo *bon mot* do seu agrado, sobretudo se soa ritmicamente) — ressonância a qual, digo, incomoda a mente e só pode ser eliminada por distração e aplicação da atenção a outros objetos, por exemplo, a leitura de jornais.— *Recobrar suas energias* (*collectio animi*) a fim de estar disposto para qualquer nova ocupação, é um restabelecimento do equilíbrio das forças da alma que contribui para a saúde da mente. Para esse fim, o meio mais saudável é a conversa em sociedade, abundante — como um jogo — em temas diferentes, mas que não precisa ficar saltando de uma matéria a outra contra a afinidade natural das ideias, pois senão, como no estado da mente distraída, a sociedade se dispersa, uma vez que se confunde um assunto com outro e se perde totalmente a unidade da conversa e, em consequência, o espírito se encontra confuso e necessita de uma nova distração para se livrar daquela.

Daí se vê que há para os ocupados uma arte (não comum) de se distrair, a fim de recobrar forças, que faz parte da dietética da mente. — Aquele, entretanto, que já juntou suas ideias, isto é, as preparou para utilizá-las não importa para qual fim, se se aferra zelosamente a elas numa ocasião inadequada ou numa relação comercial com outros, já não pode ser chamado de *distraído*, ‖ mas apenas repreendido por sua ausência de espírito, o que em *sociedade* é com certeza algo inconveniente. — Não é, portanto, uma arte comum a de se distrair sem jamais ser distraído; e a última, quando se torna habitual, dá ao homem sujeito a esse mal o aspecto de um sonhador e o torna inútil para a sociedade, pois ele segue cegamente, no livre jogo dela, sua imaginação não ordenada pela razão. — A *leitura de romances*, além das muitas outras alterações na mente, também tem por consequência tornar a distração habitual. Pois ainda que a pintura dos caracteres, que podem ser encontrados realmente entre os seres humanos (mesmo que com algum exagero), dê aos pensamentos uma *conexão* como numa história verdadeira, cuja exposição de certo modo sempre tem de ser *sistemática*, ainda assim ela permite ao mesmo tempo que a mente intercale divagações durante a leitura (a saber, outros acontecimentos como invenções), e o curso dos pensamentos se torna *fragmentário*, de modo que deixam as representações de um mesmo objeto atuar de forma esparsa (*sparsim*) na mente, não ligadas (*conjunctim*) segundo a unidade do entendimento. O professor falando do púlpito ou a um auditório universitário, ou também o promotor de justiça ou advogado, quando devem demonstrar domínio da mente ao fazer livremente (de improviso) a sua exposição, ou mesmo também a sua narração, tem de prestar atenção em *três* coisas: primeiro, tem de olhar para o que *está dizendo agora*, a fim de o representar com clareza; segundo, tem de voltar o olhar para o que já *tenha dito*; e em terceiro, tem de prever o que *quer dizer* de agora em diante. Pois se não presta atenção em um desses três pontos, a saber, se deixa de reuni-los nessa ordem, ele distrai a si mesmo e a seus ouvintes ou leitores, e uma inteligência em geral boa não tem então como evitar ser chamada de *confusa*.

§ 48

Um entendimento em si saudável (sem deficiências mentais) pode todavia ser acompanhado em seu desempenho de deficiências que tornem necessários, ou um *adiamento* para que a pessoa se desenvolva até a devida maturidade, ou que outra pessoa assuma a *responsabilidade* por ela no que se refere às questões de natureza civil. Se uma pessoa, saudável sob todos os outros aspectos, é incapaz (natural ou legalmente) de fazer um uso *próprio* de seu entendimento nas atividades civis, então se diz que ela não é emancipada; se isso está fundado na pouca idade, se chama imaturidade (*menoridade*); mas se está fundado em ‖ disposições legais a respeito de questões civis, então pode ser denominada incapacidade *legal* ou *civil*.

As *crianças* são naturalmente incapazes, e os pais são os tutores naturais delas. A *mulher* é declarada civilmente incapaz em qualquer idade; o marido é seu curador natural. Contudo, quando vive com ele em regime de separação de bens, um outro é esse curador. — Pois ainda que, no tocante à fala, a mulher tenha pela natureza de seu sexo saliva suficiente para defender a si mesma e a seu marido diante de um tribunal (no que diz respeito àquilo que lhes pertence), e, portanto, possa ser declarada literalmente *mais que capaz de falar por si própria*, ainda assim as mulheres não defendem pessoalmente os seus direitos, nem exercem por si mesmas seus deveres cívico-estatais, mas somente mediante um responsável, assim como tampouco convém a seu sexo ir à guerra, e essa menoridade legal no que se refere ao debate público a torna tanto mais poderosa no que se refere ao bem-estar doméstico: porque aqui entra o *direito do mais fraco*, que o sexo masculino, já por sua natureza, se sente convocado a defender.

Mas *tornar* incapaz a si mesmo, por degradante que isso possa ser, é no entanto muito cômodo, e naturalmente não faltarão dirigentes que se utilizarão dessa docilidade da multidão (porque ela dificilmente se une por si mesma) e saberão apresentar como muito grande, como mortal, o perigo de se servir do *próprio* entendimento sem a guia de um outro. Os chefes de Estado se autodenominam *pais do povo*, porque sabem, melhor do que seus *súditos*, como se deve fazer para que eles sejam felizes; para o seu próprio bem, no entanto, o povo está condenado a uma constante menoridade, e quando *Adam Smith* diz, injustamente, sobre aqueles primeiros, que "eles são mesmo, sem exceção, os maiores pródigos dentre todos",[81] ele é refutado energicamente pelas (sábias!) leis orçamentárias de muitos países.

O *clero* mantém, rigorosa e constantemente, o *leigo* em estado de menoridade. O povo não tem voz nem juízo sobre o caminho que há de tomar para alcançar o reino dos céus. Não é preciso os próprios olhos humanos para chegar até lá: o povo será guiado, e se as escrituras sagradas lhe caírem nas mãos para ser examinadas com os próprios olhos, será imediatamente advertido por seus ‖ guias a "não encontrar nelas nada além daquilo que asseguram encontrar ali", e em geral fazer com que os seres humanos sigam mecanicamente a direção de outros é o meio mais seguro para o cumprimento de uma ordem legal.

No que diz respeito aos assuntos domésticos, os doutos comumente gostam de ser mantidos no estado de menoridade por suas mulheres. Enterrado em seus livros, um douto respondeu aos gritos de um criado de que havia fogo num aposento: "Você sabe que tais coisas cabem a minha mulher". — Finalmente, em função do Estado também a emancipação de um pródigo pode acarretar uma recaída na incapacidade civil, caso ele, depois de entrar legalmente na maioridade, apresente alguma deficiência intelectual ao administrar seus bens que o faça aparecer como uma criança ou como um idiota; o juízo a esse respeito, entretanto, fica fora do campo da antropologia.

§ 49

Semelhante a uma faca ou um machado sem corte, *simplório*[82] (*hebes*) é aquele a quem não se pode ensinar nada, que é incapaz de *aprender*.

---

[81] A. Smith. *An Inquiry into the Nature and Causes of the Wealth of Nations*, 1776, livro II, fim do capítulo III. (K.) (N.T.)

[82] Em alemão *einfältig*, termo já comentado nos parágrafos 6 e 46. Aqui pela descrição ("semelhante a uma foca ou um machado sem corte"), o adjetivo poderia ser traduzido por "embotado". (N.R.)

Aquele que só é hábil para imitar se denomina um tapado; *crânio*, ao contrário, é aquele que pode ser autor de um produto do espírito ou da arte. Totalmente distinta é a *simplicidade* (em oposição à *artificialidade*), da qual se diz "arte perfeita se torna novamente natureza", e à qual só se chega mais tarde: uma faculdade de atingir exatamente o mesmo fim com economia dos meios — isto é, sem rodeios —. Aquele que possui esse dom (o sábio) não é de forma alguma simplório em sua simplicidade.

Chama-se *estúpido* principalmente aquele que não pode ser utilizado para funções, porque não possui juízo.

Tolo é aquele que sacrifica o que tem valor a fins que não têm valor algum, por exemplo a felicidade doméstica ao brilho fora de sua casa. A tolice, se é ultrajante, chama-se *tontice*. — Pode-se chamar alguém de tolo sem o ofender, ele mesmo pode confessar de si próprio que foi tolo; mas ser usado por espertalhões (segundo Pope), ser chamado de tonto, ninguém pode ouvir impassivelmente.[83] *Altivez* é uma tontice, pois primeiramente é *tolo* pretender que os outros || se menosprezem em respeito a mim, e é assim que sempre me causarão *contratempos* que frustrarão meus propósitos. Isso, porém, só pode provocar *derrisão*. Mas naquela presunção também se esconde uma ofensa, e esta causa um merecido *ódio*. A palavra *tonta*, empregada para uma mulher, não tem o seu significado forte, porque um homem não crê poder ser ofendido pela fútil arrogância dela. E assim a tontice parece estar meramente ligada ao conceito de altivez de um homem. — Quando se chama àquele que prejudica a si mesmo (passageira ou eternamente) um tonto e, portanto, se mistura ódio ao desprezo mesmo que não nos tenha ofendido, tem-se de concebê-lo como ofensa praticada contra a humanidade em geral, consequentemente como praticada contra um outro. Quem age diretamente contra sua própria vantagem legal é também às vezes chamado de tonto, ainda que só prejudique a si mesmo. *Arouet*, o pai de Voltaire, disse a alguém que o felicitou por ter filhos tão vantajosamente conhecidos: "Tenho dois tontos como filhos: um é um tonto em prosa, o outro, em verso" (um havia se lançado no jansenismo e fora perseguido; o outro teve de pagar por seus poemas satíricos na Bastilha). Em geral, o tolo coloca nas *coisas* um valor maior do que racionalmente deveria fazer, o tonto, *em si mesmo*.

---

[83] Quando se replica aos gracejos de alguém: "você não está sendo prudente", esta é uma expressão um tanto quanto trivial para "você *está brincando*" ou "não está sendo *sensato*". — Um homem sensato é um homem que julga de um modo certo e prático, mas sem arte. A experiência pode tornar *prudente* um homem sensato, isto é, hábil na arte de empregar o entendimento, mas só a *natureza* pode fazê-lo sensato. (N.A.)

Dar a um homem o título de *pateta* ou *de presumido* tem por base também a ideia de que sua *imprudência* é tontice. O primeiro é um tonto jovem, o segundo, um tonto velho, ambos enganados por espertalhões ou malandros, onde o primeiro ainda atrai sobre si a compaixão, mas o outro apenas um amargo sorriso de escárnio. Um espirituoso filósofo e poeta alemão[84] tornou compreensíveis as designações de *fat* e *sot* (sob o nome comum de *fou*)[85] mediante um exemplo: "O primeiro, disse ele, é um jovem alemão que vai viver em Paris; o segundo é ele mesmo, depois de voltar de Paris".

* * *

A total fraqueza mental, onde não se é sequer capaz do uso animal da força vital (como nos *cretinos* da || região valesiana), ou também apenas da mera imitação mecânica de ações externas possíveis aos animais (cortar, cavar etc.), denomina-se *idiotice* e não pode ser intitulada uma enfermidade mental, mas deve antes ser chamada de desalento <*Seelenlosigkeit*>.

C
Das enfermidades da mente

§ 50

A divisão superior é, como foi observado anteriormente, a divisão entre *atrabílis* (hipocondria) e *perturbação mental* (mania). A denominação da primeira provém da analogia com a atenção que se presta ao cricri de um grilo (grilo-caseiro) no silêncio da noite, o qual perturba a tranquilidade de que a mente necessita para dormir.[86] A enfermidade do hipocondríaco consiste então nisto, que certas sensações corporais internas não descobrem tanto um verdadeiro mal existente no corpo, quanto, ao contrário, só trazem apreensão a seu respeito, e a natureza humana tem a característica singular (que o animal não possui) de acentuar ou mesmo de tornar persistente o sentimento de certas *impressões* locais pela atenção que se presta a elas, enquanto uma *abstração* premeditada ou causada

---

[84] O professor de matemática em Göttingen e escritor satírico Abr. Gotthelf Kästner (1719-1800). (V.) (N.T.)

[85] *Fat*: fatuo, presumido; *sot*: tolo; *fou*: louco. Em francês no original. (N.R.)

[86] Em alemão, hipocondria é *Grillenkrankheit*, literalmente "doença do grilo". Cf. acima p. 203. (N.R.)

por outras ocupações que distraem faz diminuir essas impressões e, se tal abstração se torna habitual, ela as faz desaparecer completamente.[87] Deste modo, a hipocondria ou atrabílis vem a ser a causa de se imaginar males corporais dos quais o paciente é consciente de que são ficções, sem que no entanto possa de tempos em tempos abster-se de tê-las por algo real, ou o inverso, de transformar um mal corporal efetivo (como o da opressão após a refeição por se terem ingerido comidas que provocam gases) em ficções sobre toda sorte de acontecimentos exteriores graves e em preocupações sobre os próprios negócios, as quais desaparecem tão logo a flatulência cessa, com o término da digestão. —— O hipocondríaco é um atrabiliário (fantasista) da espécie mais lastimável: teimoso, não se deixa despersuadir-se de suas ficções e não larga do pé do médico, que passa apuros com ele || e também não pode tranquilizá-lo de forma diferente da que faz como a uma criança (dando-lhe pílulas de miolos de pão em vez de medicamentos); e quando esse paciente, que por estar constantemente adoentado nunca pode ficar doente, consulta livros de medicina, então se torna completamente insuportável, porque crê sentir no corpo todos os males que lê no livro. —— São sinais característicos dessa doença da imaginação a extraordinária alegria, a vivacidade de engenho e o sorriso satisfeito a que esse enfermo se sente às vezes entregue, e assim ele é o jogo sempre inconstante de seus humores. O que alimenta essa enfermidade é o medo da *morte*, que o assusta de modo infantil. Mas aquele que não despreza esse pensamento com máscula coragem, nunca estará verdadeiramente contente com a vida.

Ainda aquém dos limites da perturbação mental está a *súbita mudança de humor* (*raptus*): um salto imprevisível de um tema a outro inteiramente diferente, pelo qual ninguém esperava. Às vezes ela precede aquela perturbação, à qual ela anuncia, mas frequentemente a cabeça já está tão desconcertada, que esses ataques de desregramento se tornam regra. — O suicídio é, com frequência, meramente o efeito de um *arroubo*. Pois aquele que corta a garganta no ardor da paixão, logo depois se deixa pacientemente operar.

A melancolia (*melancholia*) pode ser também uma mera ilusão de miséria criada para si mesmo pelo tristonho que gosta de se flagelar (é inclinado ao sofrimento). Sem dúvida, ela mesma não é perturbação mental, mas pode muito bem levar a ela. —A propósito, é uma expressão

---

[87] Em outra obra* observei que desviar a atenção de certas sensações dolorosas e forçá-la a se voltar para qualquer outro objeto arbitrariamente concebido no pensamento, é suficiente para impedir que elas possam redundar em enfermidade. (N.A.)

*) Kant se refere aqui ao texto "*Von der Macht des Gemüts etc.*" [Do poder mental etc.] publicado em 1798. (V.) (N.T.)

equivocada, mas que se emprega com frequência, falar de um matemático *pensativo* (por exemplo, o Professor Hausen),[88] quando se quer dizer meramente que é um pensador profundo.

§ 51

O *delírio* (*delirium*), em estado *febril*, daquele que está desperto é uma doença corporal e necessita de providências médicas. Só o delirante no qual o médico não percebe tais crises chama-se *louco*, para quem a palavra *perturbado* é só uma expressão atenuada. Assim, se alguém causou premeditadamente uma desgraça, e a questão é se e que culpa recai sobre ele por isso e, portanto, primeiro é preciso decidir se ele no momento estava louco ou não, a justiça (devido à incompetência do tribunal) não pode remetê-lo à faculdade de medicina, mas tem de remetê-lo à de filosofia. Pois a questão sobre se o acusado, ao cometer o crime, estava de posse de sua faculdade natural de entender e || julgar, é inteiramente psicológica; e ainda que por vezes uma disfunção corporal dos órgãos do sentido possa ser talvez a causa de uma transgressão inatural da lei do dever (inerente a todo homem), ainda assim os médicos e fisiólogos estão em geral ainda longe de compreender a fundo a essência da máquina humana para poder explicar, a partir dela, o ataque que levou a semelhante atrocidade, ou prevê-la com antecedência (sem anatomia do corpo); e uma *medicina judicial* (*medicina forensis*) é — quando se trata da questão de saber se o estado mental do autor era de loucura ou se foi uma decisão tomada com o entendimento saudável — ingerência em assunto alheio, de que o juiz nada entende, tendo no mínimo de confiá-la a outra faculdade como não afeta ao seu foro.[89]

§ 52

É difícil introduzir uma divisão sistemática naquilo que é desordem essencial e insanável. Também há pouca utilidade em se ocupar disso, porque, como as forças do sujeito não cooperam (como é o caso nas

---

[88] Christian August Hausen (1693-1745), professor de matemática em Leipzig. (V.) (N.T.)
[89] Foi assim que, no caso de uma pessoa que, por estar condenada à prisão, matou de desespero um filho, um certo juiz a declarou louca e, portanto, livre da pena de morte. —Pois dizia ele: quem de falsas premissas infere conclusões verdadeiras, está louco. Ora, aquela pessoa admitia como princípio que a pena de prisão é uma desonra indelével, pior que a morte (o que entretanto é falso), chegando daí à conclusão de que merecia a morte. — Por conseguinte, estava louca e, como tal, a pena de morte deveria ser anulada. — Com base nesse argumento seria bem fácil declarar loucos todos os criminosos, de quem se deveria ter pena e a quem se deveria curar, mas não castigar. (N.A.)

doenças corporais), e somente mediante o uso do próprio entendimento esse fim poderá ser alcançado, todos os métodos de cura para esse propósito têm de dar resultados infrutíferos. Entretanto exige a antropologia, ainda que aqui ela possa ser apenas indiretamente pragmática, isto é, ainda que só possa estipular aquilo que se deve deixar de fazer, que ao menos se tente um esboço geral desta que, embora proveniente da natureza, é a mais profunda degradação da humanidade. Pode-se dividir a loucura em geral em *tumultuosa*, *metódica* e *sistemática*.

1. *Amência* (*amentia*) é a incapacidade de colocar suas representações tão-somente na conexão necessária para a possibilidade da experiência. Nos manicômios, o sexo feminino é, devido a sua ‖ loquacidade, o mais sujeito a essa enfermidade, a saber, as mulheres intercalam tanta coisa de sua viva imaginação naquilo que estão contando, que ninguém compreende o que querem verdadeiramente dizer. Essa primeira loucura é a *tumultuosa*.

2. *Demência* (*dementia*) é aquela perturbação mental em que tudo o que o louco conta está realmente conforme às leis formais do pensamento para a possibilidade de uma experiência, mas em que representações criadas pela falsa imaginação poética são consideradas percepções. Dessa espécie são aqueles que creem ter inimigos por toda parte; que consideram todos os gestos, palavras ou demais ações indiferentes dos outros como referidas a eles e como armadilhas contra eles. — Em sua infeliz ilusão são frequentemente tão sagazes em fazer com que as ações executadas despreocupadamente por outros sejam interpretadas como se fossem praticadas contra eles, que, se os dados fossem verdadeiros, seria preciso fazer toda a justiça a seu entendimento. — Nunca vi alguém que tenha sido curado dessa enfermidade (pois é uma disposição especial desatinar com razão). Não se deve, porém, considerá-los loucos de hospício, porque, preocupados apenas consigo mesmos, limitam-se a dirigir sua suposta astúcia apenas para a própria conservação, sem colocar outros em perigo, não necessitando pois serem isolados por segurança. Essa segunda loucura é a *metódica*.

3. *Insânia* (*insania*) é uma perturbação do *juízo*: este entretém a mente com analogias que se confundem com conceitos de coisas semelhantes entre si, e assim a imaginação simula um jogo, semelhante ao do entendimento, da ligação de coisas díspares como sendo o universal no qual estavam contidas essas últimas representações. Os doentes psíquicos dessa espécie são na maioria das vezes muito satisfeitos, inventam de um modo absurdo e se comprazem com a riqueza produzida por tão extensa afinidade entre conceitos que tão bem casam entre si, segundo a opinião

deles. — O demente dessa espécie é incurável, porque é criador, como a poesia em geral, e entretém pela diversidade. — Essa terceira loucura é, com efeito, metódica, mas apenas *de maneira fragmentária*.

4. *Vesânia* (*vesania*) é a doença de uma *razão* perturbada. — O doente psíquico sobrevoa a série inteira da experiência, busca princípios que possam dispensar totalmente a pedra de toque da experiência e presume conceber o inconcebível. — A descoberta || da quadratura do círculo, do *perpetuum mobile*, a revelação das forças suprassensíveis da natureza e a compreensão do mistério da Trindade estão em seu poder. Ele é o mais pacífico dentre todos os internados e o mais distante dos surtos por causa de sua especulação fechada em si mesma, porque com sua plena autossuficiência deixa de ver todas as dificuldades da investigação. — Essa quarta espécie de loucura poderia ser chamada de *sistemática*.

Pois nessa última espécie de perturbação mental não há mera desordem e desvio da regra do uso da razão, mas também *desrazão positiva*, isto é, uma *outra* regra, um ponto de vista inteiramente diverso, ao qual, por assim dizer, a alma foi transportada e desde o qual vê de outro modo todos os objetos; e se acha transportada (daí a palavra *distúrbio mental* <*Verrückung*>)[90] para um lugar distante do *sensorio communi*, que é requerido para a unidade da *vida* (do animal), assim como uma paisagem de montanhas, desenhada em perspectiva aérea, proporciona um juízo inteiramente outro sobre a região do que se fosse contemplada da superfície. É certo que a alma não se sente nem se vê noutro lugar (pois não pode perceber a si mesma segundo seu lugar no espaço sem cometer uma contradição, porque senão se intuiria como objeto de seu sentido externo, quando só pode ser para si mesma objeto do sentido interno); mas com isso se esclarece, tanto quanto é possível fazê-lo, o chamado distúrbio mental. — É, todavia, admirável que as forças da mente arruinada se coordenem sempre num sistema e que a natureza se esforce para introduzir mesmo na desrazão um princípio de ligação dessas forças, a fim de que a faculdade de pensar não fique ociosa, mesmo que não seja objetivamente para o verdadeiro conhecimento das coisas, mas apenas subjetivamente em vista da vida animal.

Em contrapartida, a tentativa de observar a si mesmo, fazendo uso de meios físicos, num estado próximo à loucura, estado em que a pessoa se põe voluntariamente para, também por meio dessa observação, compreender melhor o estado de loucura involuntário, demonstra razão suficiente para que se investiguem as causas dos fenômenos. Mas é

---

[90] *Verrückung* quer dizer "deslocar", "tirar do lugar", e daí o sentido de "desordenar", "desarranjar". (N.R.)

perigoso fazer experimentos com a mente, colocando-a enferma até um grau em que se possa observá-la, e estudar sua natureza mediante os fenômenos que possam então ocorrer. — É assim que Helmont[91] afirma ter percebido, depois de ingerir certa dose de napelo (uma raiz venenosa), uma sensação como || se *pensasse com o estômago*. Um outro médico foi aumentando pouco a pouco a dose de cânfora, até que lhe pareceu como se tudo na rua fosse um grande tumulto. Vários experimentaram por tanto tempo o ópio que caíram em fraqueza mental quando deixaram de seguir empregando esse meio de avivar os pensamentos. — Uma demência artificial poderia facilmente se tornar uma demência verdadeira.

Notas esparsas

§ 53

Com o desenvolvimento do embrião até a reprodução, desenvolve-se simultaneamente o germe da loucura, que também é hereditária. É perigoso contrair matrimônio em família, mesmo que haja apenas um indivíduo em semelhante situação. Pois, por muitos que sejam os filhos de um casamento preservados dessa herança ruim, porque em geral saem, por exemplo, ao pai, aos avós e bisavós, se na família da mãe já tiver havido um filho louco (ainda que ela mesma esteja livre desse mal), poderá um dia aparecer nesse casamento um filho que puxa a família materna (como se pode observar também pela semelhança física) e que *herdou* a perturbação mental.

Com frequência há quem pretenda saber indicar a causa acidental dessa enfermidade, de tal modo que não se apresente como hereditária, mas como sendo adquirida, como se o vitimado por ela fosse culpado disso. "Ficou louco de *amor*", se diz de um, e de outro que "enlouqueceu de *orgulho*", e de um terceiro até mesmo que *"estudou demais"*. — Enamorar-se de uma pessoa de condição, com quem ter esperanças de se casar é a maior tolice, não é causa e sim efeito da loucura, e, no que se refere ao orgulho, a pretensão de um homem insignificante a que os outros se dobrem diante dele e se ostentem perante ele, *pressupõe* uma loucura sem a qual não teria tido semelhante comportamento.

Mas não é certamente necessário prevenir as pessoas jovens quanto a *estudar em demasia*.[92] Aqui a juventude precisa || mais de esporas que de

---

[91] Johan Baptista von Helmont (1579-1644), médico e químico. (V.) (N.T.)
[92] Que comerciantes *negociem em demasia* e se percam em planos superiores a suas forças, é um fenômeno habitual. Que jovens exagerem em sua aplicação (desde que tenham

rédeas. O mais violento e persistente esforço nessa matéria pode *fatigar* a mente, a ponto de o ser humano poder até passar a ter ojeriza da ciência, mas não pode *perturbar a mente* onde antes já não era desajustada e, por isso, tinha gosto por livros místicos e revelações que se elevam acima do bom senso. Também entra aí a propensão a dedicar-se totalmente à leitura de livros que obtiveram uma certa unção sagrada, apenas pela sua letra, sem consideração do conteúdo moral deles, para o que um certo autor inventou a expressão: "ele é louco pela escrita".

Tenho dúvida se há diferença entre loucura geral (*delirium generale*) e loucura que se prende a um objeto determinado (*delirium circa obiectum*). A *desrazão* (que é algo positivo, não mera falta de razão) é, tanto quanto a razão, uma simples *forma* à qual os objetos podem se adaptar, e ambas se referem ao universal. Ora, aquilo que durante a *erupção* do distúrbio mental (que em geral ocorre de repente) vem primeiro à mente (a *matéria* que casualmente perturba e sobre a qual se alucinará depois), é sobre isso que desde então o louco preferentemente desvaira, porque pela novidade da impressão persiste mais fortemente nele que tudo o mais.

Também se diz de alguém a quem escapou alguma coisa: "Ele cruzou a linha", como se um homem que ultrapassou pela primeira vez a linha da zona equatorial corresse perigo de perder o entendimento. Mas isso é só um mal-entendido. O que se quer dizer é que o finório que espera pescar ouro sem muito esforço numa viagem à Índia, traça já aqui seu plano como um louco, mas durante sua execução aumenta a recente loucura e ao seu regresso, ainda que a fortuna lhe tenha sido favorável, ela se mostra desenvolvida por completo.

A suspeita de que a cabeça de alguém não vai bem recai já sobre aquele que *fala alto* consigo mesmo ou é surpreendido *gesticulando* sozinho no quarto. — Tal suspeita é tanto maior quando || crê ser agraciado com inspirações, ou visitado por elas, e crê manter conversas e contato com seres superiores, porém não exatamente quando aceita que outros homens santos sejam talvez capazes de ter tais intuições suprassensíveis, mas ele mesmo não se julga eleito para isso, confessa que nem sequer o deseja e, assim, se exclui disso.

O único sinal universal da loucura é a perda do *senso comum* (*sensus communis*) e a substituição dele pelo *senso lógico privado*[93] (*sensus privatus*), por exemplo, quando em dia claro um indivíduo vê sobre sua

---

uma cabeça saudável), quanto a isso pais preocupados nada têm || a temer. A natureza já previne por si mesma tal sobrecarga de saber, fazendo simplesmente com que ao estudante repugnem as coisas sobre as quais quebrou a cabeça em vão. (N.A.)

[93] Em alemão, *Eigensinn*, termo que significa "obstinação", "teimosia". (N.R.)

mesa uma luz bem forte que um outro ali presente não vê, ou quando ouve uma voz que nenhum outro ouve. Pois é uma pedra de toque subjetivamente necessária da retidão de nossos juízos em geral e, portanto, também da saúde de nosso entendimento, que o confrontemos com o *entendimento de outros*, e não nos *isolemos* com o nosso e julguemos como que *publicamente* com nossa representação privada. Por isso, a proibição dos livros que dependem apenas de pensamentos teóricos (principalmente se não têm influência alguma sobre as ações e omissões legais) é uma ofensa à humanidade. Pois com isso se nos retira, se não o único, ao menos o meio maior e mais útil de corrigir nossos *próprios* pensamentos, o que ocorre quando os expomos publicamente para ver se também se coadunam com o entendimento dos outros, porque, caso contrário, algo simplesmente subjetivo (por exemplo, o hábito ou a inclinação) seria facilmente tomado por objetivo, e nisso consiste precisamente a aparência, da qual se diz que engana, ou melhor, pela qual se é induzido a se enganar a si mesmo na aplicação de uma regra. — Aquele que absolutamente não se volta para essa pedra de toque, mas põe na cabeça que reconhece a validade do senso privado sem ou mesmo contra o senso comum, está entregue a um jogo mental no qual não procede nem julga num mundo em comum com outros, mas (como nos sonhos) se vê em seu próprio mundo. — Às vezes o problema pode estar meramente nas expressões com que um indivíduo, que no mais pensa com clareza, quer comunicar suas percepções exteriores aos demais: estas não querem concordar com o princípio do senso comum, e ele persevera no seu. Foi assim que o brilhante autor de *Oceana*, Harrington,[94] teve a ideia fantasiosa de que seus eflúvios (*effluvia*) saltavam de sua pele na forma de moscas. Mas estes podem ter sido efeitos elétricos num corpo sobrecarregado dessa matéria, efeitos de que aliás também se pretende ter tido experiência, || e ele talvez tenha apenas desejado indicar uma semelhança de seu sentimento com tal emanação, mas não que tenha visto moscas.

220

O distúrbio mental com *furor* (*rabies*), uma afecção de cólera (contra um objeto verdadeiro ou fictício), que torna insensível a todas as impressões do exterior, é apenas uma variedade da perturbação, que frequentemente parece mais assustadora do que é em suas consequências, variedade que, como o paroxismo numa doença febril, não radica tanto na alma quanto é excitada por causas materiais, e poderá com frequência ser eliminada pelo médico com uma única dose de medicamento.

---

[94] James Harrington (1611-1677, filósofo e homem público inglês), devido a uma dose muito alta de bebida, caiu em delírio, em que afirmava que seus espíritos vitais se evaporavam na forma de pássaros, moscas, grilos. (K.) (N.T.)

Dos talentos na faculdade de conhecer

§ 54

Por *talento* (dom natural) entende-se aquela excelência da faculdade de conhecer que não depende da instrução, mas da disposição natural do sujeito. Eles são o *engenho produtivo* (*ingenium strictius s. materialiter dictum*), a *sagacidade* e a *originalidade* no pensar (o gênio).

O engenho é, ou *engenho comparativo* (*ingenium comparans*), ou *engenho arguciozo* (*ingenium argutans*). O engenho *junta* (assimila) representações heterogêneas que, pela lei da imaginação (da associação), frequentemente estão muito distantes umas das outras, e é uma faculdade própria de assemelhação, que pertence ao entendimento (como faculdade de conhecimento do universal), quando este subsume os objetos sob gêneros. Depois, ele necessita do juízo para determinar o particular sob o universal e aplicar a faculdade de pensar para o *conhecimento*. — Não se pode aprender a ser *engenhoso* (ao falar ou escrever) por meio do mecanismo da escola e sua coação, mas, como um talento especial, isso faz parte da *liberalidade* do modo de sentir na comunicação recíproca de pensamentos (*veniam damus petimusque vicissim*),[95] uma qualidade do entendimento em geral difícil de explicar — como que sua *amabilidade* — que contrasta com o *rigor* do juízo (*iudicium discretivum*) na aplicação do universal ao particular (dos conceitos dos gêneros aos das espécies), que, como tal, *limita* tanto a faculdade de assimilação quanto a propensão para ela.

Da diferença específica entre engenho comparativo e engenho arguciozo

A
Do engenho produtivo

§ 55

É algo agradável, apreciado e estimulante encontrar semelhanças entre coisas heterogêneas e, assim, dar ao entendimento, o que o engenho faz, matéria para tornar universais os seus conceitos. Em

---

[95] "Nós concedemos e pedimos licença". Horácio. *Ars poetica*, 11.

compensação, o juízo, que limita os conceitos e contribui mais para a correção que para a ampliação deles, é realmente aclamado e recomendado com todas as honras, mas sério, rigoroso e restritivo no que diz respeito à liberdade de pensar, porém, precisamente por isso, pouco estimado. Que o engenho comparativo aja ou deixe de agir, isso é mais jogo; para o juízo, mais uma incumbência. — Aquele é antes uma flor da juventude; este, mais um fruto maduro da idade. — Quem, num produto do espírito, combina ambas as coisas num grau superior, é *rico de sentido* (*perspicax*).

O engenho vai atrás de *achados*; o juízo se empenha por *ideias*. A circunspecção é uma *virtude de burgomestre* (administrar e proteger a cidade sob o comando supremo do burgo, conforme leis dadas). Decidir, ao contrário, de um modo *audaz* (*hardi*), desconsiderando as ponderações do juízo, tal foi o mérito creditado por seus compatriotas ao grande autor do sistema da natureza, *Buffon*,[96] ainda que tal lance de ousadia se pareça bastante com imodéstia (frivolidade). — O engenho tende mais para o *caldo*; o juízo, para o *alimento substancioso*. A caça de *ditos espirituosos* (*bons mots*), tal como ocorre em abundância no abade Trublet,[97] e que atormenta, mas deixa o engenho insatisfeito, torna as inteligências insulsas ou repugna diretamente as profundas. O engenho é inventivo em *modas*, isto é, em regras de comportamento adotadas que só agradam pela novidade, e antes de se tornar *costume*, terão de ser trocadas por outras formas igualmente passageiras.

Engenho em jogos de palavras é *insípido*; mas minuciosidade vazia (micrologia) do juízo é *pedante*. Chama-se engenho *humorístico* aquele que resulta da disposição da mente para o *paradoxo*, onde o galhofeiro (malicioso), por detrás do tom leal da simplicidade, o espreita para expor alguém (ou também sua opinião) ao ridículo, || ao mesmo tempo que o contrário daquilo que é digno de aplauso é exaltado com elogios aparentes (zombaria), por exemplo, "a arte de Swift de rastejar na poesia",[98] ou o *Hudibras* de Butler:[99] um engenho como este, que por meio do contraste torna o que é desprezível ainda mais desprezível, é bem estimulante, dada a surpresa causada pelo inesperado, mas é sempre apenas um *jogo* e um engenho leve (como o de Voltaire); em

222

---

[96] Georges Louis Leclerc Comte de Buffon (1707-1788), naturalista francês. (N.T.)
[97] Nicolas Charles Joseph Trublet (1607-1770), em seus *Essais sur divers sujets de litterature et de morale*, 1754. (K.) (N.T.)
[98] *Peri bathus. Anti-sublime*. Isto é: *A mais nova arte poética de Swift, ou arte de rastejar na poesia*, traduzida do inglês para o alemão. Leipzig, 1733. (V.)
[99] *Hudibras*, poema satírico, muito lido em seu tempo, de Samuel Butler (1612-1680), contra os puritanos da época da revolução inglesa. (V.) (N.T.)

contrapartida, o que apresenta princípios verdadeiros e importantes de forma ornamentada (como Young em suas sátiras),[100] pode ser denominado um engenho muito pesado, porque é um *afazer* e suscita mais admiração que regozijo.

Um *provérbio* (*proverbium*) não é um *dito espirituoso* (*bon mot*), pois é uma fórmula vulgarizada que expressa um pensamento difundido por imitação, e na boca do primeiro pode ter sido um dito espirituoso. Falar por meio de provérbios é, por conseguinte, a linguagem da plebe e prova a total falta de engenho no contato com a sociedade mais fina.

Profundidade não é, sem dúvida, questão de engenho, mas assim que este, por meio das imagens que anexa aos pensamentos, possa ser um veículo ou um invólucro para a razão e para o manejo de suas ideias morais práticas, é possível pensar um engenho profundo (à diferença do superficial). Entre as sentenças tidas como admiráveis de Samuel Johnson sobre as mulheres, cita-se esta, da vida de Waller:[101] "Sem dúvida ele elogiou muitas com as quais teria receio de se casar, e talvez tenha casado com uma que teria tido vergonha de elogiar".[102] Tudo o que é admirável aqui provém do jogo da antítese; a razão nada ganha com ele. — Onde, porém, se tratava de questões controversas para a razão, seu amigo Boswell, por mais que incessantemente procurasse, não pôde trazer à tona nenhuma sentença oracular que revelasse o menor engenho, mas tudo o que ele proferiu sobre os céticos em matéria de religião, sobre a justiça de um governo ou mesmo apenas sobre a liberdade humana em geral, redundou, dado seu natural despotismo denegatório, ainda fortalecido pela bajulação dos aduladores, em pesada grosseria, que seus admiradores têm por bem chamar de aspereza,[103] a qual, porém, demonstrou sua grande || incapacidade de unificar, num mesmo pensamento, engenho e profundidade. — O seu talento parece ter sido apreciado por

---

[100] Edward Young (1683-1765) publicou em 1725-1727 sete sátiras sob o título *The universal passion*, que apareceram em 1728 sob o título *Love of Fame, in seven characteristical satires*. (K.) (N.T.)

[101] O poeta inglês Samuel Johnson (1709-1784), ao organizar a obra *The Works of the English Poets* (Londres, 1778-1781, 68 v.) escreveu um prefácio biográfico-crítico sobre o poeta lírico inglês Edmund Waller (1606-1687). (K.) (N.T.)

[102] Essas e as seguintes anedotas de Johnson se encontram em sua biografia, por James Boswell (1740-1795), 1790. (V.) (N.T.)

[103] Boswell conta que, quando em sua presença um certo lorde deplorava que Johnson não tivesse recebido uma educação mais refinada, Baretti disse: "Não, não, meu lorde. O senhor poderia ter feito o que quisesse com ele, || que ele permaneceria sendo sempre um urso." "Por acaso um *urso amestrado*?", disse o outro, o que um terceiro, seu amigo, pensou atenuar dizendo: "*De urso ele não tem nada a não ser a pele*". (N.A.)

homens influentes, que não deram ouvidos aos amigos dele quando o recomendaram como alguém excepcionalmente apto para ser membro do Parlamento. — Pois o engenho que basta para compor o dicionário de uma língua,[104] não é por isso suficiente para despertar e vivificar as ideias da razão necessárias para o conhecimento em assuntos importantes. — A *modéstia* penetra por si mesma na mente daquele que se vê convocado para algo dessa natureza, e a desconfiança de seus talentos, a desconfiança de que não podia decidir sozinho, mas de que devia levar em conta também os juízos dos outros (se preciso fosse, despercebidamente), era uma qualidade que Johnson nunca possuiu.

B
Da sagacidade ou do dom da investigação

§ 56

Descobrir algo (que está oculto em nós mesmos ou em outra parte) requer em muitos casos um talento especial, o de saber como procurar bem: um dom natural de *julgar provisoriamente* (*iudicii praevii*) onde se possa encontrar a verdade, de farejar as coisas e de aproveitar os menores traços de afinidade para descobrir ou inventar o que se busca. A lógica das escolas não nos ensina nada sobre isso. Mas Baco de Verulamo[105] deu em seu *Órganon* um brilhante exemplo do método de como se pode descobrir, diante experimentos, a constituição secreta das coisas naturais. Entretanto, mesmo esse exemplo não basta para ensinar conforme regras determinadas como se deve investigar com êxito, pois aqui primeiramente se precisa sempre pressupor algo (começar por uma hipótese) de onde se quer iniciar seu caminho, e isso tem de ocorrer de acordo com princípios conformes a certos indícios, e o problema é justamente como se pode descobri-los. Pois é uma conduta ruim para a investigação tentá-lo às cegas, ao acaso, como quem tropeça numa pedra e encontra uma mina e até um veio de minério. Há, contudo, pessoas que têm um talento de seguir, || por assim dizer, a pista dos tesouros do conhecimento com uma varinha mágica na mão, sem que o tenham aprendido, o que também não ensinam a outros, mas só podem executar diante deles, porque é um dom da natureza.

---

[104] A obra mais conhecida de Johnson é um dicionário de língua inglesa (Londres, 1755). (V.) (N.T.)

[105] Kant se refere aqui ao filósofo inglês Francis Bacon (1561-1626). (N.T.)

C
Da originalidade da faculdade de conhecer ou do gênio

§ 57

Inventar algo é inteiramente diferente de *descobrir* algo. Pois a coisa que se *descobre* é suposta já antes existente, só que ainda não era conhecida, por exemplo, a América antes de Colombo; mas o que se *inventa*, por exemplo, a *pólvora*, não era conhecido antes de o artista[106] tê-lo criado. Ambas as coisas podem ser um mérito. Mas pode-se *achar* algo que de modo algum se busca (como o alquimista, o fósforo),[107] e isso também não é absolutamente um mérito. — Ora, o talento de inventar se chama *gênio*. Esse nome é atribuído apenas a um *artista*, portanto, àquele que sabe *fazer* algo, não àquele que meramente conhece e *sabe* muita coisa, e tampouco ao mero artista imitador, mas àquele que tem disposição para produzir suas obras *de maneira original*; enfim, também a este último apenas quando seu produto é modelar, isto é, quando merece ser imitado como exemplo (*exemplar*). — Assim, o gênio de um homem é "a originalidade exemplar de seu talento" (em relação a esta ou aquela espécie de produtos artísticos). Todavia, também se denomina um gênio a alguém que tem disposição para isso, porque tal palavra não deve significar meramente o dom natural de uma pessoa, mas também a própria pessoa. — Ser gênio em muitas especialidades é ser um gênio *vasto* (como Leonardo da Vinci).

O campo próprio para o gênio é o da imaginação, porque esta é criadora e está menos sob pressão das regras que outras faculdades, e por isso é tanto mais capaz de originalidade. || — O mecanismo da instrução, porque sempre coage o aluno à imitação, é certamente prejudicial à germinação de um gênio, a saber, no que diz respeito à sua originalidade. Toda arte necessita, porém, de certas regras mecânicas fundamentais, a saber, da adequação do produto à ideia que lhe serve de base, isto é, de

---

[106] A pólvora já tinha sido usada muito tempo antes da época do monge *Schwarz*, durante o sítio de Agéciras, e sua invenção parece caber aos chineses. No entanto, pode ser também que, tendo a pólvora nas mãos, aquele alemão fez ensaios de análises dela (por exemplo, separando o salitre nela contido, retirando o carbono e queimando o enxofre) e, assim, a *descobriu* mas não a *inventou*.* (N.A.)

*) Kant obteve essas notícias provavelmente de um artigo de Gramm "Sobre a pólvora", em *Allg. Magazin der Natur, Kunst und Wissenschaften* [Revista geral de natureza, cultura e ciências], (1755), V, 230 e 232. (V.) (N.T.)

[107] Um alquimista de Hamburgo, chamado Brand, em 1669, com a destilação da urina obteve fósforo, e o denominou de "fogo frio". (V.) (N.T.)

verdade na exposição do objeto que é pensado. Isso tem de ser aprendido com rigor escolar e é certamente um efeito da imitação. Mas libertar a imaginação também dessa coação e deixar, até mesmo contra a natureza, o próprio talento proceder sem regra e *desvairar*, resultaria talvez em loucura original, que porém não seria modelar e, portanto, também não poderia ser considerada como gênio.

Espírito é o princípio *vivificador* no ser humano. Na língua francesa, espírito <*Geist*> e engenho <*Witz*> têm um mesmo nome, *esprit*. Em alemão é diferente. Diz-se que um discurso, um escrito, uma dama em sociedade etc. são belos, mas sem espírito. O provimento que se tem de engenho não é de valia aqui, pois também se pode torná-lo enfadonho, já que seu efeito não deixa nada de duradouro. Para que possam ser chamadas de *espirituosas*, todas as coisas e pessoas assim consideradas precisam despertar um *interesse*, e despertá-lo por meio de *ideias*. Pois isso põe a imaginação em movimento, a qual vê diante de si um grande espaço de jogo para semelhantes conceitos. Como seria, pois, se expressássemos a palavra francesa *génie* mediante o alemão *eigentümlicher Geist* [*espírito pessoal*]? Pois nossa nação se deixa persuadir que os franceses têm uma palavra para isso procedente de sua própria língua, palavra que não possuiríamos na nossa, mas a teríamos tomado de empréstimo a eles, quando na verdade *eles mesmos* a tomaram emprestado ao latim (*genius*), onde não significa outra coisa senão um espírito pessoal.

Mas a causa pela qual a originalidade modelar do talento é denominada com esse nome *místico* é que quem tem esse talento não pode explicar para si mesmo os arroubos dele, nem tampouco tornar compreensível para si mesmo como chega a uma arte que não pôde aprender. Pois *invisibilidade* (da causa de um efeito) é um conceito acessório de espírito (de um *genius* que se associou ao talentoso já no seu nascimento), cuja inspiração ele como que apenas segue. As forças mentais têm, no entanto, de ser harmoniosamente movidas pela imaginação, porque do contrário não se vivificariam mas se perturbariam mutuamente, e isso precisa ocorrer por meio da *natureza* do sujeito: || 226 pode-se por isso denominar gênio também o talento "por meio do qual a natureza dá regra à arte".

§ 58

Pode-se deixar em aberto a questão de saber se no conjunto o mundo é assistido especialmente por grandes gênios, porque frequentemente traçam novos caminhos e abrem novas perspectivas, ou se não são as inteligências mecânicas, ainda que não marquem época, as que mais têm contribuído para o desenvolvimento das artes e ciências, com seu entendimento trivial progredindo lentamente apoiado na experiência (pois, se bem que não tenham suscitado a admiração, também não provocaram nenhuma desordem). — Mas há uma classe daqueles, os chamados *homens de gênio* (melhor, macaqueadores do gênio), que se amontoa debaixo daquela insígnia e fala a língua de inteligências extraordinariamente favorecidas pela natureza, declara que aprender e investigar laboriosamente é próprio de embotados, e sustenta ter apreendido de um só golpe o espírito de toda ciência, administrando-o, porém, em pequenas doses concentradas e fortes. Como os charlatães e impostores, essa classe de gente é muito prejudicial aos progressos da formação científica e moral quando emite sua opinião sobre religião, questões de Estado e moral no tom peremptório de um iniciado ou detentor da cátedra da sabedoria, e sabe, assim, encobrir a miséria do seu espírito. Que outra coisa cabe fazer contra isso além de sorrir e prosseguir pacientemente seu caminho com aplicação, ordem e clareza, sem levar esses prestidigitadores em consideração?

§ 59

O gênio parece possuir em si também diferentes germes originais, tendo-os desenvolvido diversamente segundo o diferente cunho nacional e a terra em que nasceu. Nos alemães ele está mais na *raiz;* nos italianos, na *copa*; nos franceses, na *flor* e entre os ingleses, no *fruto*.

A inteligência *universal* (que compreende todas as mais diferentes ciências) é *ainda* diferente do gênio, como gênio inventivo. A primeira pode estar naquilo que se pode aprender, quer dizer, naquele que possui o conhecimento histórico daquilo que até agora se fez em relação a todas as ciências (*polímata*), como Júlio César *Scaligero*. O segundo é o ser humano, não tanto pela grande *abrangência* do espírito quanto pela grandeza intensiva dele, de marcar época em tudo aquilo que empreende (como Newton, Leibniz). O gênio *arquitetônico*, que conhece metodicamente a conexão de todas as ciências e como se apoiam umas às outras, é um gênio apenas subalterno, mas não comum. — || Também há no entanto uma erudição *gigantesca*, que frequentemente é *ciclópica*, a saber, falta-lhe um olho, o da verdadeira filosofia, para que a razão possa empregar essa grande quantidade de saber histórico, que equivale à carga de cem camelos, de uma maneira adequada a seus fins.

Em muitos casos, os meros naturalistas da inteligência (*élèves de la nature, autodidacti*) também podem passar por gênios, porque descobriram por si mesmos muito do que sabem, embora pudessem ter aprendido com outros, e são gênios naquilo que em si não é coisa de gênio: assim, no que diz respeito às artes mecânicas, há na Suíça muitos que são inventores nessas artes; mas um menino prodígio (*ingenium praecox*) de existência efêmera, como Heinecke de Lübeck ou Baratier de Halle,[108] são desvios que a natureza fez de sua regra, raridades para o gabinete do naturalista, que causam admiração pela prematuridade, mas no fundo também frequentemente arrependimento naqueles que os incentivaram.

* * *

Como por fim, para a sua própria promoção, mesmo no conhecimento teórico, o uso total da faculdade de conhecer necessita da razão, que dá a regra somente conforme a qual se pode promovê-la, pode-se resumir o que a razão exige dela em três perguntas, que são colocadas segundo suas três faculdades:

o que eu quero? (pergunta o entendimento);[109]
de que se trata? (pergunta o juízo);
o que resulta disso? (pergunta a razão).

As mentes são muito diferentes em sua capacidade de responder a essas três perguntas. — A primeira requer apenas uma mente clara para entender a si mesma, e esse dom natural é, com alguma cultura, bastante comum, principalmente se se chama a atenção para isso. — Responder acertadamente a segunda é muito mais raro, pois se oferecem muitas formas de determinação do presente conceito e de resolução aparente do problema: qual é a única exatamente adequada a ele || (por exemplo, nos processos ou nos inícios de certos planos de ação para o mesmo fim)? Para isso há um talento em escolher o precisamente justo num certo caso (*iudicium discretivum*), talento bastante desejável mas também muito raro. O advogado que se reveste de *muitas* razões para corroborar sua defesa, dificulta muito a sentença do juiz, porque ele mesmo só tateia; mas se depois de explicar o que quer ele sabe encontrar o ponto que importa (pois é um só), então a contenda é rapidamente liquidada, e a sentença da razão sai por si só.

---

[108] Christian Heinrich Heinecke, chamado "a criança de Lübeck", nasceu em 6 de fevereiro de 1721, causou grande sensação pelo precoce desenvolvimento de seu espírito, principalmente pela extraordinária memória, mas morreu já em 1725. (V.) (N.T.)
Juan Felipe Baratier, nasceu em 19 de janeiro de 1721, em Schabach, aos quatro anos já sabia falar três línguas, aos sete, entender a Bíblia em língua original, mas teve logo um aspecto senil e morreu aos dezenove anos. (V.) (N.T.)

[109] O querer é entendido aqui meramente em sentido teórico: que quero afirmar como *verdadeiro*? (N.A.)

O entendimento é positivo e expulsa as trevas da ignorância — o juízo é mais negativo e previne dos erros provenientes da luz crepuscular em que os objetos aparecem.— A razão fecha as fontes dos erros (os preconceitos) e com isso garante o entendimento mediante a universalidade dos princípios. — — A erudição livresca aumenta realmente os conhecimentos, mas, onde não é acrescida de razão, não amplia o conceito nem o conhecimento. Contudo, a razão ainda deve ser diferenciada da *argumentação*, do jogo de meras tentativas no uso da razão sem uma lei dela. Se a questão é se devo acreditar nos fantasmas, posso *argumentar* de todas as formas sobre a possibilidade deles, mas a *razão* proíbe a admissão da possibilidade desse fenômeno *supersticiosamente*, isto é, sem um princípio de explicação dele segundo as leis da experiência.

Pela grande diferença no modo como as mentes consideram exatamente os mesmos objetos e se consideram mutuamente, pelo contato e pela união delas, tanto quanto por sua separação, a natureza produz um espetáculo digno de ser visto no palco de observadores e pensadores infinitamente distintos em sua espécie. Para a categoria dos pensadores as máximas seguintes (já mencionadas acima como conduzindo à sabedoria) podem se tornar mandamentos imutáveis:

1. Pensar *por si*.
2. Pôr-se (na comunicação com seres humanos) no lugar do *outro*.
3. Pensar sempre *de acordo consigo mesmo*.

O primeiro princípio é negativo (*nullius addictus iurare in verba Magistri*),[110] é o princípio do modo de pensar *livre de coação*; o segundo é positivo, é o princípio do modo *liberal* de pensar, que se acomoda aos conceitos dos outros; o terceiro, o princípio do modo *consequente (coerente)* || *de pensar; a antropologia pode dar exemplos de cada um deles, e mais ainda de seus contrários.*

A mais importante revolução no interior do ser humano é "a saída deste do estado de menoridade em que se encontra por sua própria culpa". Enquanto até aqui outros pensaram por ele, e ele simplesmente imitou ou precisou de andadeiras, agora, vacilante ainda, ele ousa avançar com os próprios pés no chão da experiência.

---

[110] Horácio, *Epistolas*, I, 1, 14. — "Não estou obrigado a jurar sobre a palavra de nenhum mestre". (V.)

Livro Segundo

O SENTIMENTO DE PRAZER E DESPRAZER

Divisão

1. *Prazer sensível*. 2. *Prazer intelectual*. O *primeiro* ou A) por meio do *sentido* (o contentamento físico), ou B) por meio da *imaginação* (o gosto); o *segundo* (a saber, o intelectual) ou a) por meio de *conceitos* que podem ser expostos, ou b) por meio de *ideias* —— e assim é representado também o contrário, o *desprazer*.

Do prazer sensível

A
Do sentimento do agradável ou do prazer sensível na sensação de um objeto

§ 60

Contentamento é um prazer sensorial, e o que dá prazer ao sentido é *agradável*. *Dor* é desprazer por meio do sentido e o que a produz é *desagradável*. — Não estão um para o outro como ganho e falta (+ e 0), mas como ganho e perda (+ e -), isto é, um não é oposto ao outro meramente como *contraditório* (*contradictorie s. logice oppositum*), mas também como *contrário* (*contrarie s. realiter oppositum*). —— As expressões do que *apraz* ou *desapraz* e do que está no meio deles, o *indiferente*, estão muito *distantes*, pois podem chegar também ao plano intelectual, onde não coincidiriam com contentamento e dor.

Esses sentimentos também podem ser explicados pelo efeito que a ‖ sensação de nosso estado causa na mente. O que me impele imediatamente (pelo sentido) a *abandonar* meu estado (a sair dele) me é *desagradável* — me é doloroso; do mesmo modo, o que me impele a *conservá*-lo (a permanecer nele) me é *agradável*, me contenta. Somos, porém, incessantemente levados pelo fluxo do tempo e pela mudança de sensações a ele ligada. Se bem que abandonar um momento e entrar em outro seja um mesmo ato (de mudança), ainda assim em nosso pensamento e na consciência desta mudança há uma sucessão temporal, conforme a relação de causa e efeito. — Pergunta-se então se o que desperta em nós a sensação de contentamento é a consciência de *abandonar* o estado presente ou a perspectiva de *entrar* no estado futuro. No primeiro caso, o contentamento não é outra coisa que a supressão de uma dor e algo negativo; no segundo, seria o pressentimento de algo agradável, logo aumento do estado de prazer, portanto, algo positivo. Mas também já se pode de antemão adivinhar que só o primeiro ocorrerá, pois o tempo nos arrasta do estado presente ao futuro (não o inverso) e que primeiro sejamos forçados a sair do estado presente, sem saber determinadamente em *qual* entraremos, mas apenas que é um outro, somente isso pode ser a causa do sentimento agradável.

Contentamento é o sentimento de promoção da vida; dor, o de um impedimento dela. Todavia, a vida (do animal) é, como também já observam os médicos, um jogo contínuo do antagonismo entre ambos.

Assim antes de todo contentamento tem de preceder a dor; a dor é sempre o primeiro. Pois que outra coisa se seguiria de uma contínua promoção da força vital, que não se deixa elevar acima de um certo grau, senão uma rápida morte de *júbilo*?

Um contentamento tampouco pode seguir imediatamente a outro, mas, entre um e outro, tem de se encontrar a dor. São pequenos obstáculos à força vital, mesclados com incrementos dela, que constituem o estado de saúde, o qual erroneamente consideramos como sendo o sentimento de um contínuo bem-estar; porque consiste unicamente de sentimentos agradáveis que se sucedem com intervalos (sempre com a dor se intercalando entre eles). A dor é o aguilhão da atividade e somente nesta sentimos nossa vida, sem esta ocorreria a ausência da vida.

|| As *dores que passam lentamente* (como a gradual convalescença de uma doença ou a lenta reaquisição de um capital perdido) *não têm por resultado um vivo contentamento*, porque a transição é imperceptível.

— Subscrevo com plena convicção essas proposições do conde *Veri*.[1]

---

[1] Refere-se ao Conde Pietro Veri (1728-1799), que publicou *Meditazioni sulla felicità* (Milão, 1763), e que foi traduzido para o alemão por Christian Meiner, professor

Elucidação mediante exemplos

Por que o jogo (principalmente por dinheiro) é tão atraente e por que, quando não se volta em demasia para os próprios interesses, é a melhor distração e descanso após um longo esforço do pensamento, já que não fazer nada só lentamente proporciona descanso? Porque ele é o estado em que temor e esperança incessantemente se alternam. Depois dele, o jantar é saboroso e também melhor a digestão. — Por que *espetáculos teatrais* (tragédia ou comédia) são tão cativantes? Porque em todos *eles* há certas dificuldades — inquietação e hesitação em meio a esperança e alegria — e assim o jogo de afecções contrárias é, ao término da peça, estímulo à vida do espectador, pois o comoveu interiormente. — Por que um romance de amor termina com o casamento e por que razão um volume suplementar (como em Fielding), que a mão de um inepto prolonga até a vida conjugal, é repugnante e insípido? Porque o ciúme, como a dor dos namorados entre suas alegrias e esperanças, é, *antes* do casamento, um tempero picante para o leitor, mas *no* casamento, um veneno; pois, para falar na língua dos romances, "o fim das dores de amor é, ao mesmo tempo, o fim do amor" (entenda-se com paixão). — Por que o trabalho é a melhor maneira de gozar a vida? Porque é uma ocupação penosa (em si desagradável e só satisfatória por seu resultado) e o repouso pelo mero desaparecimento de uma longa fadiga se transforma em prazer sensível, em satisfação; porque do contrário não seria nada apetecível. — — O tabaco (fumado ou aspirado) está primeiro ligado a uma sensação desagradável. Mas justamente porque a natureza elimina momentaneamente essa dor (por uma secreção de mucosidade da boca ou do nariz), o tabaco (sobretudo o primeiro) se torna uma espécie de companhia pelo entretenimento que produz, desperta sempre novas sensações e até pensamentos, embora aqui estes apenas passeiem ao léu. — Por fim, ao menos uma dor negativa afetará frequentemente aquele que uma dor positiva não incita à atividade, ‖ o *tédio*, como *vazio de sensação*, que o homem habituado à mudança desta percebe em si quando se esforça em preencher com ela seu impulso vital, e o afetará em tal medida, que se sentirá impelido a fazer antes algo que o prejudique, a não fazer absolutamente nada.

233

de filosofia de Göttingen, sob o *título Gedanken über die Natur des Vergnügens* [Pensamentos sobre a natureza do contentamento] (Leipzig, 1777). (K.-V.) (N.T.)

Do tédio e do passatempo

§ 61

Sentir sua vida, sentir contentamento não é, pois, nada mais que se sentir continuamente impelido a sair do estado presente (que, portanto, tem de ser uma dor que retorna com tanta frequência quanto este). Daí se explica o peso opressivo, angustiante, do tédio para todos os que dedicam atenção à própria vida e ao tempo (os seres humanos cultivados).[2] Essa pressão ou impulso que se sente, de abandonar todo momento em que nos encontramos e passar ao seguinte, é acelerada e pode chegar à resolução de pôr fim à própria vida, porque o homem voluptuoso tentou prazeres de toda espécie e nenhum mais é novo para ele; como se dizia do lorde Mordaunt em Paris: "Os ingleses se enforcam para passar o tempo".[3]
— — O vazio de sensações que se percebe em si provoca horror (*horror vacui*) e é como que o pressentimento de uma morte lenta, considerada mais penosa que aquela em que o destino corta repentinamente o fio da vida.

Daí se explica também porque os passatempos são identificados com o contentamento: porque, quanto mais rápido passamos pelo tempo, tanto mais reanimados nos sentimos, tal como num grupo que, durante uma viagem de passeio, se entretém no carro conversando durante três horas, || e ao descer um deles olha o relógio e diz alegremente: "Como o tempo voou!" ou "Como o tempo passou rápido!". Porque, ao contrário, se a atenção que prestamos ao tempo não fosse atenção a uma dor da qual nos esforçamos por estar livres, mas a um contentamento, toda perda de tempo seria, com razão, lamentada. — As conversas que contêm pouca mudança de representações são *tediosas* e, por isso mesmo, também fatigantes, e um homem *divertido*, mesmo não sendo considerado um homem importante, é no entanto considerado um homem agradável, que

---

[2] O caraíba está livre desse peso por sua inata falta de vida. Pode ficar sentado horas a fio com sua vara de pescar, sem nada pegar; a ausência de pensamentos é uma falta de estímulo para a atividade, que sempre implica uma dor da qual ele está isento. — Graças a obras efêmeras, nosso público leitor de gosto refinado nunca perde o apetite, tem uma fome insaciável de leitura (uma forma de não fazer nada), não para se cultivar, mas para *fruir*, tanto que as cabeças ficam sempre vazias e não há que temer uma saturação, ao mesmo tempo que dão à sua atarefada ociosidade a aparência de um trabalho e simulam nela um digno emprego de tempo, o qual, todavia, não é em nada melhor do que aquele que proporciona ao público o *Jornal do Luxo e das Modas*.* (N.A.)

*) Um jornal com este título era editado desde 1786. (K.) (N.T.)

[3] Kant retirou esta anedota das *Lettres de Mr. l'Abbée Le Blanc* (1751, edição alemã 1770), ou de Alberti, *Briefe über die Engländer* [Cartas sobre os ingleses] (1774). (K.) (N.T.)

enche de alegria o rosto de todos os convidados tão logo adentra a sala, tal como o contentamento que se sente ao se livrar de um peso.

Mas como explicar o fenômeno de um homem que durante a maior parte da vida se afligiu com o tédio, de tal modo que para ele cada dia foi *longo*, mas no fim da vida se queixa da *brevidade* dela? A causa disso deve ser procurada em analogia com uma observação afim: de onde vem que as milhas alemãs (não medidas ou assinaladas com marcos como as verstas russas) tornam-se tanto *menores* quanto mais próximas da capital (por exemplo, Berlim), e tanto *maiores*, quanto mais distantes dela (na Pomerânia)? A *abundância* de objetos vistos (aldeias e casas de campo) ocasiona na memória a inferência ilusória de que se percorreu um grande espaço e, por conseguinte, também a inferência de um tempo mais longo exigido para isso; mas, no segundo caso, o *vazio* ocasiona menos lembrança de coisas vistas, logo a inferência de um caminho mais curto e, consequentemente, de um tempo mais curto que o marcado pelo relógio. — — Do mesmo modo, a quantidade de divisões que marca a última quadra da vida com múltiplos e variados afazeres, fará um idoso imaginar ter percorrido um tempo de vida mais longo do que teria acreditado pelo número dos anos; e preencher o tempo com ocupações que progridem segundo um plano, tendo como resultado um grande fim proposto (*vitam extendere factis*),[4] é o único meio seguro de se tornar feliz com a própria vida e, ao mesmo tempo, também saciado dela. "Quanto mais você pensou, quanto mais você fez, tanto mais longamente você viveu (mesmo em tua própria imaginação)". — — Um tal desfecho da vida ocorre então com *aquiescência*.

Mas que se passa com a *aquiescência* (*acquiescentia*) durante a vida? — Ela é inatingível para o ser humano tanto em sentido moral (estar satisfeito consigo mesmo quanto à sua boa conduta), quanto em sentido pragmático ‖ (estar tranquilo com seu bem-estar, que ele pensa proporcionar a si mesmo mediante habilidade e prudência). A natureza pôs a dor no ser humano como um aguilhão para a atividade, ao qual não pode escapar se quer progredir sempre até o melhor, e mesmo no último instante da vida a quietude em relação à última quadra dela deve ser assim denominada apenas comparativamente (em parte porque nos comparamos com o destino de outros, em parte com nós mesmos), mas ela nunca é pura e completa.— Estar (absolutamente) saciado na vida seria *repouso* inerte e suspensão dos estímulos, ou embotamento das sensações e da atividade a elas ligada. Mas um estado semelhante não pode coexistir com a vida intelectual do homem, tão pouco quanto a

---

[4] "Estender a vida por meio dos fatos". (N.T.)

parada do coração num corpo animal, à qual se segue inevitavelmente a morte caso não ocorra um novo estímulo (pela dor).

Nota. — Nesta parte se deveria tratar também das *afecções*, como sentimentos de prazer e de desprazer que ultrapassam os limites da liberdade interior do ser humano. Contudo, porque costumam frequentemente ser confundidas com as *paixões*, que se encontram em outra parte, a saber, na faculdade de desejar, e no entanto também têm próximo parentesco com elas, empreenderei a discussão delas por ocasião desta terceira parte.

§ 62

Estar habitualmente disposto à alegria é, sem dúvida, em sua maior parte, uma qualidade do temperamento, mas também com frequência pode ser um efeito dos princípios, como o assim chamado e por isso denegrido *princípio de voluptuosidade*[5] de *Epicuro*, que deveria significar propriamente o *coração sempre alegre* do sábio. — *Equânime* é aquele que nem se rejubila nem se entristece, e difere bastante daquele que é *indiferente* diante dos acasos da vida, isto é, do sentimento embotado. — Da equanimidade se diferencia a índole *humorosa* (presumivelmente esta no início era chamada de lunática),[6] que é uma disposição do sujeito a explosões de alegria ou de tristeza, sem que ele mesmo possa indicar qual a razão delas, e que afeta principalmente os hipocondríacos. Ela é totalmente diferente do talento *humorístico* (de um Butler ou de um Sterne), que com jocosa simplicidade proporciona ao ouvinte ou ao leitor o contentamento de colocar novamente na posição correta aqueles objetos que uma mente engenhosa colocou propositalmente numa posição invertida (por assim dizer, de cabeça para baixo). — A *sensibilidade* <Empfindsamkeit> não é contrária àquela equanimidade. Pois é uma *faculdade* ‖ e uma *força*, de aceitar tanto o estado de prazer quanto de desprazer, ou também de mantê-los longe da mente e, por isso, ela tem uma escolha. Em compensação a *suscetibilidade* <Empfindelei> é uma *fraqueza*, de se deixar afetar mesmo contra a vontade, porque se compartilha o estado de espírito dos outros, os quais podem, por assim dizer, jogar ao bel-prazer com o órgão do indivíduo suscetível. A primeira é máscula, pois o homem que quer poupar pesares ou dor a uma mulher ou a uma criança precisa ter de participar do sentimento destas tanto quanto

---

[5] No jornal *Litteratur — und Völkerkunde* ([Literatura e etnologia] n. 4, 1784, p. 901) organizado por Johann Wilhelm von Archenholz (1741-1812), um artigo polemizou a interpretação de que Epicuro teria ensinado a voluptuosidade. (N.T.)

[6] Kant alude à suposta etimologia que deriva a palavra *launisch* (humorosa) de *lunatisch* (lunática), vocábulo que viria do étimo latino *luna* (lua). (N.R.)

é necessário para julgar o sentimento dos outros, não por *sua* força, mas pela *fraqueza deles*, e a *delicadeza* do seu sentimento é necessária à generosidade. Pelo contrário, a participação inativa do seu sentimento, para que este seja uma ressonância simpatiética ao sentimentos dos outros e, assim, se seja afetado apenas de maneira passiva, é tola e pueril. — Desse modo, pode e deveria haver piedade de bom humor; pode-se e deve-se fazer um trabalho fatigante, mas necessário, de bom humor; pode-se inclusive morrer de bom humor, pois tudo isso perde seu valor quando a gente faz ou suporta essas coisas de mau humor e com rabugice.

Da dor com que alguém se ocupa deliberadamente como se nunca fosse cessar, a não ser com a vida, se diz que *traz algo* (um mal) *no fundo do peito*. — Mas não se deve trazer nada no fundo do peito, pois é preciso tirar da mente aquilo que não se pode mudar: seria um absurdo querer fazer com que não tenha acontecido o que aconteceu. Aprimorar-se é bem possível, e mesmo um dever, mas querer ainda aprimorar o que já está fora de meu poder, é absurdo. Entretanto, *tomar alguma coisa a peito, entendendo-se por alguma coisa todo* bom conselho ou doutrina que se tem o firme propósito de observar, é um direcionamento refletido do pensamento com o intuito de ligar sua vontade a um sentimento bastante forte na execução deles. — Em vez de mudar rapidamente sua disposição visando melhorar seu modo de vida, a penitência daquele que se autoflagela é puro trabalho perdido e tem ainda a perniciosa consequência de que se considera, meramente por isso (pelo arrependimento), saldadas as suas culpas e, assim, de que se poupa o esforço racional de busca do aprimoramento, que depois disso tem ainda de ser redobrado.

§ 63

Há um modo de contentamento que é, ao mesmo tempo, *cultura*, a saber, aumento da capacidade de fruir ainda mais os contentamentos dessa espécie, tais como o das ciências e belas-artes. Mas um *outro* modo é o *consumo*, que sempre nos || faz menos capazes de fruições posteriores. Contudo, qualquer que seja o caminho por que se possa buscar o contentamento, é uma máxima capital, como já se disse acima, dosar-se para que sempre se possa ter mais dele; pois estar saciado produz aquele estado repugnante que torna a própria vida um fardo ao homem mal habituado, e consome as mulheres sob o nome de vapores.[7] — — Jovem! (eu repito),[8] acostuma-te a amar o trabalho, recusa-te os contentamentos, não para

---

[7] Cf. Kant, I. *Considerações sobre o belo e o sublime*, e Rousseau, J.-J. *Emílio*, livro IV. (V.) (N.T.)
[8] Ver § 25, item d. (N.T.)

renunciar a eles, mas para tanto quanto possível mantê-los sempre à vista. Não embotes prematuramente a receptividade para eles com a sua fruição. A maturidade, que nunca permite que se lamente a privação de cada fruição física, assegurar-te-á justamente com esse sacrifício um capital de satisfação que é independente do acaso ou da lei natural.

§ 64

Entretanto, julgamos também o contentamento e a dor por uma satisfação ou insatisfação *superior* em nós mesmos (a saber, moral): se devemos recusá-los ou entregar-nos a eles.

1. O objeto pode ser agradável, mas o contentamento com ele *despraz*. Daí a expressão uma "*alegria amarga*". — Aquele que está em má situação e recebe uma herança dos pais ou de um parente digno e generoso, não pode evitar de se alegrar com seu falecimento, mas também não pode evitar de se repreender por essa alegria. Exatamente isso se passa na mente de um funcionário adjunto que acompanha, com não fingida tristeza, as exéquias de seu estimado antecessor.

2. O objeto pode ser *desagradável*, mas a *dor* que se tem por ele *apraz*. Daí, a expressão "*dor amena*": por exemplo, a de uma viúva que, apesar de ter sido deixada em boa situação, não quer se deixar consolar, o que com frequência é interpretado, embora injustamente, como afetação.

Em contrapartida, o contentamento pode além disso aprazer quando o homem tem um contentamento com objetos dos quais é honroso se ocupar: por exemplo, em vez da mera fruição dos sentidos, o entretenimento com as belas-artes, é também a satisfação de que ele (como homem fino) é capaz de um tal contentamento. — Igualmente, a dor de um homem pode, além disso, ser para ele um desprazer. Todo ódio de alguém ofendido é dor; mas o homem de boa índole não pode evitar de se censurar pelo fato de que, mesmo depois do desagravo, continue guardando rancor àquele que o ofendeu.

§ 65

Contentamento que alguém obtém *por si mesmo* (legalmente) é sentido em dobro; uma vez como *ganho* e, em seguida, como *mérito* (a imputação interior de ser o próprio autor dele). — Dinheiro ganho com o trabalho contenta pelo menos de forma *mais duradoura* que o obtido em jogos de azar, e ainda que não se leve em conta o quanto a loteria tem no geral de nocivo, há, no entanto, naquilo que se ganha com ela algo de que um homem de boa índole tem de se envergonhar. — Um mal provocado por uma causa estranha é *doloroso*, mas aquele em que se tem culpa, aflige e abate.

Mas como explicar ou conciliar o fato de que num mal que outros fazem a alguém, se falem duas línguas? — Assim, por exemplo, um dos injuriados diz: "Eu me daria por satisfeito, se tivesse a menor culpa nisso"; porém, um segundo: "O meu consolo é que sou totalmente inocente". — Sofrer inocentemente injúria *causa indignação*, porque é sofrer ofensa de um outro. — Sofrê-la como culpado *abate*, porque é censura interior. — Vê-se facilmente que, desses dois seres humanos, o segundo é o *melhor*.

§ 66

Não é precisamente a observação mais agradável que se pode fazer aos homens a de que seu contentamento aumenta por comparação com a dor dos outros, mas a dor própria diminui pela comparação com um sofrimento igual ou ainda maior dos outros. Esse efeito é, porém, meramente psicológico (segundo o princípio do contraste: *opposita iuxta se posita magis elucescunt*),[9] e não tem nenhuma relação com a moral: por exemplo, desejar a outros que sofram, para poder sentir tanto mais intimamente o conforto do próprio estado. A gente se compadece com o outro pela imaginação (como quando alguém que, vendo um outro perder o equilíbrio e prestes a cair, involuntariamente e em vão se inclina para o lado oposto, como que para colocá-lo de pé) e se alegra apenas de não estar também preso ao mesmo destino.[10] Por isso o povo acorre com vivo desejo para ver o cortejo e a execução de um delinquente, da mesma maneira que se vai assistir a um espetáculo teatral. Pois as comoções e sentimentos que se exteriorizam no rosto ‖ e na conduta do condenado agem simpateticamente sobre o espectador e, depois de passado o temor provocado pela imaginação (temor cuja intensidade aumenta ainda pela solenidade), deixam nele o sentimento suave, mas ainda assim sério, de um relaxamento, que torna tanto mais sensível o júbilo de vida que se lhe segue.

---

[9] Colocados um ao lado do outro, opostos distinguem-se com mais clareza". (N.T.)
[10] *Suave, mari magno turbantibus aequora ventis,/ E terra alterius magnum spectare laborem;/ Non quia vexari quenquam est incunda voluptas./ Sed quibus ipse malis careas quia cernere suave est.** Lucrécio (N.A.)
*[É doce, quando os ventos em alto mar agitam as águas,/ Contemplar, da terra, a grande labuta de um outro;/ Não porque o tormento do próximo nos dê grande prazer./ Mas porque é doce ver males de que estás livre. *De rerum natura*, II, V. 1-4. (V.)] (N.T.)

Também quando comparada a outras dores possíveis em sua própria pessoa, a dor se torna mais suportável. Pois aquele que teve uma perna quebrada pode tornar mais suportável sua infelicidade quando se lhe mostra que poderia facilmente ter sido atingido no pescoço.

O meio mais profundo e fácil de mitigar todas as dores é o pensamento que bem se pode exigir de um homem racional: o de que a vida em geral, no que diz respeito à fruição dela, a qual depende das circunstâncias felizes, não tem absolutamente valor próprio, e só tem um valor, no que concerne ao uso que dela se faz, pelos fins a que é orientada, valor que não pode ser dado ao ser humano pela sorte, mas apenas pela *sabedoria*, valor que, portanto, está em seu poder. Quem se aflige e angustia com a perda da vida, nunca terá alegria de viver.

B
Do sentimento do belo, isto é, do prazer em parte sensível e em parte intelectual na intuição refletida <*reflektikt*>, ou do gosto

§ 67

No significado próprio da palavra, *gosto* é, como já se disse acima,[11] a propriedade de um órgão (da língua, do palato e da garganta), de ser afetado especificamente por certas matérias decompostas durante o ato de comer ou beber. Ao exercer sua função, o gosto deve ser entendido, ou simplesmente como *gosto capaz de fazer diferenciações*, ou também, ao mesmo tempo, como *bom gosto* [por exemplo, se algo é doce ou amargo, ou se o que se prova — doce ou amargo — é *agradável*]. O primeiro pode obter consenso universal sobre a maneira de *denominar* certas matérias, mas o último jamais pode emitir um juízo universalmente válido, a saber, que o que é agradável para mim (por exemplo, o amargo) também será agradável a todos. A razão disso é clara: o prazer e o desprazer não pertencem à faculdade de conhecer respectivamente aos objetos, mas são determinações || do sujeito, portanto, não podem ser atribuídos aos objetos externos. — O bom gosto contém, por conseguinte, o conceito de uma diferenciação mediante satisfação ou insatisfação, que vínculo à representação do objeto na percepção ou imaginação.

---

[11] Quando se refere à gustação (caso do § 20) a palavra Geschmack é traduzida por paladar; a mesma palavra é traduzida por gosto no contexto estético (como neste parágrafo e nos seguintes). Ver a nota de Kant, à página 242. (N.R.)

A palavra *gosto*, no entanto, é tomada como uma faculdade de julgar sensível, de escolher não meramente para mim segundo a sensação dos sentidos, mas também segundo uma certa regra que é representada como válida para todos. Essa regra pode ser *empírica*, onde então, porém, não pode reivindicar uma verdadeira universalidade e, por conseguinte, tampouco necessidade (no bom gosto, o juízo de qualquer outro *tem de* concordar com o meu). Assim, em matéria de refeição a regra de gosto válida para os alemães manda começar por uma sopa, mas, para os ingleses, por um prato forte, porque um hábito que se propagou aos poucos por imitação fez com que esta se tornasse a regra de como servir a mesa.

Há, entretanto, também um bom gosto cuja regra tem de ser fundada *a priori*, porque enuncia a *necessidade*, portanto, também a validade para todos no modo como a representação de um objeto deve ser julgada em referência ao sentimento de prazer ou desprazer (onde, portanto, a razão entra secretamente no jogo, ainda que não se possa deduzir o juízo dela de princípios racionais e demonstrá-lo de acordo com estes), e a esse gosto se poderia denominar *racional* à diferença do *empírico*, como gosto sensível (aquele, *gustus reflectens*; este, *reflexus*).

Toda *exposição* da própria pessoa ou da sua arte feita com *gosto* pressupõe um *estado de sociabilidade* (para se comunicar), que nem sempre é sociável (de participação no prazer dos demais), mas de início é geralmente *bárbaro*, insociável e de mera rivalidade. — Em completa solidão ninguém adornará ou limpará sua casa: não fará isso para os seus (mulher e filhos), mas apenas para os estranhos, a fim de se mostrar de uma maneira vantajosa. Porém, no *gosto* (da escolha), isto é, na faculdade de julgar estética, não é imediatamente a *sensação* (o material da representação do objeto), mas a maneira como a livre imaginação (produtiva) a harmoniza mediante criação, ou seja, é a *forma* que produz a satisfação com o objeto, pois somente a forma é capaz de reivindicar ‖ uma regra universal para o sentimento de prazer. Da sensação dos sentidos, que pode ser muito distinta devido à diferença da capacidade sensorial dos sujeitos, não se pode esperar semelhante regra universal. — Pode-se, pois, definir o gosto assim: "gosto é a faculdade do juízo estético de escolher de um modo universalmente válido".

Ele é, por conseguinte, uma faculdade de julgar *socialmente* os objetos exteriores na imaginação. — Aqui a mente sente sua liberdade no jogo das representações da imaginação (por conseguinte, da sensibilidade), pois a sociabilidade com outros seres humanos pressupõe liberdade — e esse sentimento é prazer —. Mas a *validade universal* desse prazer para todos, pela qual a escolha com gosto (do belo) se diferencia da escolha pela mera sensação dos sentidos (do agrado meramente subjetivo), isto é, do agradável, contém o conceito de uma lei, pois só segundo esta a validade do prazer pode ser universal para quem julga. Contudo, a faculdade de representar o universal é o *entendimento*. Logo, o juízo de gosto é tanto um juízo estético quanto um juízo do entendimento, pensado porém no vínculo de ambos (portanto, o último não como puro). — O julgamento de um objeto pelo gosto é um juízo sobre o acordo ou conflito entre a liberdade no jogo da imaginação e a legalidade do entendimento, e diz respeito apenas à forma de *julgar* esteticamente (unificabilidade das representações sensíveis), não aos produtos nos quais aquela é percebida, pois isso seria *gênio*, cuja arrebatada vivacidade necessita frequentemente ser limitada e moderada pelo recato do gosto.

A *beleza* é a única que pertence ao gosto; na verdade, o *sublime* também pertence ao juízo estético, mas não ao gosto. Contudo a *representação* do sublime pode e deve ser bela em si, do contrário é rude, bárbara e contrária ao gosto. Mesmo a *representação* do mal ou da feiúra (por exemplo, em Milton, a figura da morte personificada)[12] pode e precisa ser bela, para que um objeto possa ser representado esteticamente, mesmo que seja um *Tersites*,[13] pois do contrário causa desagrado ou asco, ambos contendo a ânsia de repelir de si uma representação oferecida para fruição, ao passo que a *beleza*, ao contrário, implica o conceito de um convite para a união mais íntima com o objeto, isto é, para fruição imediata. — Com a expressão "uma || *bela alma*" se diz tudo o que se pode dizer para torná-la fim da mais íntima união com ela; pois *grandeza* e *força da alma* referem-se à matéria (os instrumentos para certos fins), mas a *bondade da alma* refere-se à forma pura sob a qual todos os fins têm de poder se unir e que, por isso, onde é encontrada, é como o Eros do mundo da fábula, *criadora original* mas também *supraterrena* —, essa bondade da alma é, porém, o ponto central em torno do qual o juízo de gosto reúne todos os seus juízos sobre o prazer sensível que pode ser ligado à liberdade do entendimento.

Nota. — Como se pôde ter chegado a isto, que principalmente as línguas modernas tenham designado a faculdade de julgar estética com uma expressão (*gustus, sapor*) que indica meramente um certo órgão dos

---

[12] No segundo canto d'*O paraíso perdido*. (V.) (N.T.)
[13] Na *Ilíada* (II, 210-275), Tersites é um guerreiro sem nenhuma nobreza, falador e considerado o mais feio dos aqueus. Também foi satirizado por Luciano. Daí Kant empregar "Tersites" nessa passagem com o sentido da palavra predominante entre os gregos, isto é, de homens muito feios, arrogantes e de má língua; homens maldizentes que afrontam com palavras. (N.T.)

sentidos (o interior da boca) e tanto a distinção quanto a eleição que ele faz das coisas que podem causar fruição? — Não há nenhuma situação que se possa prolongar e repetir tão frequentemente com satisfação — estando nela unidos a sensibilidade e o entendimento numa fruição — quanto uma boa refeição em boa companhia. — A primeira, todavia, é considerada aqui somente como veículo para o entretenimento da segunda. Ora, o gosto estético do anfitrião mostra-se na sua habilidade de escolher de maneira universalmente válida, mas não pode fazê-lo mediante o próprio gosto, já que seus convidados talvez escolham outros pratos ou bebidas, cada um segundo seu gosto particular. A reunião que promove se baseará, por conseguinte, na *diversidade*, ou seja, será preciso encontrar algo conforme o gosto de cada um, o que resulta numa validade universal comparativa. Na discussão da presente questão não se pode tratar de sua habilidade para escolher os próprios convidados de forma a que se entretenham em geral uns aos outros (habilidade que também é chamada de bom gosto, embora seja propriamente a razão em sua aplicação ao gosto, e deste ainda distinta). E assim, devido a um sentido particular, o sentimento de um órgão pode dar nome a um sentimento ideal, a saber, de uma escolha em geral de validade sensível-universal. — Ainda mais extraordinário é isto: que a habilidade de provar pelo sentido se algo é um objeto de fruição de um mesmo sujeito (não se sua escolha é universalmente válida) (*sapor*) foi sendo elevada até passar a denominar a sabedoria (*sapientia*), provavelmente porque um fim incondicionalmente necessário não precisa de reflexões nem de ensaios, || mas vem imediatamente à alma como que pelo sabor daquilo que é salutar.

§ 68

O sublime (*sublime*) é a *grandeza* que suscita respeito (*magnitudo reverenda*) segundo a extensão ou grau; a aproximação (para estar à altura de suas forças) é atraente, mas ao mesmo tempo o temor de desaparecer, em sua própria apreciação, ao se comparar com ele é assustador (por exemplo, o trovão sobre nossa cabeça ou uma cadeia de montanhas alta e não desbravada): onde, se estamos em segurança, reunimos as próprias forças para apreender o fenômeno e, ao mesmo tempo, receamos não poder alcançar sua grandeza, aí se desperta a *admiração* (um sentimento agradável pela contínua superação da dor).

O *sublime* é realmente o contrapeso, mas não o reverso do belo, porque o empenho e a tentativa de se elevar à apreensão (*apprehensio*) do objeto desperta no sujeito um sentimento de sua própria grandeza e força, mas a representação mental do sublime pode e tem sempre de ser bela na *descrição* ou exposição. Pois, do contrário, a admiração se torna *assombro*, que é muito diferente do *encantamento*, como um juízo no qual a gente não se cansa de se surpreender.

A grandeza contrária a fins (*magnitudo monstrosa*) é o *monstruoso*. Os escritores que quiseram, por isso, enaltecer a vastidão do Império russo erraram ao intitulá-lo monstruoso, pois nisso está contida uma censura, como se ele *fosse muito grande* para um único soberano. — *Aventureiro* é um homem que tem propensão a se enredar em acontecimentos cuja verdadeira narrativa é semelhante a um romance.

O sublime, portanto, não é realmente um objeto para o gosto, mas para o sentimento de comoção; a exposição artística dele, todavia, pode e deve ser bela em sua descrição e em seu revestimento (nos acessórios, *parerga*), porque senão é selvagem, rude e repelente e, assim, contrária ao gosto.

244   *O gosto contém uma tendência a incentivar
externamente a moralidade*

§ 69

O gosto (na condição, por assim dizer, de sentido formal) tende à *comunicação* de seu sentimento de prazer ou desprazer a outros e contém uma receptividade, afetada com prazer por essa mesma comunicação, para sentir nele uma satisfação (*complacentia*) em comum com os outros (socialmente). Ora, para poder ser pensada como tal, a satisfação, que não pode ser considerada válida apenas para o sujeito sensível, mas também para todo e qualquer outro, isto é, como válida universalmente, porque tem de conter a necessidade (dessa satisfação), portanto, um princípio *a priori* dela, é uma satisfação pela concordância do prazer do sujeito com o sentimento de todo e qualquer outro, segundo uma lei universal que tem de provir da legislação universal daquele que sente, por conseguinte, da razão: isto é, a escolha segundo essa satisfação se encontra, pela forma, sob o princípio do dever. Logo, o gosto ideal tem uma tendência a incentivar externamente a moralidade. — Tornar o homem *civilizado* em sua posição social não quer dizer exatamente tanto quanto formá-lo *como homem eticamente bom* (como homem moral), mas o prepara para tal pelo esforço de satisfazer os outros no estado em que se encontra (tornar-se querido ou admirado). — O gosto poderia, desse modo, ser chamado de moralidade no fenômeno externo, se bem que essa expressão, tomada ao pé da letra, contém uma contradição, pois ser bem educado contém a *aparência* ou a conveniência daquilo que é eticamente bom, e inclusive um grau dele, a saber, a inclinação a estabelecer um valor já na aparência dele.

§ 70
Ser bem educado, decente, ter boas maneiras, ser polido (com eliminação da rudeza), é apenas a condição negativa do gosto. A representação dessas qualidades na imaginação pode ser um modo exteriormente intuitivo de representar um objeto ou sua própria pessoa com gosto, mas apenas para dois sentidos, audição e visão. Música e artes plásticas (pintura, escultura, arquitetura e jardinagem) requerem gosto, como receptividade de um sentimento de prazer para as meras formas da intuição externa — aquela em relação à audição, estas em relação à visão. Em contrapartida, o modo da representação *discursiva* por meio da linguagem oral ou pela || escrita contém duas artes em que se pode mostrar o gosto: *eloquência* e *poesia*.

Observações antropológicas sobre o gosto

A
Do gosto da moda

§ 71
É uma propensão natural do ser humano comparar o próprio comportamento com o de alguém mais importante (a criança com o adulto, o inferior com o superior) e imitar suas maneiras. Uma lei dessa imitação, para meramente não parecer inferior aos demais e onde de resto não se pensa em tirar nenhum proveito, chama-se *moda*. Esta pertence, pois, ao item *vaidade*, porque em seu fim não há nenhum valor interno, da mesma maneira que ao da *loucura*, porque nela há uma coerção a nos deixar dirigir servilmente pelo mero exemplo que muitos nos dão em sociedade. Estar *na moda* é uma questão de gosto: o *fora* da moda que segue um costume anterior, chama-se *antiquado*; aquele que valoriza o estar *fora* da moda é um *extravagante*. É, porém, sempre melhor ser um louco na moda que um louco fora dela, caso se queira dar essa denominação severa

àquela vaidade, título que a mania de moda realmente merece quando sacrifica coisas verdadeiramente úteis, ou até deveres, àquela vaidade.
— Todas as modas constituem, já por seu mero conceito, modos de vida inconstantes. Pois se o jogo da imitação for fixado, então esta se tornará *costume*, onde já não se visa o gosto. A novidade é, portanto, o que torna a moda apreciada, e ser inventivo em todas as formas exteriores, ainda quando estas frequentemente degeneram em excentricidade e, em parte, em feiúra, faz parte do *tom* das pessoas da corte, principalmente das damas, então avidamente seguidas pelas outras, as quais ainda se arrastam por muito tempo entre as classes inferiores com coisas que aquelas já deixaram de usar. — Por conseguinte, a moda não é propriamente uma questão de gosto (pois pode ser extremamente contrária a ele), mas da mera vaidade de querer se distinguir, e de competição, a fim de superar os outros (os *élegants de la cour*, também chamados *petits maîtres*, são cabeças de vento).

O verdadeiro gosto, o gosto ideal, pode se unir à magnificência, portanto, a algo || sublime que é simultaneamente belo (como um magnífico céu estrelado, ou se isso não soa muito pequeno, a igreja de São Pedro em Roma). Mas a *pompa*, que é uma exibição presunçosa, pode também ser ligada ao gosto, porém não sem negação desse último, porque a pompa é calculada visando à grande multidão, que compreende em si muito do populacho, cujo gosto, embotado, requer mais sensação dos sentidos que capacidade de julgar.

B
Do gosto artístico

Levo em consideração aqui apenas as artes da palavra, *eloquência* e *poesia*, porque estão voltadas para uma disposição da mente pela qual esta é imediatamente despertada para a atividade, disposição que têm, assim, o seu lugar numa antropologia *pragmática*, onde se procura conhecer o ser humano segundo aquilo que se pode fazer dele.

Denomina-se **espírito** o princípio que vivifica a mente por meio de *ideias*. *Gosto* é uma mera faculdade reguladora de julgar a forma na ligação do diverso na imaginação; espírito, porém, é a faculdade produtiva da razão, de atribuir um *modelo* para aquela forma *a priori* da imaginação. Espírito e gosto: o *primeiro* para criar ideias, o *segundo* para limitá-las à forma adequada às leis da imaginação produtiva e, *assim*, *formá-las* (*fingendi*) *originalmente* (não imitativamente). Um produto composto com espírito e gosto pode ser em geral chamado de *poesia* e é uma obra da *bela arte*: esta pode ser apresentada imediatamente aos sentidos pelos olhos ou ouvidos, e pode ser chamada também de *arte poética* (*poetica in sensu lato*); pode ser arte da pintura, da jardinagem, da arquitetura ou da música e arte de fazer versos (*poetica in sensu stricto*). A *arte poética*, entretanto, difere da *eloquência* apenas segundo a subordinação mútua entre entendimento e sensibilidade; de maneira que a primeira é um *jogo* da sensibilidade *ordenado* pelo entendimento, a segunda, porém, um *afazer* do entendimento *vivificado* pela sensibilidade; mas ambos, tanto o orador quanto o poeta (em sentido amplo), são *poetas* e produzem de si mesmos novas ‖ formas (composições do sensível) em sua imaginação.[14]

Porque o dom da poesia é uma destreza artística ligada ao gosto, um talento para a bela arte, que em parte tende a produzir ilusão (embora doce, com frequência também indiretamente saudável), não pode faltar um forte uso dele na vida (uso com frequência também nocivo). — Por isso, vale a pena fazer algumas questões e observações a respeito do caráter do poeta, ou também a respeito da influência de seu ofício sobre ele mesmo e sobre os outros.

Por que entre as belas artes (da palavra) a poesia obtém a vitória sobre a eloquência, ambas tendo os mesmos fins? — Porque a poesia é simultaneamente música (cantável) e som, uma inflexão por si só agradável, diferentemente da mera linguagem. A eloquência mesma toma emprestado à poesia uma inflexão próxima do som, o *acento*, sem o qual o discurso se privaria dos momentos necessários de repouso e animação que nele se encontram. A poesia, contudo, não obtém a vitória apenas sobre a eloquência, mas também sobre qualquer outra das belas-artes; sobre a pintura (de que faz parte a escultura) e mesmo sobre a música.

---

[14] A *novidade da exposição* de um conceito é uma exigência capital que a bela arte faz ao poeta, ainda que o conceito mesmo não deva ser novo. — Para o entendimento (prescindindo do gosto), têm-se as seguintes expressões para indicar o aumento de nossos conhecimentos por meio de uma nova percepção. — *Descobrir* algo: perceber pela primeira vez o que já existia, por exemplo, a América, a força magnética voltada para os pólos, a eletricidade do ar. — *Inventar* algo (tornar realidade o que ainda não existia), por exemplo, a bússola, o aeróstato. — *Encontrar* algo: reencontrar o que estava perdido mediante buscas. — *Idealizar e conceber* (por exemplo, instrumentos para artistas ou máquinas). — *Invencionar*: representar, com consciência, o não-verdadeiro como verdade, como nos romances, sempre que ocorra apenas para entretenimento. — Mas uma invencionice dada como verdade é *mentira*.
(*Turpiter atrum desinit in piscem mulier formosa superne*) Horácio* (N.A.)
*) In: Horácio, *Ars poetica*, 3-4. (V). "De forma a que terminasse em torpe e negro peixe a mulher de bela face." Tradução de R.M. Rosado Fernandes. Lisboa: Inquérito, 1984, p. 51. (N.R.)

Pois esta última só é *arte bela* (não simplesmente agradável) porque serve de veículo à poesia. Também não há entre os poetas tantas inteligências superficiais (inaptas para os negócios) quanto entre os músicos, porque aqueles falam também ao entendimento, mas estes meramente aos sentidos. — Uma boa poesia é o meio mais eficaz de vivificar a mente. — — Isso não vale, porém, somente para o poeta, || mas para todo detentor de uma bela arte: ele precisa ter nascido para ela e não pode chegar a ela por disciplina e imitação; da mesma maneira, o artista necessita ainda, para o êxito de seu trabalho, de um humor propício que o assalta como num momento de inspiração (por isso também é chamado de *vates*), porque o que é feito segundo preceitos e regras resulta sem graça (servil), mas um produto da bela arte não requer apenas gosto, que pode estar fundado em imitação, mas também originalidade do pensamento, a qual, vivificante por si mesma, é chamada de *espírito*. — O *pintor da natureza*, com pincel ou pena (este último em prosa ou em verso), não é o belo espírito, porque só imita; apenas o *pintor de ideias* é mestre da bela arte.

Por que habitualmente por poeta se entende um autor de *versos*, isto é, de um discurso escandido (dito em cadência, como a música)? Porque ele, anunciando uma obra da bela arte, se apresenta com uma solenidade que tem de satisfazer (pela forma) o *gosto* mais refinado, pois do contrário não seria belo. — Porque essa solenidade é, entretanto, exigida mormente para a representação bela do sublime, tal solenidade afetada, sem verso, foi chamada (por Hugo Blair) de *"prosa enloquecida"*.[15] — A versificação, por outro lado, tampouco é poesia, se desprovida de espírito.

Por que a rima nos versos dos poetas dos tempos modernos, se ela fecha com êxito o pensamento, é uma importante exigência do gosto nessa nossa parte do mundo — mas, ao contrário, uma falta repugnante contra o verso nos poemas dos tempos antigos, de tal modo que se em alemão, por exemplo, os versos livres agradam pouco, um Virgílio latino rimado agradará ainda menos? Provavelmente porque nos antigos poetas clássicos a prosódia era definida, mas ela falta em grande parte às línguas modernas, onde o ouvido é compensado pela rima, que fecha o verso com o mesmo som que o anterior. Num discurso solene em prosa é ridículo quando ocorre inesperadamente uma rima em meio a outras frases.

Donde vem que a *licença poética*, que não é permitida ao orador, pode violar aqui e ali as leis da linguagem? Provavelmente disto, que

---

[15] A expressão não procede, segundo Külpe, do notável teólogo e estético escocês Hugo Blair (1718-1800), mas de um epigramático, Abel Evans, de quem Pope acolheu na sua *Epistle to Dr. Arbuthnot*. (V.) (N.T.)

o poeta não é muito constrangido, pela lei da forma, a expressar um grande pensamento.

Por que uma poesia medíocre é insuportável, mas um || discurso medíocre ainda tolerável? A causa parece estar em que o tom solene desperta grande expectativa em todo produto poético, e precisamente porque esta não é satisfeita, o tom se rebaixa como de costume mais do que o valor prosaico desse mesmo produto ainda mereceria. — O final de um poema com um verso que pode ser retido como sentença, deixa um gosto que causa contentamento e, com isso, torna de novo saborosa muita coisa insossa; também faz parte, por isso, da arte do poeta.

Que com a idade a *veia poética* seque, numa época em que as ciências ainda anunciam à boa inteligência saúde e atividade nos negócios, isso provém de que a beleza é uma *flor*, mas a ciência, um *fruto*, isto é, a poesia tem de ser uma arte livre, que, pela diversidade, requer agilidade, mas com a idade esse senso ágil desaparece (e com razão); outra causa para isso é que o *hábito* de só avançar pela mesma via das ciências traz ao mesmo tempo agilidade, logo a poesia, que requer originalidade e *novidade* (e por isso destreza) em cada um de seus produtos, não se harmoniza bem com a velhice, a não ser no espírito *caustico*, nos epigramas e xênios <Xenien>,[16] onde é também mais seriedade do que jogo.

Que os poetas não tenham êxito como os advogados e outros doutos de profissão, reside na disposição do temperamento que é em geral necessária para o poeta nato, a saber, afugentar as preocupações mediante o jogo sociável com pensamentos. — Contudo, uma particularidade que diz respeito ao *caráter*, a saber, a de *não ter caráter*, mas ser volúvel, extravagante e não-confiável (sem maldade), fazer inimigos intencionalmente, sem todavia odiar a ninguém, e fazer troça mordaz do amigo, sem querer magoá-lo, reside numa disposição, em parte inata, que governa o juízo prático, a do *engenho* destrambelhado.

Do luxo

§ 72

O *luxo* (*luxus*) é o excesso de prazeres sociais *com gosto* numa comunidade (é, pois, contrário ao bem-estar desta). Esse excesso, mas *sem*

---

[16] Do latim Xenia, xênio significa o presente que os gregos antigos davam aos hóspedes depois das refeições, ou aos amigos em certas épocas do ano, e também presentes que os povos sujeitos ao Império Romano fora da Itália mandavam aos procônsules e governadores das províncias. (N.T.)

gosto, é *pândega* pública (*luxuries*). — Se se levam em conta os efeitos de ambos ‖ sobre o bem-estar, então luxo é um *dispêndio desnecessário*, que *leva ao empobrecimento*, e pândega é um dispêndio semelhante, que *leva à doença*. O primeiro, todavia, ainda é compatível com a progressiva cultura do povo (na arte e na ciência), a segunda, porém, repleta de gozo, causa, por fim, repugnância. Ambos buscam mais a ostentação (brilho exterior) que a própria fruição, o primeiro pela elegância (como em bailes e espetáculos) para o gosto ideal, a segunda, pela superabundância e multiplicidade para o sentido do *gosto* (físico, como, por exemplo, um banquete do lorde-maior). — Se o governo está autorizado a restringir a ambos mediante leis sobre gastos, é uma questão cuja resposta não cabe aqui. Mas tanto as belas-artes quanto as artes agradáveis, que em parte debilitam o povo para poder governá-lo melhor, atuariam justamente contra o propósito do governo se fosse introduzido um rude laconismo.

Um bom modo de vida é a adequação do bem-viver à sociabilidade (portanto, ao gosto). Vê-se por aqui que o luxo traz danos ao bom modo de vida e a expressão "ele sabe viver", usada em referência a um homem rico ou nobre, significa a habilidade de sua escolha no prazer social, que implica moderação (sobriedade), e tanto amplia o prazer, quanto o torna duradouro.

Vê-se por aí que, uma vez que não se pode propriamente censurar o luxo na vida doméstica, mas somente na vida pública, a postura do cidadão para com a comunidade, no que se refere à sua liberdade de avançar sobre a utilidade quando se compete pelo embelezamento da própria pessoa ou das coisas (em festas, casamentos e funerais e, assim por diante, até o bom tom no trato em comum), dificilmente deveria ser penalizada por proibições de desperdício, porque o luxo tem a vantagem de vivificar as artes e, assim, de restituir à comunidade os gastos que um tal dispêndio possa lhe ter custado.

Livro Terceiro

DA FACULDADE DE DESEJAR

§ 73

Apetite (*appetitio*) é a autodeterminação da força de um sujeito mediante a representação de algo futuro como um efeito seu. O apetite sensível habitual chama-se *inclinação*. Apetecer, sem o emprego de força para a produção do objeto, é *desejo*. Este pode ser dirigido a objetos que o sujeito mesmo se sente incapaz de produzir, e é então um desejo *vazio* (ocioso). O desejo vazio de poder elidir o tempo que há entre apetecer e obter aquilo que apetece, é *ânsia*. O apetite por um objeto indeterminado (*appetitio vaga*), que apenas impele o sujeito a sair de seu estado presente, sem saber em qual pretende entrar, pode ser chamado de desejo *humoroso* (ao qual nada satisfaz).

A inclinação que a razão do sujeito dificilmente pode dominar, ou não pode dominar de modo algum, é *paixão*. Em contrapartida, o sentimento de prazer ou desprazer no estado presente, que não deixa a *reflexão* aflorar no sujeito (a representação da razão, se se deve entregar ou resistir a ele), é *afecção*.

Estar submetido a afecções e paixões é sempre uma *enfermidade da mente*, porque ambas excluem o domínio da razão. Ambas são também igualmente violentas segundo o grau, mas, no que diz respeito à qualidade delas, essencialmente diferentes uma da outra, tanto no método de prevenção quanto no de cura a ser empregado pelos alienistas.

Das afecções, confrontadas com a paixão

§ 74

Afeção é surpresa mediante sensação, pela qual se perde o controle da mente (*animus sui compos*). É, por isso, apressada, ou seja, passa velozmente a um grau de sentimento que torna a ponderação impossível (é inconsiderada). — A imperturbabilidade, sem diminuição da força dos móbiles para agir, é *fleuma* no bom sentido da palavra, uma qualidade do homem estrênuo (*animi strenui*), de não deixar que a força das afecções o faça perder a tranquilidade e ponderação. O que a afecção de ira não faz a toda velocidade, ela não faz de modo algum, e facilmente esquece. A paixão do ódio, porém, não tem pressa em se enraizar profundamente para pensar em seu inimigo. — Um pai, um mestre, não pode castigar, sem ter tido paciência de ouvir as desculpas (não a justificação). — A alguém que entra irado em vosso aposento para vos dizer palavras duras com veemente indignação, fazei-o cortesmente se sentar: se vos sairdes bem nisso, a reprimenda dele será mais branda, porque a comodidade de estar sentado é um relaxamento que certamente não combina com os gestos ameaçadores e os gritos de quando se está em pé. Ao contrário, a paixão (como estado da alma pertencente à faculdade de desejar) não tem pressa e reflete para alcançar seu fim, por mais violenta que possa ser. — A afecção é como a água que rompe um dique; a paixão, como um rio que se enterra cada vez mais fundo em seu leito. A afecção atua sobre a saúde como um ataque apopléctico; a paixão, como uma tísica ou definhamento. — A afecção pode ser vista como a bebedeira que se cura dormindo, mas que depois dá dor de cabeça; a paixão, porém, como uma doença causada por ingestão de um veneno ou como uma atrofia, que necessita interna ou externamente de um alienista que saiba prescrever quase sempre paliativos, mas contra a qual no mais das vezes não remédios radicais.

Onde há muita afecção, existe geralmente pouca paixão, como entre os franceses, que são inconstantes por sua vivacidade em comparação com os italianos e espanhóis (e também indianos e chineses), os quais tramam vingança em seu rancor ou persistem até a loucura em seu amor. — As afecções são leais e abertas; as paixões, pelo contrário, insidiosas e encobertas. Os chineses censuram os ingleses de || serem impetuosos e irascíveis "como os tártaros", mas os ingleses censuram os chineses de serem rematados impostores (porém, serenos), censura que não os abala de modo algum em sua paixão. — — A afecção pode ser vista como um *bebedeira* que se cura dormindo; a *paixão*, como uma *loucura* que cisma com uma representação que deita raízes cada vez mais fundas. — Quem *ama*, pode ainda assim enxergar; contudo, quem *está apaixonado* torna-se inevitavelmente *cego* para as faltas do objeto amado, mesmo que costume recuperar a visão oito dias depois do casamento. Aquele a quem a afecção assalta como um repente assemelha-se a um perturbado, por melhor que possa ser a afecção; mas porque imediatamente depois ele se arrepende, então é só um paroxismo, que se intitula *desatino*. Muitos desejam até mesmo poder se zangar, e Sócrates tinha dúvida se não seria bom se zangar às vezes; mas ter a afecção em seu poder de tal modo que se possa refletir de sangue frio se se deveria ficar zangado ou não, parece ser algo contraditório. — Ao contrário, nenhum ser humano deseja para si a paixão. Pois quem quer se deixar colocar na prisão, quando pode ser livre?

Das afecções em particular

A
Do governo da alma em relação às afecções

§ 75

O princípio da *apatia*, a saber, que o sábio nunca deve sofrer afecção, nem mesmo de compaixão com os males de seu melhor amigo, é um princípio moral inteiramente justo e sublime da escola estóica, pois a afecção torna (mais ou menos) cego. — A natureza, no entanto, foi sábia ao implantar em nós a disposição para a afecção, a fim de ter *provisoriamente* as rédeas nas mãos até que a razão alcançasse a força adequada, isto é, a fim de acrescentar ainda móbiles de estímulo patológico (sensível), que fazem interinamente as vezes da razão, para a vivificação dos móbiles morais. Pois de resto a afecção, considerada por ela só, é sempre imprudente: ela se faz incapaz de perseguir seu próprio fim e, portanto, não é sábia para fazer com que, por deliberação sua, ele se manifeste em si. — Não obstante, na representação do bem moral a razão pode provocar uma animação da vontade (nos discursos religiosos ou políticos para o povo ou mesmo também apenas para si mesmo) por meio da ligação || de suas ideias com intuições (exemplos) que são adjudicadas àquelas, e, por conseguinte, avivam a alma em vista do bem, não como efeito, mas como causa de uma afecção, onde no entanto essa razão ainda continua mantendo as rédeas nas mãos e se acarreta um *entusiasmo* pelo bom propósito, o qual, porém, terá propriamente de ser

254

incluído na *faculdade de desejar* e não na afecção, como um *sentimento sensível* mais intenso. — O *dom natural* de uma *apatia* com suficiente força da alma é, como se disse,[1] o *fleuma* feliz (em sentido moral). Quem dele está dotado, na verdade não é ainda, apenas por isso, um sábio, embora tenha sempre o favorecimento da natureza, que faz o tornar-se sábil mais fácil para ele do que para outros.

Em geral o que constitui o estado de afecção não é a intensidade de um certo sentimento, e sim falta de reflexão para comparar esse sentimento com a soma de todos os sentimentos (de prazer ou desprazer) em seu estado. O rico a quem um criado quebra por inépcia uma bela e rara taça de cristal ao carregá-la durante uma festa, não deveria dar nenhuma importância a isso, se no momento mesmo comparasse essa perda de *um* prazer com a quantidade de *todos* os prazeres que sua feliz situação lhe confere na condição de homem rico. Mas se se entrega única e exclusivamente a um sentimento de dor (sem fazer rapidamente em pensamento aquele cálculo), não é de surpreender que seu estado de espírito será tal como se houvesse perdido toda a sua felicidade.

B
Das diversas afecções mesmas

§ 76

O sentimento que impele o sujeito a **ficar** no estado em que se está, é *agradável*; mas o que o impele a **abandoná-lo**, *desagradável*. Ligado à consciência, o primeiro chama-se *contentamento* (*voluptas*); o segundo, *descontentamento* (*taedium*). Como afecção, aquele chama-se *alegria*; este, *tristeza*. — A *alegria em excesso* (não moderada por nenhuma apreensão de dor) e a tristeza profunda (não amenizada por nenhuma esperança), o *abatimento*, são afecções que ameaçam a vida. Pelos ‖ obituários se observou, entretanto, que mais seres humanos perdem *subitamente* a vida por alegria do que por tristeza profunda, porque a mente se abandona inteira à *esperança*, como afecção, quando inesperadamente se abre a perspectiva de uma felicidade sem limites, e assim a afecção leva até a asfixia, enquanto, sempre receoso, o abatimento também é sempre combatido naturalmente pela mente e, portanto, só é letal aos poucos.

Susto é o medo súbito, que põe a mente fora de si. Semelhante ao assombro é o *surpreendente* que deixa *a pessoa atônita* (mas não

[1] Ver § 74. (N.T.)

ainda perturbada) e desperta a mente para que recupere a reflexão; é estímulo para *o espanto* (que já contém em si reflexão). Com os indivíduos experientes isso não acontece tão facilmente; mas da arte é próprio representar o usual por um lado em que ele é surpreendente. A *ira* é um assombro que ao mesmo tempo estimula rapidamente as forças a resistirem ao mal. Temor de um objeto que ameaça com um mal indeterminado é *receio*. Alguém é tomado de receio sem que reconheça um objeto particular: é uma opressão por causas meramente subjetivas (um estado doentio). *Vergonha* é medo do desprezo que se receia receber de uma pessoa *presente* e, como tal, uma afecção. Aliás, alguém pode também se envergonhar sensivelmente sem a presença daquele perante ao qual sente vergonha, mas então não é *afecção* e sim, como o abatimento, uma *paixão* de atormentar a si mesmo continuamente com desprezo; a vergonha, ao contrário, como afecção, tem de surgir repentinamente.

As afecções são, em geral, ataques doentios (sintomas), e podem ser divididas (por analogia com o sistema de Brown)[2] em *estênicas*, procedentes da força, e *astênicas*, procedentes da fraqueza. Aquelas são de uma natureza *excitante*, mas por isso também com frequência extenuante; estas, de uma natureza que afrouxa a força vital, mas que por isso também prepara o repouso. — *Rir* com afecção é uma alegria *convulsiva*. O *choro* acompanha a sensação lânguida de uma ira impotente perante o destino ou perante os outros homens, tal como uma ofensa recebida deles; e essa sensação é de *melancolia*. Ambos, porém, sorriso e choro, acalmam, pois libertam de um impedimento da força vital pelo transbordamento (a saber, pode-se também rir até as lágrimas quando se ri a não poder mais). O riso é *masculino*; o choro, ao contrário, *feminino* (no homem, || *afeminado*) e somente o acesso súbito de lágrimas, por se compartilhar generosa mas impotentemente o sofrimento dos outros, pode ser perdoado ao homem, em cujo olho a lágrima brilha, sem que a deixe derramar em gotas e nem mesmo acompanhar de soluços, produzindo então uma música desagradável.

---

[2] O médico inglês John Brown (1735-1788) ensinava que a característica da substância viva consiste na irritabilidade: um excesso dela causa enfermidades no estado da estenia (quer dizer, um estado de força), uma falta, a astenia (falta de força). (K.) (N.T.)

Da timidez e da bravura

§ 77

Receio, angústia, terror e pavor são graus do medo, isto é, da aversão ao perigo. O controle da mente que encara esse perigo com reflexão é *coragem*; a força do sentido interno (*ataraxia*), de não se atemorizar facilmente com o perigo, é *intrepidez*. A falta da primeira é *covardia*,[3] a da segunda, *pusilanimidade*.

Brioso é o que não se *assusta*; *coragem* tem aquele que com reflexão *não retrocede* diante do perigo; *bravo* é aquele cuja coragem é constante nos perigos. *Inconsiderado* é o leviano que se arrisca em perigos, porque os não conhece. *Ousado*, o que neles se arrisca, embora os conheça; *temerário*, aquele que, diante da patente impossibilidade de alcançar seu fim, se coloca no maior perigo (como Carlos XII em Bender). Os turcos denominam seus bravos (que assim o são talvez pelo ópio) de *loucos*. — A covardia é, por conseguinte, *tibieza desonrosa*.

Ser assustadiço não é disposição *habitual* de ter facilmente medo, pois esta se chama pusilanimidade, mas meramente um *estado* e disposição casual, na maior parte dependente apenas de causas corporais, de não se sentir suficientemente preparado para um perigo súbito. Quando se anuncia a inesperada aproximação do inimigo a um general que está em seu roupão de dormir, o sangue bem pode lhe parar por um momento nas cavidades do coração; e o médico de um certo general observou que, quando tinha azia, ficava abatido e pusilânime. *Brio* é, todavia, meramente qualidade do temperamento. A *coragem*, ao contrário, se assenta em princípios e é uma virtude. A razão confere então ao homem decidido a força que a natureza por vezes lhe recusa. O amedrontamento nas lutas ‖ provoca até mesmo evacuações benéficas, que tornaram um escárnio proverbial ("não ter o coração no lugar certo"); pretende-se, no entanto, ter observado que os marinheiros que, ao toque de combate, correm para o banheiro, são depois os mais

---

[3] A palavra *poltrão* (derivada de *pollex truncatus*)* era expressa no latim tardio pela palavra *murcus*,** e significava um homem que se arrancou o polegar para não ter de ir à guerra. (N.A.)

*) *pollex truncatus*: dedo polegar da mão mutilado. (N.T.)

**) *murcus*: termo de desprezo com que os gauleses designavam os que, por covardia, se estropiavam cortando o dedo polegar para se isentarem de ir à guerra.

— Esta etimologia foi introduzida por Claudius Salmasius (isto é, Claude de Saumaise, 1588-1653), um filólogo francês. (N.T.)

valentes na luta. Exatamente o mesmo se observa também na garça que se apresta para o combate, quando o falcão voa sobre ela.

Logo, *paciência* não é coragem. Ela é uma virtude feminina, porque não oferece força de resistência, mas espera tornar o sofrimento imperceptível pelo hábito (tolerância). Aquele que *grita* sob o bisturi cirúrgico ou pelas dores da gota e de cálculos, não é por isso, nesse estado, covarde ou frouxo; tal como a imprecação que se profere quando, andando pela rua, se bate numa pedra (com o dedão do pé, donde deriva a palavra *hallucinari*),[4] esse grito é antes uma explosão de raiva, na qual a natureza se empenha em dissipar o sangue parado no coração. — Mas paciência de uma natureza especial demonstram-na os índios na América, que, quando estão cercados, arremessam longe suas armas e, sem pedir clemência, se deixam matar com tranquilidade. Há mais coragem aqui que a demonstrada pelos europeus, que neste caso se defendem até o último homem? A mim isso parece ser meramente uma vaidade bárbara: manter a honra de sua estirpe porque o inimigo não conseguiu obrigá-los a lamentar e gemer como prova de sua submissão.

A coragem como afecção (pertencendo assim por um lado à sensibilidade) pode, contudo, ser despertada também pela razão e é, desse modo, verdadeira bravura (força da virtude). Não se deixar intimidar por chacotas nem por escárnios recheados de ditos picantes, mas por isso mesmo tanto mais perigosamente zombeteiros, e perseguir inabalavelmente o seu caminho, é uma coragem moral que muitos que se distinguem por bravura em batalha ou duelo não possuem. Pois da determinação faz parte algo a que o dever ordena ousar mesmo sob o risco da zombaria, e dela faz parte até mesmo um alto grau de coragem, visto que o *amor à honra* é o constante companheiro da virtude, e aquele que está suficientemente preparado contra a *violência* raras vezes se sente à altura do escárnio, quando, com sorriso malicioso, se lhe nega essa sua pretensão à honra.

A maneira de agir que se dá uma aparência externa corajosa || de não ceder em nada no respeito que requer dos outros, chama-se *insolência*; é oposta ao *acanhamento*, que é uma espécie de pusilanimidade e de receio de não aparecer vantajosamente aos olhos dos outros. — Se é justa confiança em si mesmo, tal insolência não pode ser censurada.

258

---

[4] Essa explicação errônea foi abandonada há muito tempo. (V.) (N.T.)
— *Hallucinari* provém do grego *aluõ* (perdido, fora de si, aflito, estar perplexo), e não do latim *allex* (polegar do pé). (N.T.)

145

Entretanto, aquela *insolência*[5] na maneira de agir que dá a alguém a aparência de não levar em nenhuma conta o juízo dos outros sobre si, é *impertinência*, descaramento, mas, em expressão moderada, falta de modéstia; pois esta não faz parte da coragem na significação moral da palavra.

Se o suicídio também pressupõe coragem ou sempre apenas tibieza, não é uma questão moral, mas uma questão meramente psicológica. Se é cometido apenas para que não se sobreviva à própria honra, portanto, por *ira*, então parece coragem; mas se é a paciência que se esgota de tanto sofrer de *tristeza*, a qual esgota aos poucos toda paciência, então é *tibieza*. Ao ser humano parece ser uma espécie de heroísmo olhar a morte diretamente nos olhos e não temê-la, quando não pode amar a vida por mais tempo. Mas se, ainda que temendo a morte, não pode de maneira alguma deixar de amar a vida e, assim, é preciso que uma confusão da mente oriunda do medo preceda a decisão para o suicídio, então ele morre de covardia, porque não pode suportar por mais tempo os tormentos da vida. — A maneira de realizar o suicídio dá de certo modo a conhecer essa diferença de estado de espírito. Se o meio escolhido para esse fim mata subitamente e sem salvação possível, como, por exemplo, o tiro de pistola ou um sublimado corrosivo (como o levava consigo um grande monarca,[6] para o caso de cair prisioneiro), ou pular em água profunda com os bolsos cheios de pedras, a coragem do suicida é indiscutível. Se se trata, porém, de corda que pode ser cortada por outros ou de um veneno comum, que o médico ainda pode extrair do corpo, ou de um corte no pescoço que pode ser novamente curado com pontos, em tais atentados, nos quais o suicida, se ainda é salvo, geralmente se || alegra e nunca mais os tenta, trata-se de um desespero covarde procedente da fraqueza, não de um desespero vigoroso, o qual ainda requer força da disposição de ânimo para semelhante ato.

Nem sempre são almas meramente abjetas e indignas que resolvem se livrar de tal maneira do peso da vida: ao contrário, não se deve

---

[5] Essa palavra deveria ser propriamente escrita *Dräustigkeit* (de *Dräuen* ou *Drohen* [ameaçar]) e não *Dreistigkeit*, porque o tom ou mesmo a fisionomia de um semelhante indivíduo deixa os outros receosos de que também possa ser grosseiro. Do mesmo modo se escreve *liederlich* por *lüderlich*, porque a primeira significa um leviano, travesso, mas de resto não inútil e de boa índole, mas a segunda um homem réprobo, que repugna aos outros (da palavra *Luder* [ladrão, tratante]). (N.A.)

[6] Frederico, o Grande. (K.) (N.T.)

Cf. Büsching, Anton Friedrich. *Character Friedrichs des Zweyten, Königs von Preußen*. [O caráter de Frederico II, rei da Prússia]. 2. ed., Karlsruhe, 1789, p. 431 — nesta página há uma informação do próprio "Frederico, o Grande" de que durante sete anos de guerra ele carregou um veneno. (N.T.)

temer facilmente semelhante ato daquelas que não têm sentimento algum da verdadeira honra. — Entretanto, como o ato permanece sempre hediondo e, por intermédio dele, o homem faz de si mesmo um monstro, é digno de nota que, em épocas em que a injustiça pública é declarada legal por um Estado revolucionário (por exemplo, o comitê de salvação pública da República francesa), homens honrados (por exemplo, Roland)[7] tenham procurado se antecipar à execução legal por meio do suicídio, que eles mesmos teriam declarado reprovável num Estado constitucional. A razão disso é a seguinte: há em toda execução *legal* algo de ultrajante, porque é uma *penalidade*, e se a execução é injusta, então aquele que é vítima da lei não pode reconhecê-la como *merecida*. Mas ele demonstra isso pelo fato de que, tendo sido condenado, prefere optar pela morte como um homem livre e atentar contra a própria vida. Por isso também alguns tiranos (como Nero) consideravam um favor permitir ao condenado que se matasse, visto que então ocorreria com mais honra. — — Não pretendo, porém, defender a moralidade desse ato.

A coragem do guerreiro é, todavia, muito distinta da do duelista, por mais que o *duelo* seja tolerado pelo governo, e por mais que a defesa pessoal contra ofensas, sem no entanto estar publicamente permitida por lei, tenha de certo modo se tornado questão de honra no exército, na qual o comandante não se mete. — Fazer vistas grossas para o duelo é um princípio terrível, sobre o qual o chefe de Estado não refletiu adequadamente, pois há também sujeitos indignos que colocam a própria vida em jogo para valerem alguma coisa, e que, ao correrem perigo, não estão em absoluto pensando em fazer algo pela conservação do Estado.

Bravura é coragem *conforme* a lei, que não teme perder nem mesmo a vida naquilo que o dever manda. Tal bravura não é constituída apenas pelo destemor, mas a irrepreensibilidade moral (*mens conscia recti*)[8] tem de estar ligada a ela, como no cavaleiro Bayard (*chevalier sans peur et sans reproche*).[9]

---

[7] A razão pela qual o conhecido ministro girondino Roland de la Ratière se matou com sua espada em 15 de novembro de 1793, é hoje procurada na dor que lhe causou, uma semana antes, a execução de sua mulher (a conhecida Madame Roland). (V.) (N.T.)
[8] "Espírito consciente do direito." (N.T.)
[9] "Cavaleiro sem medo e irreprochável". (N.T.)

Das afecções que enfraquecem a si mesmas no que concerne a seus fins
(*Impotentes animi motus*)

§ 78

As afecções de ira e de vergonha têm algo de próprio: enfraquecem a si mesmas no que concerne a seus fins. São sentimentos, despertados repentinamente, de um mal como ofensa, os quais todavia, por sua veemência, tornam ao mesmo tempo o indivíduo incapaz de repeli-lo.

A quem se deve temer mais: àquele que, presa de forte ira, *empalidece*, ou àquele que e*nrubesce*? O primeiro é temível de imediato; o segundo, tanto mais temível posteriormente (devido à sede de vingança). Na primeira situação, o homem que saiu de si se assusta consigo mesmo, por ter sido arrebatado à violência no uso de sua força, violência de que mais tarde poderá se arrepender. Na segunda situação, o susto subitamente se transforma em medo de que a consciência da incapacidade de se defender sozinho possa se tornar *visível*. — Ambas afecções, se podem encontrar alívio com a mente se controlando prontamente, não são prejudiciais à saúde, mas onde isso não ocorre, em parte são perigosas para a própria vida, em parte, quando seu ímpeto é detido, deixam atrás de si um rancor, isto é, uma humilhação por não se ter comportado com decoro diante de uma ofensa, humilhação que, entretanto, seria evitada se elas pudessem ser traduzidas em palavras. Mas ambas afecções são de tal espécie, que fazem emudecer e se apresentam, por isso, sob uma luz desvantajosa.

É possível desabituar-se da *fúria* mediante disciplina interna da mente, mas na vergonha a fraqueza de um sentimento de honra ultra-sensível não se deixa tão facilmente eliminar. Pois, como diz Hume[10] (ele próprio acometido desta debilidade — o acanhamento para falar em público), se a primeira tentativa de ser audaz fracassa, isso só torna o indivíduo ainda mais tímido, e não há outro remédio a não ser fazer com que o juízo dos outros sobre nós vá aos poucos perdendo sua suposta importância, colocando-nos, com isso, interiormente em pé de igualdade com eles, a começar pelas pessoas de nossas relações cujo juízo sobre a decência é de pouca relevância. Esse hábito leva à *sinceridade*, que está a igual distância do acanhamento e da *insolência* ofensiva.

Simpatizamos, sem dúvida, com a *vergonha* do outro como uma dor, mas não com a *ira* dele, se nos *relata* o que o levou ‖ a ela estando

[10] Hume, D. *Philosophical Works*. v. 4, p. 381, n. 81. (N.T.)

presentemente no mesmo estado de afecção; pois diante de alguém nesse estado não está seguro nem mesmo aquele que escuta seu relato (de uma ofensa sofrida).

Espanto (embaraço de se encontrar diante do inesperado) é uma excitação do sentimento que primeiro obstrui o jogo natural dos pensamentos, sendo, portanto, desagradável, mas depois propicia tanto mais que os pensamentos afluam à representação inesperada e, por isso, é agradável; essa afecção, todavia, só se chama propriamente *assombro* se ao mesmo tempo é incerto se a percepção ocorre em vigília ou em sonho. Um novato no mundo se espanta com tudo, mas quem chegou a conhecer o curso das coisas mediante experiência reiterada, toma por princípio não se espantar com nada (*nihil admirari*). Quem, pelo contrário, persegue refletidamente, com olhar perscrutador, a ordem da natureza na grande diversidade dela, é tomado de *assombro* perante uma sabedoria com a qual não contava: uma admiração da qual não pode se livrar (espantar-se bastante), mas essa afecção é excitada somente pela razão, e é uma espécie de estremecimento sagrado ao ver se abrir, diante dos próprios pés, o abismo do supra-sensível.

Das afecções pelas quais mecanicamente a natureza faz bem à saúde

§ 79

A natureza faz bem à saúde, mecanicamente, por meio de algumas afecções. A estas pertencem principalmente o *riso* e o *choro*. A ira, quando se pode ralhar bravamente (mas sem temer resistência), é sem dúvida um meio bastante seguro para a desopilação, e muitas donas-de-casa não têm outra moção <*Motion*> interna que ralhar com os filhos e com a criadagem; do mesmo modo também se os filhos e a criadagem se comportam pacientemente, um cansaço agradável da força vital se propaga uniformemente pela máquina; esse meio, contudo, não é sem perigo, porque se deve temer a resistência dos que convivem na casa.

O *riso* bonachão (não malicioso, sem amargura) é, em compensação, mais apreciado e proveitoso, pois é aquele que se devia recomendar ao rei da Pérsia que instituiu um prêmio para || "quem inventasse um novo divertimento". — Ocorrendo de maneira intermitente (como que convulsivamente), a expiração de ar (da qual o espirro é só um efeito menor, ainda que também vivificante, quando seu estrépito pode ressoar sem obstáculo) *intensifica* o sentimento da força vital pelo movimento saudável do diafragma. Ora, não importa se aquele que nos faz rir é um palhaço pago (arlequim) ou um gozador astuto, que, fazendo parte do grupo de amigos, não parece ter nenhuma maldade, "sabe esconder o jogo" e não ri junto com os demais, mas, com aparente ingenuidade, desfaz subitamente a tensão de uma expectativa (tal como se solta uma corda tensa): o riso é sempre uma vibração dos músculos que tomam parte na digestão, e a estimula muito mais que a sabedoria do médico. Uma grande tolice cometida por um engano da faculdade de julgar também pode provocar exatamente o mesmo efeito — mas, com certeza, às custas do pretenso sabichão.[11]

Da mesma maneira, o *choro*, respiração (convulsiva) entremeada de soluços, quando acompanhado de profusão de lágrimas é, como lenitivo, uma precaução da natureza em benefício da saúde, e uma viúva que, como se diz, não quer se deixar consolar, isto é, não quer ver as lágrimas estancar, cuida, sem saber ou no fundo sem querer, de sua saúde. Um acesso de ira nesse estado logo impediria essa efusão, mas para prejuízo da pessoa, embora não só a tristeza, mas também a ira possa fazer mulheres e crianças verter lágrimas. — Pois o *sentimento de impotência* contra um mal numa forte afecção (de ira ou de tristeza) invoca o auxílio de signos naturais exteriores, que então também ao menos desarmam uma alma masculina (segundo o direito do mais fraco). Entretanto, essa expressão da delicadeza como fraqueza do sexo não pode comover o *homem* compassivo até o choro, mas apenas até que lágrimas lhe marejem os olhos, porque no primeiro caso atentaria contra o próprio sexo e assim, com sua feminilidade, não serviria de proteção à parte mais frágil, mas no segundo caso não demonstraria ao outro sexo o compadecimento que sua masculinidade exige dele como dever, a saber, o de tomá-lo sob sua proteção, o que está implícito no

---

[11] Exemplos disso podem ser dados em quantidade. Contudo, quero citar apenas um que ouvi da boca da falecida condessa de K.-g.,* uma dama que era a glória de seu sexo. Estava de visita a sua casa o conde *Sagramoso*, que tinha então a missão de cuidar da instalação da ordem dos Cavaleiros de Malta na Polônia (segundo a ordenação de Ostrog), e por acaso também ali fora um professor, natural de Königsberg, mas empregado em Hamburgo como curador e inspetor de gabinetes de história natural de alguns ricos comerciantes que cultivam essa paixão; a este, que visitava seus parentes na Prússia, o conde, para ter o que falar, disse em seu alemão estropiado: "Eu tive em Hamburgo uma tia <Ant>, mas ela morreu". De pronto o professor tomou a palavra e perguntou: "Por que o senhor não a mandou esfolar e empalhar?" Ele tomou a palavra inglesa *ant*,** que significa tia <Tante>, por pato (*Ente*), e porque lhe ocorreu imediatamente que deveria ser um pato muito raro, lamentou a grande perda. É fácil imaginar a risada que esse mal-entendido suscitou. (N.A.)

*) A condessa de Keyserling, cuja casa Kant frequentou. (V.) (N.T.)
**) Escreve-se *aunt*. (V.) (N.T.)

caráter que os livros de cavalaria atribuem ao homem corajoso, caráter que reside justamente em poder dar essa proteção.

Mas por que os jovens gostam mais do drama *trágico* e também preferem encená-lo, por exemplo, quando querem dar uma festa aos pais, enquanto os velhos preferem o drama *cômico* chegando até o burlesco? No primeiro caso, a causa é, em parte, exatamente a mesma que impele as crianças a desafiar o perigo, movidas provavelmente por um instinto da natureza que as leva a testar suas forças; mas em parte também porque, dado o pouco siso da juventude, das impressões terríveis ou que oprimem o coração, não resta, apenas terminada a peça, pesadume algum, mas somente um agradável cansaço após uma forte comoção interna, o qual predispõe novamente para a alegria. Em contrapartida, tal impressão não desaparece tão facilmente entre os mais velhos, que não podem produzir de novo tão facilmente em si essa predisposição para a alegria. Um arlequim de engenho ágil provoca com suas graças uma convulsão salutar no diafragma e nas entranhas deles, convulsão que, junto com a conversação durante o jantar que se seguirá em companhia dos outros, lhes aguça e torna saudável o apetite.

Nota geral

Certos sentimentos corporais internos têm *parentesco* com as afecções, mas não são afecções, porque são somente momentâneos, passageiros, e não deixam vestígios; tal é o *terror* que acomete crianças quando à noite ouvem de suas amas histórias de assombração. — *O calafrio <Schauern>*, como se alguém tomasse um banho de água fria (numa chuva repentina *<Regenschauer>*), também é um deles. Não a percepção do perigo, mas o simples pensamento do perigo — || ainda que se saiba que não existe perigo algum — produz essa sensação, que, quando é um simples susto e não um transporte de medo, não parece ser exatamente desagradável.

A *vertigem* e mesmo o *enjôo* em embarcação parecem pertencer, pela causa, à classe desses perigos ideais. — Por uma tábua sobre a terra se pode avançar sem vacilar, mas se está sobre um abismo ou mesmo, para quem é neurastênico, sobre um fosso, a vã preocupação com o perigo muitas vezes se torna realmente perigosa. A oscilação de um barco, mesmo com vento suave, é uma alternância entre afundar e emergir. Quando se afunda, a tendência natural é se elevar (porque todo afundamento implica em geral a representação de perigo); por isso, o movimento para cima e para baixo do estômago e das entranhas está mecanicamente ligado a uma ânsia de vômito, que aumenta mais ainda se o paciente olha pela janela do camarote, e tem, ora a visão do céu, ora a do mar, pelo que fica ainda mais forte a ilusão de não estar num lugar firme.

Um ator, que é ele mesmo frio, mas de resto possui entendimento e forte capacidade de imaginação, pode com frequência comover mais por emoção afetada (artificial) que por verdadeira. Alguém seriamente apaixonado é embaraçado, desajeitado e pouco atraente diante da amada. Mas alguém que apenas faz papel de *apaixonado* e, além disso, tem talento, pode representá-lo de modo tão natural, que faz a pobre enganada cair inteirinha na sua rede, justamente porque tem o coração despreocupado, a mente clara, e, portanto, está em plena posse do uso livre de sua habilidade e forças para simular muito naturalmente a aparência de amante.

O riso cordial (franco) é (enquanto pertence à afecção de alegria) *sociável*; a chacota maliciosa (irônica) é *hostil*. O distraído (como Terrasson,[12] entrando solene com touca de dormir, em vez da peruca, sobre a cabeça e o chapéu debaixo do braço, totalmente envolvido com a querela sobre a superioridade dos antigos ou dos modernos no que diz respeito às ciências) dá com frequência ensejo ao primeiro; será objeto de *risada*, mas por isso mesmo não de *escárnio*. Sorri-se do *esquisito* que não é insensato, sem que isso lhe custe alguma coisa: ele ri junto.

— Alguém que ri mecanicamente (sem espírito) é insípido e torna a reunião social insulsa. Aquele que não ri, é rabugento ou pedante. Crianças, || principalmente meninas, têm de ser logo habituadas a sorrir francamente e sem constrangimento, pois os traços risonhos do rosto se imprimem pouco a pouco também no interior e fundam uma *disposição* para a alegria, amabilidade e sociabilidade, que prepara desde cedo para uma intimidade com a virtude da benevolência.

Escolher alguém em sociedade como alvo de brincadeira (fazer caçoada dele), sem, todavia, ser mordaz (zombaria sem ofensa), brincadeira contra a qual o outro está preparado para pagar com a mesma moeda e, assim, pronto para provocar uma risada alegre, é uma vivificação cordial que, ao mesmo tempo, cultiva a sociedade. Mas se isso sucede às custas de um simplório, que, como uma bola, se arremessa ao outro, então a risada, sendo maliciosa, é ao menos indelicada; e se sucede a um parasita que, por amor à pândega, permite façam de si um jogo maligno ou um tolo, então o riso é prova de mau gosto, tanto quanto de embo-

---

[12] O abade e erudito francês Jean Terrason (1670-1750), membro da Acadêmia francesa. (V.) (N.T.)

tamento do senso moral daqueles que dele podem rir às gargalhadas. Mas a situação de um bobo da corte, que, para sacudir beneficamente o diafragma, deve temperar com risada a refeição de sua majestade fazendo alusões picantes a seus mais distintos servidores, está, dependendo como é tomada, *acima* ou *abaixo* de toda crítica.

Das paixões

§ 80

A *possibilidade* subjetiva do surgimento de um certo desejo, que precede a representação de seu objeto, é *propensão* (*propensio*); — a *coação* interna da faculdade de desejar para possuir esse objeto, antes de conhecê-lo, é *instinto* (como impulso de acasalamento ou impulso paternal dos animais de proteger suas crias etc.). — O desejo sensível que serve de regra (hábito) ao sujeito chama-se *inclinação* (*inclinatio*). — A inclinação pela qual a razão é impedida de comparar essa inclinação com a soma de todas as inclinações em vista de uma certa escolha, é a *paixão* (*passio animi*).

Percebe-se facilmente que as paixões são altamente prejudiciais à liberdade, porque se deixam unir à mais tranquila reflexão e, portanto, não devem ser inconsideradas como a afecção, nem tampouco turbulentas e passageiras, mas podem deitar raízes e coexistir mesmo com a argumentação sutil —, e se afecção || é uma *embriaguez*, paixão é uma *doença* que tem aversão a todo e qualquer medicamento e, por isso, é muito pior que todas aquelas comoções passageiras da mente, que ao menos estimulam o propósito de se aperfeiçoar; ao contrário destas, a paixão é um encantamento que exclui também o aperfeiçoamento.

Designa-se a paixão com a palavra *mania* (ambição, sede de vingança, desejo de poder etc.), exceto a do amor, quando não se está *enamorado*. A causa é que esse último desejo simultaneamente cessa quando satisfeito (mediante o gozo), ao menos em relação à mesma pessoa, e portanto pode-se apresentar como paixão um estar apaixonadamente enamorado (enquanto a outra parte persiste na negativa), mas não o amor físico, porque este não contém um princípio *constante* em relação ao objeto. A paixão pressupõe sempre uma máxima do sujeito, de agir segundo um fim que lhe é prescrito pela inclinação. Está, portanto, sempre ligada à razão do sujeito: não se podem atribuir paixões aos meros animais nem tampouco aos puros seres racionais.

Visto que nunca são plenamente satisfeitas, a ambição, a sede de vingança etc. fazem por isso mesmo parte das paixões, como doenças contra as quais só existem meios paliativos.

§ 81

As paixões são cancros para a razão prática pura e na sua maior parte incuráveis, porque o doente não quer ser curado e se subtrai à ação do princípio unicamente por meio do qual isso pode ocorrer. Também na esfera prático-sensível, a razão vai do universal ao particular não segundo o princípio de contentar uma única inclinação colocando todas as demais na sombra ou de lado, mas de observar se aquela pode coexistir com a soma de *todas* as inclinações. — O *desejo de glória* de um homem sempre pode ser uma direção de sua inclinação aprovada pela razão, mas o ávido de glória também sempre quer ser amado pelos outros, ele necessita do relacionamento agradável com os demais, da conservação de sua fortuna e coisas semelhantes. Se, porém, é *apaixonadamente* ávido de glória, ele é cego para esses fins aos quais igualmente é conduzido por suas inclinações, e que seja odiado pelos outros, ou que fujam do contato com ele, ou que corra o risco de empobrecer por seus gastos — isso tudo ele não o vê. É loucura (fazer, de uma *parte* de seus fins, o *todo*), que contradiz diretamente a razão mesma em seu princípio formal.

|| As paixões, por isso, não são meramente, como as afecções, disposições *infelizes* da mente, que fomentam muitos males, mas também são, sem exceção, *más*, e o desejo em sua melhor índole, ainda que se dirija àquilo que pertence (segundo a matéria) à virtude, por exemplo, à caridade, tão logo redunde em paixão, não é apenas (segundo a forma) *pragmaticamente* ruinoso, mas também *moralmente* reprovável.

A afecção abole momentaneamente a liberdade e o domínio sobre si mesmo. A paixão renuncia a eles e encontra seu prazer e satisfação no servilismo. Visto, não obstante, que a razão não cessa de convocar a liberdade interna, então o infeliz suspira em seus grilhões, dos quais, entretanto, não pode se arrancar, porque estão por assim dizer, intimamente atados a seus próprios membros.

As paixões, não obstante, também tiveram seus enaltecedores (pois onde não se encontrarão eles, se a maldade nos princípios encontrou espaço?), e se diz: "Nunca se realizou algo de grande no mundo sem paixões violentas, e a Providência mesma as plantou sabiamente como molas na natureza humana".[13] — Isso bem pode ser concedido às muitas *inclinações*, sem as quais a natureza viva (mesmo a do homem) não pode passar, como uma necessidade natural e animal. Mas a Providência não quis que pudessem, e nem mesmo que devessem, se tornar *paixões*, e representá-las sob esse ponto de vista pode ser perdoado a um poeta (para dizer com Pope: "Ora, se a razão é um ímã, as paixões são ventos"),[14] mas o filósofo não deve admitir esse princípio em si, nem mesmo para exaltá-las como uma disposição provisória da Providência, que intencionalmente a teria posto na natureza humana antes que o gênero humano alcançasse o grau adequado de civilização.

Divisão das paixões

Elas são divididas em paixões da inclinação *natural* (inatas) e paixões da inclinação procedentes da *civilização* dos seres humanos (adquiridas).

As paixões do **primeiro** gênero são a *inclinação à liberdade* e a *inclinação sexual*, ambas ligadas a afecção. As do **segundo** gênero são a ambição, desejo de poder e cobiça, que não estão ligadas à impetuosidade de uma afecção, mas à persistência de uma máxima dirigida a certos fins. Aquelas podem ser denominadas *inflamadas* (*passiones ardentes*); estas, como a avareza, paixões *frias* (*frigidae*). Mas todas as paixões são sempre desejos dirigidos apenas de homens a homens, não a coisas, e sem dúvida se pode ter muita inclinação a utilizar um campo fértil ou uma vaca, mas não *afecção* (que consiste na inclinação à *comunidade* com outros), e muito menos uma paixão.

A
Da inclinação à liberdade como paixão

§ 82

Dentre todas é a mais violenta no homem natural, num estado em que ele não pode evitar o confronto entre suas reivindicações e as dos outros.

Quem só pode ser feliz conforme a escolha de um *outro* (por mais benévolo que este possa ser), sente-se, com razão, infeliz. Pois, que

---

[13] Conforme conjecturas de Külpe, Kant aqui teve em vista Helvetius (*De l'esprit*, III, 6, 8) já que, sem dúvida, não sabia ainda da conhecida sentença de Saint-Simon. (V.) (N.T.)
[14] Alexander Pope: *Essay on Man*, II, 108. (K.) (N.T.)

garantia tem ele de que o juízo de seu poderoso semelhante concorda com o seu? O selvagem (ainda não habituado à submissão) não conhece maior infelicidade que cair nesta, e com razão, enquanto uma lei pública não lhe dê segurança; até que aos poucos a disciplina o tenha feito resignar-se a ela. Daí seu estado de guerra constante, cuja intenção é manter os demais tão longe de si quanto possível e viver disperso pelos desertos. A criança que acaba de ser tirada do ventre materno parece entrar no mundo gritando, diferentemente de todos os outros animais, porque vê como coerção sua incapacidade de se servir de seus membros, e anuncia no mesmo instante seu direito à liberdade (da qual nenhum outro animal tem uma representação).[15] — Povos nômades, por exemplo, os árabes, ‖ não estando fixados em solo algum (na condição de povos pastoris), são tão fortemente afeiçoados a seu modo de vida, ainda que este não seja completamente livre de coerção, e têm ainda um espírito tão elevado para olhar com desprezo para os povos *sedentários*, que as dificuldades inseparavelmente ligadas a esse modo de vida não foram, por milênios, capazes de afastá-los dele. Os meros povos caçadores (como os *olenni-tungues*)[16] inclusive se enobreceram mediante esse sentimento da liberdade (separados de outras tribos a eles aparentadas). — Assim, o conceito de liberdade sob leis morais não apenas desperta uma afecção, denominada entusiasmo, mas a mera representação sensível da liberdade exterior aumenta a inclinação de persistir nela ou, pela analogia com o conceito de direito, a amplifica até torná-la uma paixão impetuosa.

---

[15] Lucrécio, como poeta, interpreta esse fenômeno de fato notável no reino animal de outra maneira:
Vagituque locum lugubri completut, aecumst
cuoi tantumin vita restet transire malorum!‖
Essa previsão, todavia, a criança recém-nascida não a pode ter, mas que nela o sentimento de incômodo não procede da dor corporal, e sim de uma ideia obscura (ou representação análoga a esta) da liberdade e do obstáculo a ela, a *injustiça*, isso se descobre pelas *lágrimas* que vêm se unir ao grito alguns meses após o nascimento, o que revela uma espécie de amargura, quando se esforça por se aproximar de certos objetos ou simplesmente por modificar seu estado, e se sente impedida de fazê-lo. — Esse impulso a ter vontade própria e a apreender o impedimento como uma ofensa também se distingue especialmente por seu tom e deixa transparecer uma maldade que a mãe se vê obrigada a castigar, mas habitualmente se replica a isso com gritos ainda mais veementes. Exatamente o mesmo sucede quando cai por sua própria culpa. Os filhos de outros animais brincam, os do ser humano brigam prematuramente uns com os outros, e é como se um certo conceito de direito (referente à liberdade externa) se desenvolvesse ao mesmo tempo que a animalidade e não se aprendesse pouco a pouco. (N.A.)
* Lucrécio: *De rerum natura*, V, 227-226 e segs. [E enche o lugar com gritos tristes — como cumpre àquele a quem ainda tem de passar muito mal pela vida!] (V.) (N.T.)
[16] Povo natural da Sibéria. Sobre ele ver § 32, nota da tradução. (N.T.)

Nos meros animais, mesmo a inclinação mais veemente (por exemplo, da cópula) não se denomina paixão, porque não possuem razão, a única que fundamenta o conceito da liberdade e com a qual a paixão entra em colisão, paixão cujo surgimento pode, portanto, ser imputado ao ser humano. — Diz-se realmente de seres humanos que amam *apaixonadamente* certas coisas (a bebida, o jogo, a caça) ou as odeiam (por exemplo, o almíscar, a aguardente), mas essas diversas inclinações ou aversões não recebem o nome de *paixões*, porque são somente outros tantos instintos diferentes, isto é, *meros padecimentos* da faculdade de desejar e, por isso, não merecem ser classificadas como *coisas* (das quais existem inúmeras) conforme os objetos da faculdade de desejar, mas conforme o || princípio do uso ou do abuso que os homens fazem entre si de sua pessoa e de sua liberdade, porque um homem faz de outro um mero meio para seu fim. — As paixões se dirigem propriamente apenas aos seres humanos, e também apenas por eles poderão ser satisfeitas.

Essas paixões são *ambição, desejo de poder e cobiça*.

Porque são inclinações que se dirigem meramente à posse dos meios de satisfazer todas as inclinações que dizem respeito imediatamente ao fim, elas têm nessa medida o aspecto da razão, a saber, de aspirar à ideia de uma capacidade vinculada à liberdade, unicamente por meio da qual podem ser alcançados fins em geral. A posse dos meios para se conseguir *quaisquer* propósitos certamente se estende muito além de uma inclinação voltada para algo particular e para a satisfação dela. — Por isso, elas também podem ser denominadas inclinações da ilusão, que consistem nisto: avaliar como sendo iguais a mera opinião dos outros sobre o valor das coisas e o valor real delas.

270

B
Do desejo de vingança como paixão

§ 83

Como as paixões só podem ser inclinações de seres humanos voltadas para seres humanos, desde que estas se dirigem a fins concordantes ou conflitantes uns com os outros, isto é, são amor ou ódio; como, porém, o conceito de direito, porque provém imediatamente do conceito da liberdade externa, é um impulso muito mais importante e move muito mais fortemente a vontade que o da benevolência, então o ódio, surgindo de injustiça sofrida, ou seja, o *desejo de vingança* é uma paixão que provém irresistivelmente da natureza do homem, e, por malvada que seja, é a máxima da razão — em virtude do lícito *desejo de justiça*, de que aquela é um análogo — misturada à inclinação, e precisamente por isso é uma das paixões mais impetuosas e mais profundamente arraigadas, que, quando parece estar extinta, sempre deixa ainda sobrar um resto de um ódio, chamado *rancor*, como um fogo que arde sob a cinza.

O *desejo* de estar num estado e numa relação com os seus próximos em que pode ser dado a cada um o que manda o direito, não é, sem dúvida, paixão, e sim um fundamento-de-determinação || do livre-arbítrio pela razão prática pura. Mas a *excitabilidade* dele pelo mero amor-próprio,[17] isto é, apenas para seu proveito e não em favor de uma legislação para todos, é um impulso sensível do ódio, não da injustiça, mas do que é *injusto* conosco: como tem por base uma ideia, ainda que com certeza aplicada egoisticamente, essa inclinação (de perseguir e destruir) transforma o desejo de justiça contra o ofensor em paixão de retaliação, que com frequência é violenta até a loucura de expor a si mesmo à ruína, se o inimigo não se põe a salvo, e torna esse ódio hereditário inclusive entre os povos (na vingança de sangue), porque como se diz, o sangue do ofendido, mas ainda não vingado, *clama vingança* até que o sangue inocentemente derramado seja novamente lavado com sangue — mesmo que seja o de um descendente inocente.

C
Da inclinação ao poder de ter influência sobre outros seres humanos em geral

§ 84

Essa inclinação é a que mais se aproxima da razão técnico-prática, isto é, da máxima da prudência.[18] — Pois ter em seu poder as inclinações dos outros homens para poder dirigi-las e determiná-las segundo as próprias intenções é quase tanto quanto estar de *posse* dos outros, como se fossem simples instrumentos da própria vontade. Não é de admirar que a aspiração a um tal *poder* de influência sobre os outros se torne paixão.

Esse poder contém como que uma tripla potência: *reputação*, *autoridade* e *dinheiro*; quando se está de posse deles, com eles se consegue,

---

[17] Apesar de Kant nessa passagem utilizar o termo *Selbstliebe* — comumente traduzido por amor-de-si —, aqui não se trata do amor racional, mas do amor sensível, egoísta. Daí porque a tradução de *Selbstliebe* por amor-próprio. (N.T.)

[18] É assim que de hábito se traduz *Klugheitsmaxime*. Nesta seção, todavia, não se pode perder de vista que a palavra *Klugheit* também tem o sentido de "esperteza" (sendo assim traduzida no parágrafo seguinte). (N.R.)

se não por meio de uma dessas influências, ao menos por meio de outra, abordar um homem qualquer e utilizá-lo para os próprios propósitos.
— As inclinações para isso, quando se tornam paixões, são *ambição, desejo de dominação* e *cobiça*. Sem dúvida que aqui o homem é tapeado (enganado) por suas próprias inclinações, e no uso de tais meios perde seu fim-último; aqui, porém, não falamos de *sabedoria*, que não consente paixões, e sim apenas da *esperteza* com que se podem manipular os tolos.
Mas as paixões em geral, por veementes que possam ser como || 272 móbiles sensíveis, são puras *fraquezas* no que diz respeito àquilo que a razão prescreve ao ser humano. A capacidade do homem inteligente de utilizar aquelas inclinações para seus propósitos deve ser, por isso, relativamente tanto menor quanto maior é a paixão que domina os outros homens.

A ambição é a fraqueza dos seres humanos devido à qual se pode ter influência sobre eles pela *opinião*, o desejo de dominação, pelo *temor* deles e a cobiça, pelo próprio *interesse* deles. — São sempre um servilismo por meio do qual um outro, se se apodera do indivíduo, tem o poder de utilizar-se dele, pelas inclinações deste, para os próprios propósitos. — Mas a consciência desse poder em si e da posse dos meios para satisfazer suas inclinações excita ainda mais a paixão que a utilização deles.

a
Ambição

§ 85

Não é *amor à honra*, uma alta estima que o ser humano pode esperar de outros por seu valor interno (moral), mas empenho pela *reputação*, onde a aparência basta. A soberba (pretensão de que os outros se menosprezem em comparação conosco, uma tolice que atua contra seu próprio fim), — a soberba, digo, precisa apenas ser *adulada* e então se tem, por essa paixão do tolo, poder sobre ele. Os aduladores,[19] senhores que não têm opinião própria, que dão com prazer a última palavra a um

---

[19] A palavra *Schmeichler* <adulador> devia significar muito primitivamente *Schmiegler* (alguém que se rebaixa), que manda como bem entende num poderoso cheio de si, devido ao próprio orgulho deste; assim como a palavra *hipócrita* <*Heuchler*> (que propriamente devia se escrever *Häuchler*), devia significar um impostor que, com *suspiros* entremeados entre suas falas, finge sua devota humildade perante um eclesiástico poderoso. (N.A.)

homem importante, alimentam essa paixão que o torna fraco e arruinam os grandes e poderosos que se entregam a essa magia.

Soberba é um desejo de honra frustrado, que atua contra seu próprio fim e não pode ser considerado como um meio deliberado de usar outros homens || (os que ela afasta de si) para os seus fins; o soberbo, pelo contrário, é instrumento dos malandros, que o denominam tolo. Uma vez um comerciante muito sensato e honrado me perguntou: "Por que o soberbo também é sempre abjeto?" (ele tinha, pois, feito a experiência: alguém que ostentava sua riqueza como um poder superior nos negócios, se mais tarde perdia sua fortuna, não tinha nenhum escrúpulo em rastejar). Minha opinião foi esta: como soberba é a pretensão de que um outro *despreze* a si mesmo em comparação com o soberbo, e como um tal pensamento não pode ocorrer senão àquele que se sente disposto para a abjeção, a soberba já em si mesma daria um sinal infalível prenunciando a abjeção de tais homens.

b
Desejo de dominação

Essa paixão é, em si, injusta e sua exteriorização põe tudo contra ela. Mas ela começa pelo temor de se ser dominado pelos outros e pensa em se colocar a tempo em vantagem de poder sobre eles, o que é sempre um meio duvidoso e injusto de utilizar outros homens para os próprios propósitos, porque em parte leva à resistência e é *imprudente* <unklug>, em parte é contrária à liberdade sob leis, que todos podem reivindicar, e é *injusta*. — Mas no que diz respeito à arte de dominar *mediatamente*, por exemplo, a do sexo feminino por meio do amor que infunde ao masculino, a fim de usá-lo para seus propósitos, ela não está incluída neste item, porque não comporta violência alguma, mas sabe dominar e cativar o seu súdito por meio da própria inclinação deste. — Não que a parte feminina de nossa espécie esteja livre da inclinação a dominar a masculina (justamente o contrário é verdade), e sim porque não se serve, para esse fim, do mesmo *meio* que a parte masculina, a saber, da prerrogativa da *força* (que é entendida aqui pela palavra *dominar*), mas do *atrativo* contido na inclinação que a outra parte tem de ser dominada.

c
Cobiça

O dinheiro é a solução, e àquele a quem Plutão favorece abrem-se todas as portas que estão fechadas para o *menos* rico. A invenção desse meio que, aliás, não tem outra utilidade (ou ao menos não deve ter) a não ser servir meramente ao intercâmbio das atividades dos seres humanos, mas com isso também de todos os bens físicos entre eles, principalmente depois que são representados por metais, produziu uma cobiça que por último, mesmo sem o gozo da mera posse e inclusive com a renúncia (do avaro) a todo uso dele, contém um poder que se crê seja suficiente para substituir a falta de qualquer outro. Essa paixão, inteiramente insípida, embora nem sempre moralmente reprovável, dirigida de forma meramente mecânica e imputada principalmente à idade (como compensação a sua impotência natural), e que também deu àquele meio universal,[20] por sua grande influência, pura e simplesmente o nome de *possibilidades*, é uma paixão tal que, quando sobrevém, não permite alteração, e se a primeira das três é *odiada*, a segunda, *temida*, esta terceira é *desprezada*.[21]

Da inclinação à ilusão como paixão

§ 86

Por *ilusão*, como um móbil dos desejos, entendo a ilusão prática interna de tomar, por objetivo, o que é subjetivo na motivação. — A natureza requer de tempos em tempos estímulos mais intensos da força vital, para reavivar a atividade do ser humano, a fim de que ele não perca, na mera *fruição*, o sentimento da vida. Para tal fim ela mui sábia e benevolentemente faz com que o homem preguiçoso por natureza considere objetos de sua imaginação fins reais (formas de obter honra, poder e dinheiro), os quais lhe proporcionam bastante || *trabalho* e lhe dão muito o que *fazer* com o *não-fazer-nada*; aqui, o interesse que o ser humano tem por esses fins é um interesse da mera ilusão e, portanto, a natureza joga realmente com ele e estimula-o (o sujeito) ao seu fim, embora ele esteja convencido (objetivamente) de que foi ele quem estabeleceu um

---
[20] O dinheiro. (N.R.)
[21] Aqui o desprezo deve ser entendido em sentido moral; pois no sentido civil, se é verdade, como diz Pope, que "o diabo cai numa chuva de ouro de cinquenta por cento sobre o usurário, e se apodera de sua alma", a grande multidão antes *admira* o homem que demonstra tão grande sabedoria mercantil. (N.A.)

fim próprio para si. — Justamente porque nelas a fantasia é espontamentamente criadora, essas inclinações da ilusão são apropriadas a se tornar *apaixonadas* no mais alto grau, principalmente quando pensadas em vista de uma *rivalidade* entre os homens.

Os jogos de bola dos meninos, as lutas, as corridas, as brincadeiras de soldado, além disso, os dos homens no jogo de xadrez e de cartas (onde, nos primeiros, o propósito é a mera superioridade do entendimento e, nos segundos, o puro ganho); finalmente, os jogos do cidadão que tenta sua sorte nas sociedades públicas com o *faro*[22] ou com dados —, todos eles são inconscientemente estimulados pela sábia natureza à empreitada de testar suas forças em disputa com outros, a fim propriamente de que a força vital em geral se preserve da extenuação e se mantenha ativa. Dois desses antagonistas crêem jogar um contra o outro, porém de fato a natureza joga com ambos, do que a razão pode claramente convencê-los se refletem como os meios escolhidos por eles se ajustam mal a seus fins. — Mas o bem-estar, enquanto dura esse estímulo, porque se irmana com ideias (ainda que mal interpretadas) provocadas pela ilusão, é precisamente por isso a causa de uma propensão à paixão mais veemente e duradora.[23]

As inclinações da ilusão tornam supersticioso o homem fraco, e fraco, o supersticioso, isto é, inclinado a esperar efeitos interessantes de circunstâncias que não podem ser *causas naturais* (de temer ou de esperar algo). Caçadores, pescadores e também jogadores (principalmente de loterias) são supersticiosos, e a ilusão que induz ao *engano* de tomar o subjetivo pelo objetivo, a disposição do sentido interno por conhecimento das coisas mesmas, torna ao mesmo tempo compreensível a propensão à superstição.

Do sumo bem físico

§ 87

No estado saudável, a maior fruição sensível, que não contém absolutamente nenhuma mescla de repugnância, é o *repouso após o trabalho*. — Nesse estado, a propensão ao repouso, sem trabalho anterior, é *preguiça*. — Todavia, uma resistência um tanto longa para voltar aos

---

[22] Jogo de azar. (N.T.)
[23] Em Hamburgo, um homem que perdeu no jogo uma fortuna considerável passava o tempo vendo os outros jogarem. Um outro lhe perguntou como se sentia quando pensava ter um dia possuído tal fortuna. O primeiro respondeu: "Se a possuísse uma vez mais, não saberia um modo mais agradável de empregá-la". (N.A.)

negócios, e o doce *far niente* para recobrar forças não é preguiça, porque a gente pode *se ocupar* de forma agradável e, não obstante, útil (inclusive no jogo); e alternar trabalhos também oferece, segundo a natureza específica deles, repouso de diversos modos, porque voltar a um trabalho difícil que se deixou inacabado requer, ao contrário, muita resolução.

Dos três vícios, *preguiça, covardia* e *falsidade*, o primeiro parece ser o mais desprezível. Nesse juízo pode-se, no entanto, frequentemente ser muito injusto para com o ser humano. Pois a natureza também colocou sabiamente uma aversão ao trabalho contínuo no instinto de muitos sujeitos, instinto salutar para eles tanto quanto para os outros, porque este não suportaria, sem esgotamento, um dispêndio de forças longo ou muitas vezes repetido, e necessitaria de certas pausas de descanso. Por isso, não sem razão *Demétrio*[24] também sempre fazia destinar um altar a essa deidade maligna (a preguiça), já que, se a *preguiça* não se intrometesse, a maldade *incansável* cometeria no mundo muito mais perversidades do que há agora; se a *covardia* não se apiedasse dos seres humanos, a belicosa sede de sangue logo os aniquilaria, e se não existisse a *falsidade* [pois entre o grande número de malvados reunidos num complô (por exemplo, num regimento) sempre haverá um que o delatará], Estados inteiros seriam logo destruídos devido à maldade inata à natureza humana.

Os mais fortes impulsos da natureza, que substituem a razão invisível (do regente do mundo), a qual cuida universalmente do gênero humano mediante uma natureza superior, o bem físico do mundo, sem que a razão humana possa atuar nisso, são *amor* à *vida* e *amor sexual*: o primeiro para manter o indivíduo, o segundo para manter a espécie, porque por meio da união dos sexos a vida de nossa espécie dotada de razão se conserva *progredindo* no todo, apesar de trabalhar deliberadamente em sua própria *destruição* (por meio de guerras), destruição, porém, que não impede as criaturas racionais em cultura sempre crescente ‖ de representar inequivocamente em projeção ao gênero humano um estado de felicidade nos séculos vindouros, do qual não mais se retrocederá.

277

---

[24] Talvez seja pensado aqui o escritor e político ateniense Demétrio de Falera (350-280). (V.) (N.T.)

Do sumo bem físico-moral

§ 88

As duas espécies de bem, o *físico* e o *moral*, não podem se *misturar*, pois assim se neutralizariam e não contribuiriam para o fim da verdadeira felicidade: a inclinação ao *bem-estar* e à *virtude*, uma em luta com a outra, e a restrição do princípio da primeira pelo da última perfazem, ao se encontrarem, todo o fim do ser humano de boa índole, que numa parte é sensível, noutra, porém, moral e intelectual; mas porque na prática é difícil impedir a mistura, ele necessita de uma análise por meios reagentes (*reagentia*) para saber quais são os elementos e a proporção de sua composição que possam, unidos entre si, proporcionar a fruição de uma *felicidade morigerada*.

O modo de pensar que unifica o bem-estar com a virtude nos *relacionamentos é humanidade*. Aqui não se depende do grau do primeiro, porque, para um, isso parece requerer muito, para outro, pouco, mas somente da forma proporcional em que a inclinação para o primeiro deve ser limitada pela lei do último.

A sociabilidade <*Umgänglichkeit*> é também uma virtude, contudo, a *inclinação ao relacionamento* frequentemente se converte em paixão. Mas se a fruição das relações sociais se torna presunçosa pela ostentação, essa falsa sociabilidade cessa de ser virtude e é bem-estar que prejudica a humanidade.

* * *

Música, dança e jogo tornam uma reunião social silenciosa (pois as poucas palavras necessárias para o jogo não estabelecem uma conversação, que requer comunicação recíproca dos pensamentos). O jogo, que, como se afirma, só deve servir para preencher o vazio da ‖ conversação após a refeição, é em geral a coisa que mais importa, como meio de aquisição em que afecções são intensamente agitadas, em que se estabelece uma certa convenção de interesses pessoais para se saquearem uns aos outros com a maior cortesia, e, enquanto dura o jogo, um completo egoísmo é erigido em princípio que ninguém renega: a união do bem-estar social com a virtude e, por conseguinte, a verdadeira humanidade dificilmente poderiam esperar verdadeiro incremento de tal conversação, a despeito de toda cultura que possa introduzir nos modos.

O bem-estar que parece melhor se afinar com tal incremento é *uma boa refeição em boa companhia* (e, se possível, também variada), da qual Chesterfield diz que ela não deve ser inferior ao do número das *Graças* nem superior ao das *Musas*.[25]

Se reúno numa mesa apenas homens de gosto (esteticamente ligados),[26] que têm o propósito de desfrutar juntos não apenas uma refeição, mas também uns aos outros (quando a soma do número deles não pode ser muito superior à do número das Graças), esse pequena sociedade tem de se propor não tanto a satisfação do corpo — que cada um pode ter também isoladamente —, mas o contentamento social, para o qual aquela tem de parecer ser apenas o veículo: nesse caso, aquele número é suficiente para não deixar a conversa se interromper ou mesmo se dividir em pequenos grupos separados entre os comensais que se sentam próximos uns aos outros. Essa última situação não é gosto ‖ de conversação, que sempre envolve cultura, onde um sempre fala com todos (não meramente com seu vizinho); ao contrário, os chamados tratamentos lautos (banquete e comilança) são de todo sem gosto. É evidente que em todas as mesas, mesmo na de uma taverna, o que é dito publicamente por um conviva indiscreto em prejuízo de um ausente, não é para ser usado *fora* dessa sociedade, nem deve ser passado adiante. Pois, mesmo sem um pacto feito especificamente para isso, todo simpósio envolve uma certa inviolabilidade sagrada e dever de discrição sobre aquilo que possa posteriormente embaraçar um dos convivas fora da reunião: porque, sem essa confiança, aniquilar-se-ia o contentamento tão salutar à própria cultura moral em sociedade, e mesmo essa sociedade. — Por isso, se numa *chamada* sociedade pública (pois, a bem da verdade, por maior que seja uma *mesa de convidados* continua sendo apenas uma sociedade privada, e somente a sociedade civil em geral é, na ideia, pública) se dissesse algo prejudicial sobre meu melhor amigo, eu o defenderia e talvez intercederia por minha conta e risco a seu favor, com palavras duras e ásperas, mas não

279

---

[25] Dez numa mesa, porque não se conta o anfitrião que serve os convidados. (N.A.)*

* Este era também o princípio de Kant em seus convites. Lord Chesterfield (1694-1773) é conhecido pelas *Cartas a seu filho*, editadas depois de sua morte (1774). (V.) (N.T.)

[26] Numa mesa festiva, em que a presença das damas restringe por si mesma a liberdade dos senhores àquilo que é civilizado, um súbito silêncio intervindo de quando em quando é um incidente ruim, que ameaça com o tédio, onde ninguém se atreve a propor um assunto novo e adequado para a continuidade da conversa, porque não deve inventá-lo mas buscá-lo nas novidades do dia, as quais porém precisam ser interessantes. Uma única pessoa, principalmente se é a dona da casa, pode frequentemente impedir essa interrupção e manter a conversa constantemente acesa, tal que a conclua, como num concerto, com forte júbilo geral, e seja tanto mais saudável por isso, como no *Banquete* de Platão, do qual o convidado dizia: "Tuas refeições não agradam só quando são saboreadas, mas também sempre que se pensa nelas."* (N.A.)

* Cf. Ateneu, *Deipnosophistae*, X, c. 14. (V.) (N.T.)

me deixaria utilizar como instrumento de divulgação dessa difamação, nem a levaria ao homem que ela pretende atingir. — Não é apenas um *gosto* social que tem de conduzir a conversa, também princípios devem servir ao trânsito aberto entre os homens na troca de seus pensamentos como condição restritiva de suas liberdades.

Aqui, na confiança entre pessoas que comem juntas à mesa, há algo de análogo aos costumes antigos, por exemplo, o do árabe, junto a quem, apenas consiga que lhe dê um único alimento (um gole de água) em sua tenda, o estrangeiro pode contar também com sua segurança; ou quando foi oferecido à imperatriz russa *pão* e *sal* pelos deputados de Moscou partidários dela, e ela, provando-os, pôde estar segura, pelo direito de hospitalidade, contra toda armadilha. — Mas comer junto à mesa é considerado como a formalização de um semelhante contrato de segurança.

Comer sozinho (*solipsismus convictorii*) é nocivo para um || douto *filosofante*:[27] não é restauração, mas exaustão (principalmente quando se torna *glutonaria* solitária), trabalho extenuante, não jogo vivificante dos pensamentos. O homem que, ao se alimentar, consome a si mesmo pensando durante a refeição solitária, perde pouco a pouco a alegria que adquire quando um companheiro de mesa lhe oferece, com suas ideias diversificadas, nova matéria de vivificação, que ele mesmo não podia pressentir.

Numa mesa repleta, onde a variedade dos pratos é pensada apenas para manter a longa reunião dos convidados (*coenam ducere*), a conversa habitual passa por três fases: 1. *narrar*, 2. *raciocinar* e 3. *gracejar*. — A. As novidades do dia, primeiro as do país, depois também as de fora, trazidas por cartas e jornais. — B. Quando se satisfaz esse primeiro apetite, então a reunião se torna mais viva, pois, como na argumentação é difícil evitar a diversidade dos juízos sobre um mesmo objeto trazido

---

[27] Pois o douto *filosofante* tem de andar continuamente às voltas com seus pensamentos para descobrir, mediante múltiplas tentativas, a que princípios deve conectá-los sistematicamente, e as ideias, como não são intuições, lhe pairam, por dizer assim, no ar. O douto em história ou matemática pode, pelo contrário, pô-las diante de si e, com a pena na mão, ordená-las conforme regras universais da razão, e não obstante ao mesmo tempo empiricamente como fatos e, assim, porque o que vem antes já está estabelecido em certos pontos, no dia seguinte ele pode prosseguir o trabalho a partir de onde o havia deixado. — No que concerne ao *filósofo*, não se pode considerá-lo *trabalhador* no edifício das ciências, isto é, não como douto, mas se tem de considerá-lo como um *investigador da sabedoria*. É a mera ideia de uma pessoa que toma para si, como objeto, o fim-último de todo saber, praticamente e (em função dele) também teoricamente, e não se pode usar esse nome no plural, mas apenas no singular (o filósofo julga desta ou daquela maneira), porque designa uma mera ideia, mas dizer *filósofos* indicaria uma pluralidade daquilo que, no entanto, é unidade absoluta. (N.A.)

à baila, e como cada qual não tem exatamente em pouca conta o seu, passa-se a uma discussão que faz o apetite avançar aos pratos e bebidas, e também o torna saudável conforme o grau de vivacidade dessa discussão e da participação nela. — C. Mas porque argumentar é sempre uma espécie de trabalho e dispêndio de força, que se torna por fim penoso devido à fruição bastante intensa enquanto ele dura, a conversa recai naturalmente no mero jogo de gracejos, em parte para agradar também as mulheres presentes, || sobre as quais os ataques levemente 281 maliciosos, mas não vergonhosos, ao seu sexo, têm o efeito de mostrar a própria graça delas numa luz favorável, e assim a refeição termina em *riso*: este, se é franco e cordial, foi destinado especificamente pela natureza, mediante o movimento do diafragma e das entranhas, para a digestão, como para o bem-estar corporal, ainda que os partícipes do banquete, e sabem-se lá quantos!, presumam descobrir cultivo do espírito num desígnio da natureza. — Música durante um lauto festim de grandes senhores é o disparate mais insípido que a glutonaria já pôde inventar.

As regras de um banquete servido com gosto e que *anima* a sociedade são: a) escolha de um tema de conversa que interesse a todos e sempre dê a alguém ocasião de acrescentar algo apropriado; b) não deixar sobrevir um silêncio mortal, mas apenas pausas momentâneas à conversa; c) não variar sem necessidade o assunto nem saltar de uma matéria a outra, porque, ao final do banquete, tal como ao final de um drama (tal é também a vida inteira percorrida pelo homem racional), a mente se ocupa inevitavelmente em recordar os vários atos do diálogo: onde não pode encontrar um fio de conexão, ela se sente confusa e não constata ter avançado, mas, antes, retrocedido em seu cultivo. — Deve-se esgotar um assunto interessante antes de passar a um outro e, quando a conversa embatuca, saber insinuar imperceptivelmente na reunião, a título experimental, um outro tema aparentado ao anterior: assim uma única pessoa da reunião pode tomar as rédeas do diálogo, sem que isso se note ou cause inveja; d) não deixar surgir nem perdurar a *opiniaticidade*, nem para si, nem para os que estão do seu lado na reunião; ao contrário, como a conversa não deve ser uma ocupação, mas apenas um jogo, deve-se afastar essa seriedade com uma brincadeira oportuna; e) se uma discussão séria é, não obstante, inevitável, manter a si mesmo e a suas emoções em cuidadosa disciplina, de modo que o respeito e a afeição recíprocos sempre sobressaiam, o que depende mais do *tom* (que não deve ser nem gritado nem arrogante) que do conteúdo da conversa, a fim de que nenhum dos convidados volte para casa *de relações cortadas* com o outro.

|| Por insignificantes que possam parecer essas leis da humanidade refinada, principalmente se comparadas com as leis morais puras, tudo o que promove a sociabilidade, ainda que só consista em máximas ou maneiras de agradar, é um traje que veste vantajosamente a virtude, que deve ser recomendado a esta última inclusive de um ponto de vista sério. — O *purismo* do *cínico* e a *mortificação da carne* do *anacoreta*, sem bem-estar social, são formas desfiguradas da virtude e não convidam para esta: ao contrário, abandonados pelas Graças, não podem aspirar à humanidade.

Segunda parte

CARACTERÍSTICA ANTROPOLÓGICA

Da maneira de conhecer o interior do homem pelo exterior

Divisão
1) o caráter da pessoa, 2) o caráter do gênero,
3) o caráter do povo, 4) o caráter da espécie.

A
O caráter da pessoa

De um ponto de vista pragmático, a doutrina universal *natural* (não civil) dos signos (*semiotica universalis*) se serve da palavra *caráter* numa dupla acepção, porque, em parte, se diz que um certo homem tem *este* ou aquele caráter (físico), em parte, que tem em geral *um* caráter (moral), que, ou é único, ou não pode ser caráter algum. O primeiro é o signo distintivo do ser humano como ser sensível ou natural; o segundo o distingue como um ente racional, dotado de liberdade. Tem caráter o homem de princípios, de quem se sabe seguramente que se pode contar, não com seu instinto, mas com sua vontade. — Por isso, no que cabe à sua faculdade de desejar (ao que é prático), pode-se dividir, na característica sem tautologia, o *característico* em: a) o *natural* ou disposição natural, b) o *temperamento* ou índole sensível e c) o *caráter* pura e simplesmente ou índole moral. — As duas primeiras disposições indicam o que se pode fazer do ser humano; a última (moral), o que ele se dispõe a fazer de si mesmo.

I
Do natural

Um ser humano de boa *natureza* se diz de alguém que não é teimoso, mas que cede; ele sem dúvida fica zangado, mas facilmente se acalma e ‖ não guarda rancor (é negativamente bom). — Já é, ao contrário, dizer mais poder dizer dele que "tem um bom *coração*", ainda que também isso faça parte da índole sensível. É um impulso ao bem prático, ainda que não seja exercido segundo princípios, de modo que a pessoa de boa natureza e a de bom coração são, ambas, pessoas que um astuto pode usar como quiser. — E assim o natural se refere (subjetivamente) mais ao *sentimento* de prazer ou desprazer em como um ser humano é afetado por outro (e ele pode ter nisso algo de característico), do que (objetivamente) à *faculdade de desejar*; onde a vida não se revela apenas *interiormente* no sentimento, mas também *exteriormente* na atividade, embora meramente segundo móbiles da sensibilidade. Nisso consiste o *temperamento*, que tem ainda de ser diferenciado de uma disposição habitual (adquirida por hábito), porque esta não tem por base uma disposição natural, mas meras causas ocasionais.

II
Do temperamento

Do ponto de vista *fisiológico*, quando se fala de temperamento entende-se a *constituição corporal* (a estrutura forte ou fraca) e a *compleição* (os fluídos, aquilo que no corpo se move regulado pela força vital, onde também se incluem o calor ou o frio na elaboração desses humores).

Mas, sob o aspecto *psicológico*, isto é, como temperamento da *alma* (da faculdade de sentir e de desejar), essas expressões, tomadas de empréstimo à constituição sanguínea, são representadas somente conforme a analogia do jogo dos sentimentos e desejos com as causas motrizes corporais (dentre as quais o sangue é a principal).

Daí resulta que os temperamentos, que atribuímos meramente à alma, podem também ter secretamente, como causa coadjuvante, aquilo que é corporal no homem; além disso — como, *em primeiro lugar*, admitem uma divisão superior em temperamentos do *sentimento* e da *atividade,* e como, *em segundo*, cada um deles pode ser ligado à excitabilidade (*intensio*) ou ao afrouxamento (*remissio*) da *força vital* —, só podem ser estabelecidos precisamente **quatro** temperamentos simples (como nas quatro figuras silogísticas pelo *medius terminus*): o *sanguíneo*, o *melancólico*, o *colérico* e o *fleumático*, || pelo que poderão se conservar as antigas formas e manter apenas uma interpretação mais cômoda, adaptada ao espírito dessa doutrina dos temperamentos.

Aqui, a expressão da *constituição sanguínea* não serve para indicar — nem pela patologia humoral nem pela patologia neural[1] — as *causas* dos fenômenos do homem afetado sensivelmente, mas serve apenas para classificá-las segundo os efeitos observados, pois não se deseja, antes de mais nada, saber que composição química do sangue autorizaria a denominação de uma certa qualidade do temperamento, mas que sentimentos e inclinações se coletam ao observar um ser humano que permitem colocá-lo convenientemente sob a rubrica de uma classe particular.

A divisão superior da doutrina do temperamento pode, portanto, ser feita entre temperamento do *sentimento* e temperamento da *atividade*, e estes, por sua vez, podem se dividir em duas espécies, que, juntas, dão os quatro temperamentos. — Como temperamento do **sentimento** considero então o *sanguíneo*, A, e sua contrapartida, o *melancólico*, B. — O primeiro tem a particularidade de que a sensação é afetada rápida e intensamente, mas não penetra fundo (não é durável); no segundo, em compensação, a sensação chama menos atenção, mas deita raízes profundas. A diferença entre os temperamentos do sentimento se funda *nisso*, não na propensão à alegria ou à tristeza. Pois a leveza dos sanguíneos os dispõe à jovialidade; a gravidade, ao contrário, que cisma com uma sensação, tira da alegria sua rápida mutabilidade sem por isso causar propriamente tristeza. — Mas porque toda alteração que se tem em seu poder vivifica e fortalece em geral a alma, aquele que pouco se importa com o que lhe ocorre, se não é sábio, é decerto mais feliz que aquele que se prende a sensações que lhe enrijecem a força vital.

I
Temperamentos do sentimento

A
O temperamento sanguíneo do homem de sangue leve

O sanguíneo dá a conhecer sua índole nas seguintes manifestações. Ele é descuidado e esperançoso; || por um momento, dá grande im-

---

[1] Antes do surgimento da patologia celular, promovida particularmente por Virchow, as duas principais patologias eram as denominadas no texto, das quais a patologia humoral considerava os humores como o ponto de partida das enfermidades, a neural, as partes nervosas ou sólidas. (V.) (N.T.)

portância a cada coisa e, no momento seguinte, é capaz de não continuar pensando nela. Promete em nome da honra, mas não mantém a palavra, porque não refletiu antes com suficiente profundidade se seria capaz de cumpri-la. É bastante bondoso em prestar ajuda aos outros, mas é mau pagador e sempre pede prorrogação dos prazos. É bom companheiro, engraçado e alegre, não dá grande importância a coisa alguma (*Vive la bagatelle!*) e todos os seres humanos são seus amigos. Habitualmente não é má pessoa, mas um pecador difícil de converter, que realmente se arrepende muito de algo, mas logo esquece esse *arrependimento* (que nunca se torna um *desgosto*). Ele se cansa das ocupações e, entretanto, está incessantemente ocupado com aquilo que é mero jogo, porque traz distração, e perseverança não é com ele.

B
O temperamento melancólico do homem de sangue pesado

O *propenso à melancolia* (não o melancólico, pois isso significa um estado e não a mera propensão a um estado) dá grande importância a todas as coisas que lhe dizem respeito, encontra em toda parte motivos de preocupação e volta a atenção primeiro para as dificuldades, assim como, ao contrário, o sanguíneo começa pela esperança de êxito: por isso, aquele também pensa profundamente; este, apenas superficialmente. Ele dificilmente promete, porque para ele manter a palavra é caro, mas o poder para tanto, duvidoso. Não que isso ocorra por motivos morais (pois aqui se trata de móbiles *sensíveis*), mas porque a adversidade o importuna e, por isso mesmo, o torna preocupado, desconfiado e hesitante, mas com isso também insensível à alegria. — Se habitual, essa disposição da mente é, aliás, contrária à do amor aos homens, que é mais uma herança do sanguíneo: porque quem tem *ele mesmo* de passar sem alegria, dificilmente deixará de invejá-la nos outros.

II
Temperamentos da atividade

C
O temperamento colérico do homem de sangue quente

Dele se diz que é *caloroso*, se inflama rapidamente como o fogo na palha, deixa se apaziguar logo pela condescendência dos outros, se zanga a seguir, sem odiar, e ama tanto mais aquele que condescende logo com ele. — Sua ação é *rápida*, mas não persistente. — É solícito, mas se submete de mau grado às ocupações, precisamente porque não é persistente e, portanto, faz com gosto o papel daquele que dá as ordens, que dirige os trabalhos, mas que não deseja ele mesmo executá-los. Sua paixão dominante é, por isso, a ambição: gosta de lidar com questões de interesse público e quer ser elogiado em voz alta. Ama, por conseguinte, a *aparência* e a pompa das *formalidades*; gosta de proteger e é generoso na aparência, não por amor, mas por orgulho, pois ama mais a *si* mesmo. — Preza a ordem e parece, por isso, mais prudente do que é. É cobiçoso para não ser mesquinho; é cortês, mas com cerimônia, duro e afetado no trato, e gosta de ter algum adulador como alvo de seu chiste; a resistência dos outros às presunções de seu *orgulho* o mortifica mais que ao avaro a resistência às suas *cobiças*, porque um pouco de troça cáustica desfaz totalmente o nimbo de sua importância, enquanto que o avaro tem o seu lucro como compensação. — — Numa palavra, o temperamento colérico é o menos feliz de todos, porque é o que mais incita à resistência contra si.

D
O temperamento fleumático do homem de sangue frio

Fleuma significa *ausência de afecção*, não indolência (falta de vida), e o homem de muita fleuma nem por isso merece o nome de fleumático ou de um fleumático, que o põe, sob essa rubrica, na classe dos preguiçosos.

Fleuma, como *fraqueza*, é propensão à inatividade, a não se deixar mover para os negócios nem pelos motivos mais fortes. A insensibilidade || para esses motivos é uma inutilidade voluntária, cujas inclinações tendem somente para a saciedade e descanso.

Fleuma, como *força*, é, em contrapartida, a qualidade de não se comover fácil ou *rapidamente*, mas de maneira *duradoura*, ainda que lentamente. — Quem tem uma boa dose de fleuma em sua mistura, esquenta lentamente, mas conserva o calor por mais tempo. Não incorre facilmente em cólera, mas reflete primeiro se não deve se encolerizar, enquanto, por outro lado, o colérico fica furioso por não poder tirar o homem firme de sua frieza.

Dotado pela natureza de uma dose inteiramente normal de razão, mas, ao mesmo tempo, dessa fleuma, sem brilhar e, todavia, não partindo do instinto, mas de princípios, o homem de sangue frio nada tem de que se arrepender. Seu feliz temperamento ocupa nele o lugar da sabedoria, e mesmo na vida comum é com frequência chamado de filósofo. Com isso é superior aos outros sem lhes ferir a vaidade. Também o chamam comumente de *manhoso*, pois tudo o que é arremessado contra ele por balistas e catapultas amortece como em sacos cheios de lã. É um marido conciliador e sabe auferir para si o domínio sobre esposa e familiares, parecendo anuir com a vontade de todos, porque, por sua vontade inflexível, mas superior, sabe fazer com que mudem a vontade deles para a sua, como corpos de pequena massa e grande velocidade que, ao se chocarem, atravessam o obstáculo, mas, com menos velocidade e mais massa, o levam consigo sem destruí-lo.

Se um temperamento deve estar associado a um outro — como se acredita comumente —, por exemplo,

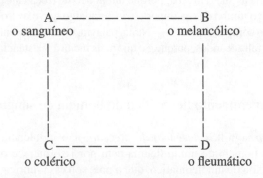

eles ou se *opõem* um ao outro, ou se *neutralizam*. O primeiro caso ocorre quando se quer pensar o sanguíneo unido ao melancólico ou, igualmente, ‖ o colérico unido ao fleumático num único e mesmo sujeito, pois eles (A e B, igualmente C e D) estão em contradição um com o outro. — O segundo, a saber, a neutralização, ocorreria na *mistura* (como que química) do sanguíneo com o colérico e do melancólico com o fleumático (A e C, igualmente B e D). Pois não se pode pensar a bondosa jovialidade fundindo-se no mesmo ato à ira intimidante, nem tampouco o sofrimento do que se autoflagela com a tranquilidade satisfeita da mente que se basta a si mesma. — Mas se um desses dois estados deve alternar com o outro no mesmo sujeito, isso produz mero humor instável, mas não temperamento definido.

Não há, portanto, temperamentos *compostos*, por exemplo, um sanguíneo-colérico (que todos os fanfarrões querem possuir, simulando serem senhores misericordiosos e não obstante também severos), mas existem apenas quatro no total, e todos eles simples, e não há o que fazer com o homem que se arroga um temperamento misto.

Alegria e leviandade, profundidade e demência, magnanimidade e teimosia, finalmente, frieza e fraqueza, são, como efeitos do temperamento, diferentes apenas em relação às suas causas.[2]

III
Do caráter como índole moral

Poder dizer pura e simplesmente de um ser humano que "ele tem um *caráter*" não significa apenas ter *dito* muito a seu respeito, mas também || tê-lo *elogiado*, pois isso é uma raridade que inspira respeito e admiração.

Se por esse nome em geral se entende aquilo de que, sendo bom ou mau, seguramente se precisa para ter um caráter, então se costuma acrescentar: ele tem *este* ou *aquele* caráter, e então a expressão designa a *índole*. — Mas ter pura e simplesmente um caráter significa ter aquela qualidade da vontade segundo a qual o sujeito se obriga a seguir de-

---

[2] Que influência a diferença dos temperamentos pode ter sobre os negócios públicos ou, inversamente, estes sobre aqueles (por efeito do exercício habitual destes), a resposta a isso alguns pretendem tê-la descoberto, em parte pela experiência, em parte com a ajuda de presumíveis causas ocasionais. Assim se diz, por exemplo, que na de religião

o colérico é *ortodoxo*
o sanguíneo, *livre-pensador*,
o melancólico, *místico*,
o fleumático, *indiferentista*.

Mas estes são juízos lançados ao léu, que valem para a característica tanto quanto lhes dá um chiste escurril (*valent quantum possunt*).* (N.A.)

* Valem tanto quanto podem. (N.T.)

terminados princípios práticos que prescreveu inalteravelmente para si mesmo mediante sua própria razão. Mesmo que esses princípios realmente possam por vezes ser falsos e errôneos, o aspecto formal do querer em geral, de agir segundo princípios firmes (não saltando de lá para cá como num enxame de mosquitos), é em si algo estimável e digno de admiração, como também raro.

Aqui não importa o que a natureza *faz* do ser humano, mas o que este *faz de si mesmo*; pois aquilo faz parte do temperamento (onde o sujeito é em grande parte passivo), mas apenas isto dá a conhecer que possui um caráter.

Todas as outras qualidades boas e úteis do homem têm um *preço*, pelo que se deixam trocar por outras de igual utilidade: o talento tem um **preço de mercado**, pois o soberano ou senhor local pode precisar de um homem assim de várias maneiras; — o temperamento tem um **preço afetivo**, e a gente pode se dar bem com ele, que é um companheiro agradável —; mas o caráter tem um **valor**[3] intrínseco e está acima de qualquer preço.

293 *Das qualidades que se seguem meramente de que o ser humano tenha um caráter ou seja sem caráter*

1. O *imitador* (na moral) é sem caráter, pois este consiste precisamente na originalidade da índole. A fonte de onde haure sua conduta foi aberta por ele mesmo. Mas nem por isso o homem racional pode ser um *excêntrico*: ele jamais o será, porque se apoia em princípios que

---

[3] Um navegante ouvia numa reunião a discussão que doutos estavam tendo sobre a posição que lhes cabia de acordo com suas respectivas faculdades. Ele a decidiu a seu modo, a saber, quanto lhe renderia um homem capturado por ele ao ser vendido no mercado na Argélia. Lá, ninguém pode precisar do teólogo e do jurista, mas o médico sabe um ofício e seu preço será pago em espécie. — A ama que havia amamentado o rei Jaime I da Inglaterra pediu-lhe que fizesse de seu filho um *gentleman* (um homem fino). Jaime lhe respondeu: "Isso eu não posso fazer; posso torná-lo conde, mas *gentleman* é ele mesmo que tem de se tornar um". — Viajando próximo à ilha de Creta, Diógenes (o cínico) foi (como reza a história)* capturado e posto à venda num mercado de escravos. "O que você sabe fazer, do que você entende?" lhe perguntou o vendedor que o havia colocado numa elevação. "Sei *governar*", respondeu o filósofo, "e tu deves procurar para mim um comprador que tenha necessidade de um *senhor*". O comerciante, refletindo sobre essa estranha pretensão, fechou esse estranho negócio: entregou o filho ao filósofo para que o educasse, fazendo dele o que quisesse; ele mesmo, porém, passou alguns anos negociando na Ásia; e ao voltar, encontrou seu filho, antes rude, transformado num homem hábil, bem educado, virtuoso. —— É mais ou menos assim que se pode estimar o grau do valor humano. (N.A.)

* Diógenes Laércio. *Vida e pensamentos de filósofos famosos*. VI, 2, 74. (K.). (N.T.)

valem para todos. O outro é *um arremedador* do homem de caráter. A boa índole do temperamento é uma aquarela e não um traço do caráter; mas este, se se faz dele uma caricatura, é um escárnio injurioso do homem de verdadeiro caráter, porque ele não toma parte no mal transformado em uso público (em moda) e, assim, é apresentado como um excêntrico.

2. A maldade, como disposição do temperamento, é todavia menos ruim que a bondade dela sem caráter, pois por meio deste último se pode sobrepujar a primeira. Mesmo um homem de mau caráter (como Sila),[4] embora provoque abominação pela crueldade de suas máximas severas, é ao mesmo tempo objeto de admiração, assim como, comparando a *força da alma* em geral com a *bondade da alma*, ambas precisam se encontrar unidas no sujeito para produzirem aquilo que é mais ideal do que realidade, a saber, para fazerem jus ao título de *grandeza da alma*.

3. Ter o senso rígido e inflexível nalguma resolução tomada (como, por exemplo, Carlos XII) é realmente uma disposição natural muito favorável ao caráter, mas não ainda um caráter determinado em geral. Pois para isso são requeridas máximas provenientes da razão e de princípios morais práticos. Por isso, não se pode propriamente dizer que a maldade de tal homem é uma qualidade do caráter dele, pois então ela seria diabólica; o ser humano, contudo, nunca *aprova* o mal em si e, assim, não há ‖ propriamente maldade por princípios, mas somente porque se abdicou deles. — —

* * *

Procede-se, pois, melhor, se os princípios concernentes ao caráter são apresentados apenas negativamente. São eles:

a. Não dizer inverdade, de propósito: por isso, também falar com cuidado, a fim de que não recaia sobre si a vergonha do desmentido.

b. Não fingir: parecer bem-intencionado pela frente, mas ser hostil por trás.

c. Não quebrar suas promessas (consentidas), do que também faz parte: honrar ainda a *memória* de uma amizade já rompida e não abusar depois da antiga confiança e franqueza do outro.

---

[4] Sila era o sobrenome da família Cornélio, de Roma antiga. É provável que Kant se refira aqui a Lúcio Cornélio Sila. (N.T.)

d. Não travar relacionamento que envolva gosto com homens de má índole e lembrar do *noscitur ex socio etc.*,[5] limitando a relação somente a negócios.

e. Não levar em conta a difamação proveniente de um juízo superficial e mau dos demais, pois o contrário já revela fraqueza; moderar também o temor de infrigir a moda, que é coisa passageira e inconstante e, se ela já alcançou alguma influência importante, ao menos não estender seu mandamento até a moralidade.

O ser humano consciente de um caráter em sua índole não recebe esse caráter da natureza, mas precisa sempre tê-lo *adquirido*. Pode-se admitir também que o estabelecimento dele, como uma espécie de renascimento, como uma certa promessa solene que a pessoa se faz a si mesma, torna inesquecíveis para ele esse renascimento e o momento em que nele ocorreu essa transformação, como se fosse uma nova era. — A educação, os exemplos e o ensino *não* podem produzir *pouco a pouco* essa firmeza e perseverança nos princípios em geral, que surge apenas como que por meio de uma explosão que sucede repentinamente ao fastio com o estado oscilante do instinto. Apenas poucos serão talvez os que tentaram essa revolução antes dos trinta anos, e ainda menos os que a fundaram solidamente antes dos quarenta. — Querer se tornar um homem melhor fragmentariamente é uma tentativa inútil, pois uma impressão se extingue enquanto se trabalha numa outra, || mas o estabelecimento de um caráter é unidade absoluta do princípio interno da conduta de vida em geral. — Também se diz que os *poetas* não têm caráter, por exemplo, que preferem perder o melhor amigo a perder a piada, ou que o caráter não deve ser procurado entre os cortesãos, obrigados a se sujeitar de todas as maneiras, e que a firmeza de caráter é coisa incerta entre os eclesiásticos, que cortejam o Senhor dos céus mas ao mesmo tempo também os senhores da terra com a mesma disposição de espírito; que, portanto, ter um caráter interno (moral) é e permanecerá sendo só um piedoso desejo. Mas talvez os *filósofos* sejam culpados disso por nunca terem colocado esse conceito em separado numa luz suficientemente clara, e por terem tentado apresentar a virtude apenas fragmentariamente, jamais *inteiramente* na beleza de sua figura e de forma que pudesse interessar a todos os homens.

Numa palavra, ter convertido a veracidade em máxima suprema para si, tanto na confissão interior perante si mesmo quanto no relacionamento com um outro qualquer, é a única prova da consciência de um

---

[5] *Noscitur ex socio, qui non cognoscitur in se.* [Pelo companheiro se conhece aquele que não se conhece a si mesmo]. (V.) (N.T.)

homem de que tem um caráter; e porque tê-lo é o mínimo que se pode exigir de um homem racional, mas simultaneamente também o máximo do valor interno (da dignidade humana), ser um homem de princípios (ter um caráter determinado) tem de ser possível à razão humana mais comum e, por isso, tem de ser superior em dignidade ao maior talento.

Da fisiognomonia

É a arte de julgar, pela figura visível de uma pessoa, por conseguinte, pelo exterior, o interior dela, quer segundo sua índole sensível, quer segundo sua índole moral. — Aqui ela não é julgada em seu estado doentio, mas saudável; não quando seu espírito está em movimento, mas quando está em repouso. — Se aquele a quem se julga com esse propósito se der conta de que está sendo observado e de que se espia seu interior, ele evidentemente não terá a mente tranquila, mas em estado de coerção e de comoção interior, e mesmo de aversão a se ver exposto à censura alheia.

Se um relógio tem uma bela caixa, disso não se pode julgar com segurança (disse um famoso relojoeiro) que também o interior seja bom; mas se a caixa está mal trabalhada, então se pode ‖ concluir com bastante certeza que também o interior não vale muita coisa; pois o artista não porá em descrédito uma obra em que trabalhou tão aplicadamente e tão bem, descuidando de seu aspecto exterior, que é o que menos trabalho custa. — Seria, porém, absurdo concluir, também aqui, segundo a analogia de um artista humano com o inescrutável criador da natureza, que ele deu a uma boa alma também um belo corpo a fim de recomendar o homem que ele criou aos outros homens e fazer com que seja acolhido entre eles, ou também o inverso, que um seja intimidado pelo outro (por meio do *hic niger est, hunc tu, Romane caveto*).[6] Pois o *gosto*, que contém um mero fundamento subjetivo da satisfação ou insatisfação de uma pessoa ligada como um único e mesmo fim no ser humano.

296

Da direção da natureza para a fisiognomonia

Por melhores que tenham sido as recomendações daquele a quem devemos confiar, o fato de olharmos antes no seu rosto, mas princi-

---

[6] "Este é negro, guarda-te dele, romano." Horácio: *Sátiras* (I, 4, 85). (V.) (N.T.)

palmente nos seus olhos, para averiguar o que dele devemos esperar, é um impulso natural, e aquilo que há de repulsivo ou atraente em seus gestos decide sobre nossa escolha, ou também nos torna reticentes, mesmo antes de lhe conhecermos os costumes; assim, não cabe discutir se há uma característica fisiognomônica, que todavia nunca pode se tornar uma ciência, porque a peculiaridade de uma *figura* humana, que aponta certas inclinações ou faculdades do sujeito observado, não pode ser compreendida pela descrição de conceitos, e sim pela ilustração e exposição na intuição ou em sua imitação: onde a figura humana em geral é exposta ao juízo segundo suas *variedades*, cada uma das quais deve indicar uma qualidade particular interior do ser humano.

Desde que há muito tempo já se esqueceram as caricaturas de cabeças humanas de *Batista Porta*,[7] que representam cabeças de animais comparadas analogicamente com certos rostos humanos característicos e que deveriam permitir inferir uma || semelhança entre as disposições naturais em ambos; desde a grande difusão desse gosto por Lavater, que se tornou por longo tempo mercadoria amplamente apreciada e barata graças às silhuetas, gosto porém que recentemente foi totalmente abandonado; desde que quase mais nada restou além da observação ambígua (do sr. de Archenholz),[8] segundo a qual o rosto de uma pessoa que se imita por uma única careta também despertaria ao mesmo tempo certos pensamentos ou sensações que concordam com o caráter dela —, desde então, da fisiognomonia como arte de espreitar o interior do homem por meio de certos signos externos e involuntários deixou inteiramente de ter procura, dela nada tendo restado senão a arte da cultura do gosto, não realmente em coisas, mas nos costumes, maneiras e usos, para, mediante uma crítica que seja proveitosa ao relacionamento e ao conhecimento dos homens, vir em auxílio desse conhecimento.

Divisão da fisiognomonia

Do característico 1. na *fisionomia em geral*, 2. nas *feições do rosto*, 3. na *gesticulação habitual* (as expressões faciais).

---

[7] Giovanni Battista della Porta, de Nápoles (1540-1615), *De humana physiognomia*, Frankfurt am Main. I. IV (1580). (V.) (N.T.)

[8] Juan Guillermo von Archenholz (1743-1812) editou, de 1728 a 1797, a revista *Literatur und Völkerkund*, em cujo tomo IV, p. 859, se encontra (segundo Külpe) a passagem citada por Kant, mas não literalmente. (V.) (N.T.)

A
Da fisionomia

É notável que os artistas gregos tivessem em mente também um ideal de fisionomia (para deuses e heróis) que devia expressar — em estátuas, *camafeus* e *gemas* — uma perpétua juventude e, ao mesmo tempo, um repouso livre de toda emoção, sem acréscimo de nenhum *estímulo*. — O *perfil grego* perpendicular torna os olhos mais fundos do que deveriam ser para nosso gosto (que está voltado para o estímulo sensível), e mesmo uma Vênus de Medici não carece de tal estímulo.— A causa pode ser esta: como o ideal deve ser uma norma determinada, inalterável, um nariz saliente, formando um ângulo (maior ou menor) com o rosto a partir da testa, não proporcionaria nenhuma *regra determinada* da figura, tal como todavia é requerida por aquilo que entra na norma. Tampouco os gregos modernos, a despeito de sua bela conformação se harmonizar com o restante de seu corpo, ‖ possuem em seu rosto essa grave perpendicularidade do perfil, que parece demonstrar a idealidade no que diz respeito às obras de arte como *arquétipos*. — Segundo tais modelos mitológicos, os olhos se encontram mais para o fundo e são colocados um tanto à sombra da raiz das narinas; nos tempos atuais, ao contrário, são considerados mais belos os rostos de seres humanos com um pequeno relevo do nariz a partir da testa (sinuosidade na raiz do nariz).

Se seguimos nossas observações sobre as pessoas tais como realmente são, uma exata e justa *regularidade* indicaria comumente uma pessoa bem ordinária e sem espírito. O *meio termo* parece ser a medida fundamental e a base da beleza, mas está ainda longe de ser a beleza mesma, porque para esta se requer algo característico. — Pode-se, entretanto, encontrar esse algo característico também sem beleza num rosto cuja expressão fale bastante a seu próprio favor, se bem que noutra referência (talvez moral ou estética); isto é, pode-se censurar num rosto, ora esta, ora aquela parte, a testa, o nariz, o queixo ou a cor do cabelo etc., mas não obstante se reconhece que, para a individualidade da pessoa, isso é mais recomendável do que se a regularidade fosse perfeita: porque geralmente esta também traz consigo falta de caráter.

Mas não se deve censurar a *feiúra* num rosto, se em suas feições não se denuncia a expressão de uma mente corrompida pelo vício ou de uma propensão natural, mas infeliz, para ele, como, por exemplo, um certo traço de sorriso malicioso tão logo a pessoa fale, ou também a desfaçatez, sem abrandamento suave, quando olha o outro no rosto, expressando com isso que não leva em nenhuma conta o seu juízo. — Existem homens cujo rosto (como dizem os franceses) é *rébarbatif*,⁹ que, como se diz, fazem as crianças correr para a cama, ou que têm um rosto grotesco e desfigurado pelas bexigas, ou um rosto *wanschapenes* (como que pensado em delírio, em sonho), como o chamam os holandeses; mas, ao mesmo tempo, tais homens demonstram tanta bondade e alegria, que fazem brincadeiras com o próprio rosto, ao qual, por isso, de modo algum se pode chamar de feio, embora não levem a mal quando uma dama diga a respeito deles (como a respeito de *Pelisson* na *Académie française*):¹⁰ "Pelisson abusa da permissão que os homens têm de serem feios". Ainda pior e mais tolo é quando uma pessoa de quem se deve esperar boas maneiras, || só acentua, como a plebe, as deformidades corporais de alguém, as quais frequentemente só servem para elevar as qualidades espirituais dele; se ocorre com pessoas infortunadas em tenra juventude ("você é cego", "você é aleijado"), isso as torna verdadeiramente más e pouco a pouco revoltadas com os de boa compleição que se imaginam melhores por isso.

Aliás, para povos que nunca saem de seu país, os rostos naturais insólitos dos estrangeiros, são geralmente um objeto de zombaria. Assim, no Japão as crianças perseguem os holandeses que lá foram comerciar, gritando-lhes: "Que olhos enormes, que olhos enormes!"; e aos chineses, os cabelos ruivos de muitos europeus que os visitam parecem repugnantes, mas os olhos azuis deles, ridículos.

No que se refere ao simples crânio e à sua figura, que constitui a base da figura, por exemplo, dos negros, dos calmucos,¹¹ dos índios dos mares do sul e outros, como descritos por Camper e principalmente por Blumenbach,¹² as observações sobre esse assunto pertencem mais à geografia física que à antropologia pragmática. Algo intermediário entre ambas pode ser esta observação: que entre nós a testa do sexo masculino costuma ser *chata*, a do feminino, porém, mais *esférica*.

Se uma saliência no nariz indica um trocista, se a particularidade da fisionomia dos chineses, dos quais se diz que a mandíbula inferior excede um pouco a superior, é um sinal de sua obstinação, ou se a dos americanos, cuja testa é coberta de cabelos por ambos os lados, é signo de uma imbecilidade inata etc., isso são conjecturas que só permitem uma interpretação incerta.

---

⁹ "Rebarbativo, repugnante". Kant escreve *rebarbatif*. (N.R.)
¹⁰ *Madame de Sevigné*, sobre o acadêmico francês Pelisson (1624-1693). (V.) (N.T.)
¹¹ Membros de uma tribo do oeste da Mongólia. (N.T.)
¹² 160) Esses dois naturalistas, o anatomista holandês Peter Camper (1722-1789) e o antropólogo e médico de Göttingen J.F. Blumenbach (1752-1840) com quem Kant mantinha contatos pessoais, são citados frequentemente pelo filósofo. (V.) (N.T.)

B
Do característico nas feições do rosto

Não é prejudicial a um homem, mesmo no juízo do sexo feminino, se a cor da pele ou bexigas tornaram seu rosto desfigurado e feio, pois se a bondade em seus olhos e, ao mesmo tempo, a expressão do homem valoroso na consciência de sua força, ligada à serenidade, reluzirem em seu olhar, ele poderá ser sempre querido, digno de amor e tido universalmente como tal. Brinca-se com ele e com sua amabilidade (*per antiphrasin*), ‖ e uma mulher pode ter orgulho de possuir um marido assim. Um tal rosto não é *caricatura*, pois esta é um desenho, intencionalmente exagerado (*distorção*) do rosto num estado de afecção, pensado para fazer rir e pertencendo à mímica; aquele, ao contrário, deve ser considerado uma variedade contida na natureza e não pode ser chamado de carranca (que seria repulsiva), pois pode inspirar amor mesmo sem ser amável e, sem ser belo, não é todavia feio.[13]

C
Do característico das expressões faciais

Expressões faciais são o jogo dos traços do rosto, ao qual se é levado por uma afecção mais ou menos forte, e a propensão para esta é um traço de caráter do ser humano.

É difícil que a impressão causada por uma afecção não se denuncie em nenhuma expressão facial; ela se denuncia por si mesma na penosa contenção do gesto ou da voz, e quem é muito fraco para dominar suas

---

[13] Heidegger, um músico alemão residente em Londres, era um homem de figura estranha, mas esperto e inteligente, de cuja companhia gostavam, por sua conversação, os nobres. — Certa vez, num encontro para beber ponche, afirmou contra um lorde que ele era a cara mais feia de Londres. O lorde refletiu e propôs a aposta de que lhe apresentaria uma outra mais feia, e então fez chamar uma mulher bêbada, à vista da qual a reunião inteira irrompeu numa estrondosa risada e exclamou: "Heidegger, você perdeu a aposta!". — "Não sejam tão precipitados" respondeu, "vamos colocar minha peruca na mulher, e eu colocarei sua touca; então veremos". Feito isso, quase morreram de rir, pois a mulher parecia um homem muito bem apessoado e o homem, uma bruxa. Isso prova que, para dizer que alguém é belo, ou ao menos razoavelmente bonito, o juízo não tem de ser pronunciado de maneira absoluta, mas sempre apenas de maneira relativa, e não se pode chamar um homem de feio, porque ele não é propriamente lindo. — Somente os defeitos repugnantes no rosto podem autorizar a empregar essa expressão. (N.A.)

afecções, neste o jogo das expressões faciais (malgrado sua razão) colocará a nu o interior que ele gostaria de ocultar e subtrair aos olhos dos outros. Mas quando se adivinha quem eles são, aqueles que são mestres nessa arte não serão considerados as melhores pessoas com quem se possa tratar em confiança, principalmente quando se exercitaram em simular expressões faciais que contradizem aquilo que fazem.

301 || A arte de interpretar as expressões faciais, que denunciam impremeditadamente o interior, embora nisso também possam mentir deliberadamente, pode dar ensejo a muitas boas observações, das quais só quero mencionar uma. — Se alguém que normalmente não torce a vista enquanto fala, olha para a ponta do nariz e, desse modo, torce a vista, aquilo que está contando é sempre mentira. Mas não se deve considerar aí o estado defeituoso dos olhos de um estrábico, que pode ser completamente livre desse vício.

De resto, existem gesticulações constituídas pela natureza mediante as quais homens de todas as raças e climas se entendem, mesmo sem acordo prévio. Destas fazem parte *balançar a cabeça* (na afirmação), *sacudi-la* (na negação), *levantá-la* (em desafio), *abaná-la* (em admiração), *arrebitar o nariz* (de escárnio), o *sorriso* trocista (arreganhando os dentes), ficar de *beiço caído* (à rejeição de um desejo), *franzir a testa* (em desaprovação), *abrir e fechar rapidamente a boca* (ora!), *acenar com as mãos* aproximando-as e afastando-as, *bater as mãos por sobre a cabeça* (de surpresa), *cerrar o punho* (em ameaça), *inclinar-se, colocar o dedo sobre a boca* (*compescere labella*) para pedir silêncio, *apupar* etc.

Notas esparsas

Expressões faciais repetidas com frequência, acompanhando mesmo involuntariamente o movimento da mente, tornam-se pouco a pouco traços constantes do rosto, mas desaparecem com a morte; por isso, como observa Lavater, o rosto assustador, que revela o malvado em vida, como que se enobrece (negativamente) na morte, porque então, como todos os músculos relaxam, sobra apenas como que a expressão do repouso, que é inocente. — Assim pode ocorrer também que um homem, cuja juventude transcorrera sem desvios, com o passar da idade mude de fisionomia, apesar da perfeita saúde, devido à devassidão, mas a partir dessa outra fisionomia não se pode chegar a conclusão sobre sua disposição natural.

Fala-se também de rosto *comum*, em oposição ao rosto aristocrático. Este último não significa nada mais que uma presumida importância, unida à maneira cortesã da bajulação, que só prospera nas grandes cidades, onde os homens entram em atrito uns com os outros e pulem as suas asperezas. Por isso, funcionários nascidos e educados na província, quando são promovidos a cargos de importância na cidade, para onde vão com suas famílias, || ou ainda quando se qualificam para eles por sua posição social, não demonstram uma certa vulgaridade apenas em suas maneiras, mas também na expressão do rosto. Pois, como não se sentiam constrangidos em sua esfera de atuação, por não terem de lidar senão com subordinados, os músculos do rosto não adquiriram a flexibilidade necessária para cultivar o jogo de expressão facial adequado a todas as situações em que deve estar com superiores, inferiores e iguais, além das afecções ligadas a esse jogo, que é requerido, sem concessão alguma, para ser bem recebido em sociedade. Em contrapartida, pessoas da mesma posição conhecedoras das maneiras urbanas, sendo conscientes de ter uma superioridade sobre as outras, imprimem em traços duradouros essa consciência em seus rostos, quando um longo exercício a torna habitual.

Numa religião ou culto que detém o poder do Estado, os *devotos*, se são por longo período disciplinados e como que entorpecidos em mecânicos exercícios de fervor religioso, introduzem em todo um povo, dentro dos limites desse Estado, traços nacionais que o caracterizam fisionomicamente. Assim, o sr. Fr. Nicolai[14] fala de desagradáveis rostos *abençoados* na Bavária; em compensação, a liberdade de ser descortês, própria da velha Inglaterra, *John Bull* já a leva estampada no rosto para usá-la onde quer que possa ir, no estrangeiro ou contra um estrangeiro em seu próprio país. Há, pois, uma fisionomia nacional, sem que se possa considerá-la precisamente inata. — Existem designações características em sociedades que são punidas por lei. Em suas viagens, um hábil médico alemão[15] observa que os presos no *Rasphuis* de Amsterdã, na *Bicêtre* de Paris e na *Newgate* de Londres eram em sua maior parte homens fortes e conscientes de sua superioridade; mas de nenhum será

---

[14] Friedrich Nicolai, escritor da Ilustração, autor, entre outras obras, da *Beschreibung einer Reise durch Deutschland und die Schweiz im Jahre 1781*. [Descrição de uma viagem pela Alemanha e a Suíça no ano de 1781.] Berlim, 1783-1797, tomo 6, pp. 544 e 752-753. (K.) (N.T.)

[15] J. F. K. Grimmem em *Bemerkungen eines Reisenden durch Deutschland, Frankreich, England und Holland*. [Observações de um viajante pela Alemanha, França, Inglaterra e Holanda.] Altenburg, 1775, p. 334. (K.) (N.T.)

lícito dizer, com o ator *Quin*:[16] "Se este sujeito não é um malandro, então o Criador não escreve em caracteres legíveis". Pois para assim decidir tão violentamente seria necessário, mais do que qualquer mortal possa se arrogar possuí-la, a faculdade de distinguir entre o jogo que a natureza joga com as formas de sua constituição, a fim de produzir meramente a multiplicidade dos temperamentos, e aquilo que nesse jogo ela faz ou não pela moral.

B
O caráter do sexo

Em todas as máquinas que devem produzir com menos força o mesmo tanto que outras produzem com força maior, é preciso pôr **arte**. Pode-se, por isso, admitir de antemão que a previdência da natureza terá colocado mais arte na organização da parte feminina que na da masculina, porque, não apenas para juntar os dois na mais estreita união *física*, mas também, como seres *racionais*, para o fim que mais interessa a ela mesma, a saber, a conservação da espécie, ela dotou o homem de mais força que a mulher e os muniu, além disso, naquela qualidade (de animais racionais), de inclinações sociais para manter duradouramente sua comunidade sexual numa união doméstica.

Para a unidade e indissolubilidade de uma ligação não é suficiente o encontro aleatório de duas pessoas: uma das partes tem de estar *submetida* a outra e, reciprocamente, uma ser superior à outra em algum aspecto, para poder dominá-la ou governá-la. Pois se entre duas pessoas que não podem prescindir uma da outra há pretensões *iguais*, nelas o amor-próprio gera apenas discórdia. No *progresso da civilização*, cada uma das partes tem de ser superior de maneira heterogênea: o homem tem de ser superior à mulher por sua capacidade física e sua coragem, mas a mulher, por seu dom natural de dominar a inclinação do homem por ela; porque, pelo contrário, no estado ainda não civilizado, a superioridade está simplesmente do lado do homem. — Por isso, na antropologia a especificidade da mulher é um objeto de estudo para o filósofo, mais que a do sexo masculino. No rude estado de natureza tal especificidade não pode ser reconhecida, tão pouco quanto a das maçãs e pêras silvestres, cuja variedade só se descobre por enxerto ou inoculação; pois não é a ci-

---

[16] Célebre ator inglês (1693-1766). (V.) (N.T.)

vilização que introduz essas qualidades femininas, mas só lhes dá ocasião de se desenvolver e, em circunstâncias favoráveis, tornar conhecidas. Feminilidades significam fraquezas. Graceja-se com elas, os tolos as utilizam para seu escárnio, mas os sensatos vêem muito bem que são elas justamente as alavancas que dirigem a masculinidade, e que as mulheres as empregam para aquele seu fim. O homem é fácil de investigar, a mulher não revela || seu segredo, ainda que não guarde bem o de outros (devido à sua loquacidade). Ele ama a *paz do lar* e se submete de bom grado ao regimento dela, simplesmente para não se ver estorvado em seus afazeres; a mulher não teme a *guerra doméstica*, em que ela combate com sua língua, e em vista da qual a natureza lhe deu a loquacidade e eloquência carregada de emoção, que desarma o homem. Ele se baseia no direito do mais forte para mandar na casa, porque deve protegê-la contra os inimigos externos; ela, no direito do mais fraco: o de ser protegida pelo homem contra os homens; com lágrimas de amargura deixa o homem sem armas, ao lançar-lhe na cara a falta de generosidade dele.

304

No rude estado de natureza, sem dúvida, isso é diferente. A mulher é como um animal doméstico. O homem vai à frente com suas armas na mão, e a mulher o segue, carregando a bagagem de utensílios do lar. Mas mesmo ali onde uma constituição civil bárbara torna legal a poligamia, a mulher favorita sabe obter, dentro de sua jaula (denominada harém), o domínio sobre o homem, e este pena muito para conseguir uma paz tolerável na disputa de muitas para ser *aquela* (que há de dominá-lo).

No estado civil, a mulher não se entrega ao desejo do homem sem casamento, e casamento *monogâmico*: aqui, se a civilização ainda não chegou até a liberdade feminina de receber *galanteios* (ter também publicamente outros homens como pretendentes), o homem castiga a mulher que o ameaça com um rival.[17] Mas se o galanteio se converteu em moda e o ciúme em algo ridículo (como não deixa de ocorrer numa época de

[17] Considera-se geralmente como fábula a antiga lenda a respeito dos russos, segundo a qual as mulheres suspeitavam que seus maridos estavam tendo caso com outras mulheres se, de quando em quando, não apanhassem deles. Mas nas viagens de Cook se pode ler que um marujo inglês, vendo um índio de Otaheit* bater na mulher, quis dar uma de galante e avançou sobre ele, ameaçando-o. A mulher se voltou no ato contra o inglês, perguntando-lhe que tinha a ver com isso! O homem tinha de fazer aquilo!
—— Da mesma forma, quando a mulher casada estimula visivelmente o galanteio e seu marido já não presta atenção nisso, mas se sente compensado com reuniões para beber ponche e jogar ou com cortejar outras mulheres, também se notará que, não só desprezo, também *ódio* brotará do lado feminino, porque a mulher reconhece nisso que ele já não lhe dá nenhum valor e abandona indiferente sua esposa a outros, como um osso a ser roído por eles. (N.A.)

luxo), ‖ o caráter feminino se revela: com seu afeto pelos homens ele exige liberdade e, ao mesmo tempo, a conquista desse sexo inteiro. — Ainda que goze de má reputação sob o nome de coqueteria, essa inclinação não é desprovida de verdadeiro fundamento que a justifique. Pois uma jovem senhora está sempre em perigo de se tornar viúva, e isso faz com que lance seus charmes a todos os homens que as circunstâncias tornam disponíveis para o matrimônio, a fim de que, caso aquilo aconteça, não lhe falte pretendentes.

Pope[18] acredita que se pode caracterizar o sexo feminino (entenda-se a parte cultivada dele) por dois aspectos: a inclinação a *dominar* e a inclinação ao *contentamento*. — Por este último, no entanto, não se deve entender o contentamento doméstico, mas o público, pelo qual o sexo feminino pode se mostrar vantajosamente e se distinguir; então a segunda inclinação também se dissolve na primeira, a saber, não agradar menos que as rivais, mas, se possível, vencer a todas elas por seu gosto e charme. — — Mas também a inclinação mencionada por primeiro não serve, como inclinação em geral, para caracterizar uma classe de seres humanos em geral em relação a outras. Pois a inclinação ao que nos é vantajoso é comum a todos os seres humanos, portanto também a de dominar, tanto quanto nos seja possível; por isso, ela não *caracteriza*. — Entretanto, que esse sexo se ache em guerra constante consigo mesmo e, pelo contrário, em muito bom entendimento com o outro, talvez isso possa ser entendido como fazendo parte do caráter dele, se não fosse mera *consequência* natural da rivalidade em tentar obter vantagem na afeição e apego dos homens. Como a inclinação a *dominar* é o verdadeiro fim, o *contentamento público*, pelo qual se amplia o espaço de jogo de seus charmes, é apenas o meio de levar a efeito aquela inclinação.

Só se pode chegar à característica desse sexo utilizando como princípio não aquilo que *tomamos* por nosso fim, mas aquilo que era o *fim da natureza* na instituição da feminilidade, e uma vez que, mesmo por intermédio da tolice dos homens, e no entanto conforme o propósito natural, tal fim tem de ser sabedoria, esses seus supostos fins podem servir também para indicar o princípio dela, que não depende de nossa escolha, mas de um propósito superior que ela tem para com o gênero humano. São eles: 1. a conservação da espécie, ‖ 2. a cultura e o refinamento da sociedade por meio da feminilidade.

* O Taiti, devido a um mal-entendido, foi designado por James Cook como *Otaheit*. Seu descobridor o enalteceu como ilha paradisíaca, que pelo suficiente dom da natureza possibilitava aos seus moradores um prazer de vida sem esforço. Sobre isso ver também em Kant: *Reflexion zur Anthropologie*, Refl. n. 1500 (XV: 970). (N.T.)

[18] Pope. *Epistles to Several Persons II: To a Lady*, versos 209-210. (N.T.)

I. Quando a natureza confiou ao seio feminino seu penhor mais caro, a saber, a espécie na forma de um feto mediante o qual o gênero deveria se reproduzir e eternizar, ela teve, por assim dizer, medo quanto à conservação dele e implantou na natureza dele esse *medo* de ferimentos *corporais*, bem como a timidez diante de semelhantes perigos; fraquezas pelas quais esse sexo exige legitimamente que o masculino o proteja.

II. Querendo infundir também os finos sentimentos referentes à civilização, isto é, os da sociabilidade e do decoro, a natureza tornou muito cedo esse sexo hábil para dominar o masculino mediante sua decência e sua eloquência na linguagem e nos gestos, exigindo comportamento suave e cortês por parte do sexo masculino, de tal modo que este último se viu, devido à própria generosidade, invisivelmente cativado por uma criança, e por ela levado, não precisamente à moralidade mesma, mas àquilo com que se veste, a decência moralizada, preparação e exortação àquela.

Notas esparsas

A mulher quer dominar, o homem, ser dominado (principalmente antes do casamento). Daí os galanteios da antiga nobreza de cavalaria. — A mulher muito cedo infunde em si mesma confiança para agradar. O jovem sempre teme desagradar, daí seu embaraço (constrangimento) na companhia das damas. — Já unicamente pela qualificação de seu sexo, a mulher afirma esse seu orgulho de manter afastada toda e qualquer impertinência do homem, pelo respeito que infunde, e o direito de exigir atenção, mesmo sem ter nenhum mérito. — A mulher *recusa*, o homem *solicita*; a submissão dela é favorecimento. — A natureza quer que a mulher seja a solicitada, por isso ela não precisou ser tão delicada na escolha (segundo o gosto) quanto o homem, ao passo que a natureza também construiu o homem mais grosseiramente, o qual já agrada a mulher quando mostra em sua figura vigor e destreza para defendê-la; pois se, para poder se apaixonar, a beleza da figura dele lhe causasse repugnância ou se ela fosse refinada na escolha, então seria *ela* quem teria de se mostrar como a pretendente, e *ele,* como o que recusa, o que diminuiria totalmente o valor de seu sexo, inclusive aos olhos do homem. || — Ela precisa parecer fria, o homem, ao contrário, cheio de afeto no amor. Não atender a um pedido apaixonado, parece ultrajante para o homem; dar facilmente ouvido a ele, ultrajante para a mulher. — O desejo desta última de que seus encantos possam atuar sobre todo homem fino é coqueteria; fingir estar apaixonado por toda mulher é galanteria; ambas podem ser mero fingimento tornado moda, sem nenhuma consequência séria, como o chichisbéu, uma liberdade afetada da mulher no casamento, ou *o modo de vida das cortesãs* na Itália dessa mesma época [na *Historia concilii Tridentini* diz-se entre outras coisas: *erant ibi etiam 300 honestae meretrices, quas cortegianas vocant*],[19] do qual se conta que continha mais depurado cultivo de polidez pública que as reuniões entre ambos sexos nas residências particulares. — O homem pede em casamento somente *sua* mulher, mas a mulher pede a inclinação de *todos* os homens; ela só se *enfeita* para os olhos de seu próprio sexo, ciosa de superar as demais mulheres em encantos ou em distinção; o homem, ao contrário, se enfeita para o sexo feminino, se é que se pode chamar de enfeite àquilo que no traje só serve para não causar vergonha à própria esposa. — O homem julga as faltas femininas com indulgência, mas a mulher (publicamente) com muito rigor, e as jovens senhoras, se tivessem de escolher entre um tribunal masculino ou feminino para julgar suas faltas, seguramente escolheriam o primeiro como juiz. — Se o refinamento do luxo aumenta, a mulher só se mostra modesta por pressão e não esconde o desejo de que preferiria ser o homem, quando poderia dar maior e mais livre espaço de jogo a suas inclinações; mas nenhum homem quererá ser mulher.

A mulher não pergunta pela abstinência do homem antes do casamento; mas a da mulher é infinitamente importante para ele. — No casamento, as mulheres fazem troça da intolerância (ciúme dos maridos em geral), mas é só brincadeira delas; a mulher *solteira* julga sobre esse ponto com muita severidade. — No que diz respeito às mulheres doutas, elas necessitam de seus *livros* como de seu *relógio*, a saber, elas o portam a fim de que se veja que possuem um, ainda que geralmente esteja parado ou não tenha sido acertado.

A virtude ou a falta de virtude feminina é muito diferente da masculina, não tanto pela índole, quanto pelo móbil. Ela deve ser *paciente*, ele tem de ser *tolerante*. Ela é *suscetível*, ele, *sensível*. — No || homem, economia é *ganhar*, na mulher, *poupar*. O homem é ciumento *quando ama*; a mulher também o é sem que ame, porque perde em seu círculo de adoradores tantos quantos admiradores são conquistados por outras mulheres. — O homem tem gosto para *si*, a mulher faz de si mesma objeto de gosto para *todos*. — "O que o mundo diz é *verdade*, e o que ele faz é *bom*", é um princípio feminino, que dificilmente se deixa conjugar com um *caráter* no significado estrito da palavra. Existiram,

---

[19] "Havia ali também 300 meretrizes honestas chamadas de cortesãs." Paolo Sarpi (1552-1623), *História do Concílio de Trento*. Külpe não encontrou, nos oitos tomos da tradução latina, a passagem citada por Kant. (V.) (N.T.)

todavia, mulheres valorosas que, em relação aos seus assuntos domésticos, sustentaram com glória um caráter condizente com esse seu destino. — Milton foi convencido pela mulher a aceitar o posto de secretário de língua latina a ele oferecido após a morte de Cromwell, ainda que fosse contrário a seus princípios declarar agora legítimo um governo que antes apresentara como ilegítimo. "Ah!" respondeu-lhe ele, "meu amor, você e outras de seu sexo querem andar em carruagem, mas eu... tenho de ser um homem honrado." — A mulher de Sócrates e talvez também a de Job foram igualmente tolhidas por seus valorosos maridos, mas a virtude masculina se afirmou no caráter delas, sem no entanto tirar da feminina o mérito obtido por elas na situação em que foram colocadas.

Consequências pragmáticas

O sexo feminino tem de aprimorar e disciplinar a si mesmo naquilo que diz respeito ao prático; o masculino não sabe fazê-lo.

O marido *jovem* domina a esposa *mais velha*. Isso se funda no ciúme, pelo qual a parte inferior em capacidade sexual receia usurpações da outra parte em seus direitos, e por isso se vê obrigada a aceder complacente e atenciosamente a ela. — É assim que toda esposa experiente desaconselhará o casamento com um homem jovem, ainda que também tenha a *mesma* idade, pois com o passar dos anos a parte feminina envelhece antes da masculina, e mesmo que se desconsidere essa desigualdade, não se pode esperar com certeza que haverá concórdia, a qual se funda na igualdade, e uma mulher jovem e inteligente tornará maior a felicidade do casamento com um homem saudável, mas visivelmente mais velho. — Um homem, no entanto, que ‖ talvez já antes do casamento consumiu sua *capacidade sexual* na devassidão, será o bobo em seu próprio lar, pois só pode ter as rédeas da casa, se satisfaz reivindicações justas.

Hume observa[20] que as mulheres (inclusive as solteironas) se aborrecem mais com sátiras sobre o *casamento* que com *alfinetadas* a respeito de seu *sexo*. — Pois com estas nunca se pode ser sério, já aquelas poderiam certamente se tornar sérias, se se dá o devido relevo às amolações do estado conjugal, de que o solteiro está livre. Entretanto, um livre-pensadeirismo nessa matéria teria graves consequências para todo o sexo feminino, porque este seria rebaixado a mero meio de satisfação

---

[20] *Philosophical Works*, v. IV, p. 383, n. 81. (N.T.)

da inclinação do outro sexo, inclinação que pode facilmente se converter em fastio e volubilidade. — A mulher se torna livre com o casamento; com ele, o homem perde a sua liberdade.

Investigar, *antes* de casar, as qualidades morais de um homem, principalmente se for jovem, nunca é coisa para uma mulher. Ela crê poder melhorá-lo; "uma mulher sensata", diz, "pode endireitar um homem corrompido", juízo no qual ela na maior parte da vezes se vê enganada de modo mais lamentável. Aí entra também a opinião das crédulas, de que os excessos desse homem antes do casamento podem ser relevados, já que agora, se é que ainda não se consumiu, terá bastante provimento para esse instinto em sua esposa. — As boas crianças não pensam que a devassidão nessa matéria consiste justamente na mudança do gozo, e a monotonia do casamento logo o fará retornar ao modo de vida anterior.[21]

Quem deve ter o comando supremo da casa? Pois apenas um pode harmonizar todos os afazeres com os fins dela. — Eu diria na linguagem do galanteio (porém não sem verdade): a mulher deve *dominar* e o homem *governar*; pois a inclinação domina, e o entendimento governa. — A conduta do marido deve mostrar que || o que lhe importa, antes de tudo, é o bem de sua esposa. Mas porque é o homem quem tem de saber melhor como está a situação e como pode melhorar: tal como um ministro ao monarca que só pensa em seus prazeres, e que prepara uma festa ou a construção de um palácio, ele declarará primeiramente seu empenhado apoio às ordens deste, mas dirá, por exemplo, que não há no momento dinheiro no tesouro, que certas necessidades urgentes têm de ser atendidas antes etc., de forma que o soberano supremo possa fazer tudo o que quiser, com a condição, não obstante, de que a realização dessa vontade lhe seja possibilitada pelo seu ministro.

Como é a mulher que deve ser procurada (pois é isso que quer a recusa necessária ao sexo), ela terá de procurar agradar em geral mesmo já casada, a fim de que se encontrem pretendentes para ela, caso enviuve jovem. — O homem abdica de todas essas pretensões com o vínculo matrimonial. — Por isso, o ciúme motivado por esse coquetismo da mulher é injusto.

Contudo, o amor conjugal é, por natureza, *intolerante*. As mulheres às vezes zombam dele, mas, como já se observou acima, por brincadeira; pois ser tolerante e indulgente com a intromissão de estranhos nesses

---

[21] A consequência disso é tal como nas *Viagens de Scarmentado*, de Voltaire: "Finalmente", diz ele, "regressei a minha pátria, Candia, lá tomei uma mulher como esposa, logo fui traído, e achei que este é o modo de vida mais cômodo de todos." (N.A.)

direitos teria de ter por consequência o desprezo do lado feminino e, com isso, também o ódio a semelhante marido. Que geralmente os pais *estraguem* as suas filhas *com mimos*, e as mães, aos seus filhos, e que, dentre esses últimos, o menino mais peralta, se é atrevido, é geralmente mimado pela mãe, isso parece ter seu fundamento na perspectiva das necessidades por que passarão os pais em *caso de morte* do cônjuge: pois se o marido perde a mulher, ele tem em sua filha mais velha um amparo que cuidará dele; se a mãe perde o marido, o filho adulto e de boa índole tem em si o dever e também a inclinação natural de honrá-la, ampará-la e tornar-lhe agradável a vida de viúva.

* * *

Detive-me neste item da característica mais longamente do que pode parecer proporcional com relação às demais partes da antropologia, mas nessa sua economia a natureza também colocou um tão rico tesouro de dispositivos em vista de seu fim, o qual não é nada menos que a conservação da espécie, que por ocasião de investigações mais detidas ǁ ainda haverá, por muito tempo, matéria suficiente para problemas, em que se admirará e utilizará praticamente a sabedoria que faz as disposições naturais se desenvolverem pouco a pouco.

C
O caráter do povo

Pela palavra *povo* (*populus*) se entende a *porção* de seres humanos unidos num território, desde que constitua um *todo*. Aquela porção ou também parte deles que se reconhece unida, pela procedência comum, num todo civil, chama-se *nação* (*gens*); a parte que se exclui dessas leis (a porção selvagem nesse povo) se chama *plebe* (*vulgus*),[22] cujo vínculo

---

[22] O nome injurioso *la canaille du peuple* tem provavelmente sua origem em *canalicola*, um bando de ociosos que andava de lá para lá junto ao canal na antiga Roma e que ridicularizava as pessoas ocupadas (*cavillator et ridicularius, vid. Plautus, Curcul.*).* (N.A.)
* As expressões *cavillator* (zombador) e *ridicularia* (algazarra) não se encontram no *Curculio* de Plauto, mas no *Miles Gloriousus*, na *Asinaria* e no *Truculentus*; *ridicularius* só se encontra em Aulo Gélio. A dedução de Kant é inexata. *Canaille*, em italiano *canaglia*, significa propriamente "povo de cachorros" (provém de *canis*). (K.) (N.T.)

ilegal é *motim* (*agere per turbas*), procedimento que a exclui da qualidade de cidadão de um Estado.

Hume opina[23] que, quando numa nação cada um dos indivíduos se dedica a ter um caráter particular (como entre os ingleses), a nação mesma não tem caráter algum. Parece-me que nisso ele erra, pois afetar um caráter é justamente o caráter geral do povo ao qual ele mesmo pertenceu, e é desprezo de todos os estrangeiros, especialmente porque o povo inglês crê ser o único a poder se vangloriar de uma genuína constituição, que une a liberdade civil interna com o poder externo.

— Semelhante caráter é orgulhosa *grosseria*, em oposição à *cortesia*, que se torna facilmente familiar; é uma conduta obstinada contra todos os outros, provindo de uma presumível independência, em que se crê poder não precisar de nenhum outro e, portanto, também se dispensar da afabilidade para com eles.

Desse modo, os dois povos *mais civilizados* da terra,[24] que são os mais opostos no contraste do caráter e talvez principalmente por isso estão em constante conflito, Inglaterra e || França, também segundo o caráter inato delas, do qual o adquirido e artificial é somente a consequência, talvez sejam os únicos povos dos quais se pode admitir um caráter determinado e imutável, enquanto não se misturarem pela violência da guerra. — Que a língua francesa tenha se tornado a língua universal da *conversação*, principalmente do mundo feminino refinado, a inglesa, porém, a língua *comercial* mais difundida no mundo dos negócios,[25] isso certamente se baseia na diferença entre a situação continental e a situação insular. Mas no tocante ao natural delas, que realmente possuem agora, e ao seu aprimoramento pela língua, ele precisaria ser deduzido do caráter inato do povo primitivo de que descendem, mas para isso nos faltam documentos. — Numa antropologia de um ponto de vista pragmático, o que nos importa, porém, é apenas apresentar o caráter de ambos, como eles são agora, mediante alguns exemplos e, até onde for possível, sistematicamente; mediante exemplos que permitam julgar o que um pode esperar do outro e como um pode utilizar o outro em seu proveito.

Transmitidas de geração em geração ou tornadas como que natureza pelo longo uso e infundidas no povo, as máximas, que exprimem a índole dele, são apenas muitas tentativas ousadas de classificar empiricamente,

---

[23] *Essays.* I, 252, no capítulo *Of national characters.* (V.) (N.T.)

[24] Entende-se que nessa classificação não se considera o povo alemão, porque o elogio do autor, que é alemão, seria um auto-elogio. (N.A.)

[25] O espírito comercial também mostra certas modificações em seu orgulho na variedade de tom em que se gaba. O inglês diz: "O homem *vale* um milhão"; o holandês: "Ele *comanda* um milhão"; o francês: "Ele *possui* um milhão". (N.A.)

mais para o geógrafo do que para o filósofo segundo princípios racionais, as *variedades* existentes na propensão natural de povos inteiros.[26]

Que o caráter de um povo dependa inteiramente da forma de governo é uma afirmação infundada que nada esclarece: pois de onde tem o próprio governo seu caráter peculiar? — Tampouco clima e solo podem dar a chave disso, já que as migrações de povos inteiros demonstraram que eles não mudaram o caráter em seus novos domicílios, mas apenas o adaptaram, conforme as circunstâncias, a estes, deixando no entanto sempre ainda transparecer, na língua, no modo de trabalhar e mesmo no vestuário, os vestígios de sua origem e, com isso, também o seu caráter. — — Farei um esboço do retrato deles, desenhando-os um pouco mais pelo lado de seus defeitos e desvios da regra que pelo lado belo (sem entretanto chegar à caricatura), pois, sem contar que a adulação *corrompe*, mas a censura *corrige*, o crítico peca menos contra o amor-próprio dos homens quando simplesmente lhes mostra, sem exceção, as suas faltas, do que quando, com mais ou menos elogios aos assim julgados, apenas desperta a inveja de uns contra os outros.

1. Dentre todas as outras, a *nação francesa* se caracteriza pelo gosto da conversação, com respeito ao qual é o modelo de todas as demais. É *cortesã*, principalmente com o estrangeiro que a visita, ainda que agora já não esteja em moda ser *cortesão*. O francês não é cortês por interesse, mas pela necessidade imediata do gosto de se comunicar. Como esse gosto se refere principalmente ao trato com as mulheres na alta sociedade, a linguagem das damas se transformou na língua universal dessa sociedade, e é em geral indiscutível que uma inclinação dessa espécie tenha de ter influência sobre a disponibilidade para prestar serviços, sobre a benevolência solícita e, paulatinamente, sobre o amor

---

[26] Os turcos, que chamam a Europa cristã de *Franquistão*, se viajassem para conhecer os homens e aprender seus caracteres étnicos (o que nenhum povo além do europeu faz, o que prova a limitação do espírito de todos os restantes), fariam a divisão deles, de acordo com os defeitos de seus caracteres, talvez da seguinte maneira: 1. O *país das modas* (França). — 2. O *país dos humores* (Inglaterra). — 3. O *país dos antepassados* (Espanha). — 4. O *país da pompa* (Itália). — 5. O *país dos títulos* (Alemanha, ao lado de Dinamarca e Suécia, como povos germânicos). — 6. O *país dos senhores* (Polônia), onde cada cidadão quer ser senhor, mas nenhum desses senhores, salvo o que não é cidadão, quer ser súdito. — — A Rússia e a Turquia europeia, ambas em grande parte de origem asiática, estariam fora do Franquistão: a primeira de origem *eslava*, a segunda de origem *árabe*, dois povos primitivos que em outros tempos estenderam seu domínio sobre uma parte da Europa, maior que || a já dominada por outro povo, e que caíram no estado de uma constituição de lei sem liberdade, onde, portanto, ninguém é cidadão. (N.A.)

universal pelos homens segundo princípios, e que, no todo, um tal povo tenha de se tornar *digno de amor*.

O reverso da moeda é a *vivacidade* não suficientemente refreada por princípios reflexivos e, a despeito da perspicácia da razão, uma leviandade em não deixar durar certas formas, simplesmente porque se tornaram velhas ou também foram apreciadas em excesso, mesmo que todos se dêem bem com elas, e um contagioso *espírito de liberdade* que também arrasta a própria razão para dentro de seu jogo e produz, na relação do povo com ‖ o Estado, um entusiasmo avassalador, que extrapola os limites mais extremos. — As qualidades desse povo, desenhadas em preto e branco, mas segundo modelos reais, podem ser facilmente representáveis num todo, sem outra descrição, apenas mediante fragmentos desconexos, como materiais para a caracterização.

As palavras: *esprit* (em vez de *bons sens*), *frivolité, galanterie, petit maître, coquette, étourderie, point d'honneur, bon ton, bureau d'esprit, bon mot, lettre de cachet* — e outras semelhantes não são facilmente traduzidas em outras línguas, porque designam mais a peculiaridade da índole da nação que as pronuncia do que o objeto presente no pensamento de alguém.

2. O *povo inglês*. A antiga estirpe dos *britânicos* [*Briten*][27] (um povo celta) parece ter sido uma casta de homens denodados, mas as imigrações dos alemães e da estirpe do povo francês (pois a breve presença dos romanos não pôde deixar vestígio perceptível) extinguiu a originalidade desse povo, como o prova a sua língua mesclada, e uma vez que a situação insular de seu solo, que o mantém bem seguro contra ataques externos e antes até o convida a tornar-se agressor, fez dele um povo poderoso no comércio marítimo, possui um caráter que ele mesmo adquiriu para si, ainda que por natureza não tenha propriamente nenhum. O caráter do inglês, por conseguinte, não poderia significar nada mais que o princípio, aprendido bem cedo por meio de lição e exemplo, segundo o qual tem de criar para si um tal caráter, isto é, tem de afetar ter um, pois um intento rígido de perseverar num princípio voluntariamente adotado e de não se desviar de uma certa regra (qualquer que seja), dá a um homem a importância de que se sabe seguro do que se há de esperar *dele*, e *ele* dos outros.

---

[27] Como grafa corretamente o senhor professor Büsch* (de acordo com a palavra *britanni*, e *não brittanni*). (N.A.)
* Johann Georg Büsch (1728-1800), professor de matemática no Ginásio de Hamburgo, é autor de uma *Enzyklopädie der historischen, philosophischen und mathematischen Wissenschaften* [Enciclopédia de ciências históricas, filosóficas e matemáticas], Hamburgo, 1775 e de muitas outras obras, principalmente de ciências econômicas. (V.) (N.T.)

Que esse caráter se oponha diretamente ao do povo francês, mais do que a qualquer outro, fica claro pelo fato de que renuncia a toda amabilidade, a principal qualidade dos franceses no relacionamento com os outros, e até mesmo à amabilidade entre si, e exige apenas respeito, situação em que, aliás, cada qual deseja viver meramente segundo sua própria cabeça. Para seus compatriotas o inglês ergue grandes || fundações beneficentes, de que jamais se ouviu falar em outros povos. — Mas o estrangeiro que o destino fizer ir parar em seu território, e que passe por grande privação, sempre poderá acabar na estrumeira, porque não é inglês, ou seja, não é ser humano.

O inglês, porém, também se isola em sua própria pátria, onde gasta o mínimo para comer. Ele prefere comer sozinho num quarto a comer à mesa da taberna gastando o mesmo dinheiro, porque nesta última se requer um pouco de cortesia, e no estrangeiro, por exemplo, na França, para onde os ingleses só viajavam com o intuito de proclamar abomináveis todas as estradas e estalagens (como o Dr. Sharp),[28] eles se reúnem somente em companhia uns dos outros. — É estranho que, enquanto o francês geralmente ama a nação inglesa e a elogia com respeito, o inglês (que não saiu de seu país) em geral despreze e odeie o francês; a culpa disso não é bem a rivalidade dos vizinhos (pois indiscutivelmente a Inglaterra se vê como superior à França), mas o espírito comercial, que, sob a suposição de constituir a classe mais distinta, é bastante insociável entre comerciantes de um mesmo povo.[29] Como ambos povos tem suas costas próximas uma da outra e são separados um do outro apenas por um canal (que, sem dúvida, bem poderia se denominar um mar), a rivalidade entre eles produz em suas rixas sempre um caráter político modificado de diversas maneiras: *apreensão*, de um lado, e *ódio*, de outro, são duas formas da incompatibilidade entre eles, das quais aquela tem por propósito a *própria conservação*, esta, a *dominação*, ou, caso contrário, o extermínio dos outros.

Podemos delinear mais brevemente agora a caracterização dos povos restantes, cuja particularidade nacional não poderia ser em sua maior parte derivada tanto do tipo diferente de sua cultura, como nos povos

---

[28] Samuel Sharp no *Neue Hamburgerische Magazin* [Novo magazine de Hamburgo], II (1767), pp. 259 e segs. (K.) (N.T.)

[29] Em geral o espírito comercial é em si insociável, como o espírito de nobreza. Uma *casa* (assim o comerciante chama a sua empresa) está separada da outra por seus negócios, como por uma ponte elevada a *residência de um nobre* da de outro, banindo-se dali o trato cordial sem cerimônia; para esse tratamento um nobre precisaria ser um dos *protegidos* do outro, os quais, todavia, já não seriam considerados como membros da nobreza. (N.A.)

precedentes, quanto das disposições de suas naturezas, as quais se devem à mescla de estirpes originariamente distintas.

‖ 3. O *espanhol*, nascido da mistura de sangue europeu com árabe (mouro), mostra em sua conduta pública e privada uma certa *solenidade*, e o camponês mostra consciência de sua *dignidade* mesmo perante superiores, aos quais também está legalmente sujeito. — A grandeza espanhola e a grandiloquência encontrada mesmo em sua língua de conversação revelam um nobre orgulho nacional. A íntima malícia francesa lhe é, por isso, inteiramente repugnante. Ele é moderado, dedicado de coração às leis, principalmente às de sua velha religião. — Essa gravidade também não o impede de se divertir nos dias festivos (por exemplo, apresentando sua colheita com canto e dança), e quando num domingo à noite se arranha o *fandango*, nesse momento não faltam trabalhadores ociosos para dançar ao som dessa música nas ruas. — — Este é seu lado bom.

O ruim é que ele não aprende com os estrangeiros e não viaja para conhecer outros povos;[30] nas ciências permanece séculos atrás; avesso a qualquer reforma, tem orgulho de não ter de trabalhar; de disposição de espírito romântica, como demonstra a corrida de touros, e cruel, como demonstra o antigo *auto-de-fé*, revela em parte no seu gosto a origem não-europeia.

4. O *italiano* reúne a vivacidade francesa (jovialidade) com a seriedade espanhola (firmeza), e seu caráter estético é um gosto unido à afecção, assim como a vista de seus Alpes para os vales encantadores oferece matéria, por um lado, para despertar o ânimo, por outro, para a fruição tranquila. Ali, o temperamento não é misto nem dessultório (pois se o fosse não daria caráter algum), mas uma disposição da sensibilidade para o sentimento do sublime, conquanto seja compatível com o do belo. — Em seus gestos exterioriza-se um forte jogo de seus sentimentos, e seu rosto é expressivo. Os discursos de seus advogados diante dos tribunais são tão repletos de afeto, que se assemelham a uma declamação teatral.

Assim como o francês prima pelo gosto na conversação, o italiano prima pelo *gosto artístico*. O primeiro prefere as diversões ‖ *privadas*; o outro, as *públicas*: desfiles pomposos, procissões, grandes espetáculos teatrais, carnavais, mascaradas, magnificência nos edifícios públicos, quadros pintados com pincel ou em trabalho de mosaico, antiguidades romanas em grande estilo, para *ver* e ser visto em grande companhia. Mas

---

[30] O espírito limitado de todos os povos que não sentem a curiosidade desinteressada de conhecer, por seus próprios olhos, o mundo exterior, e menos ainda de se transplantar para lá (como cidadãos do mundo), é algo característico deles, e nisso franceses, ingleses e alemães se diferenciam vantajosamente dos demais. (N.A.)

ao mesmo tempo (e para não esquecer o interesse próprio): a invenção do *câmbio*, dos *bancos* e da *loteria*. — — Este é seu lado bom, assim como a *liberdade* que os *gondolieri* e *lazzaroni* podem se dar no trato com os nobres.

O lado ruim é que eles conversam, como disse Rousseau,[31] em salas luxuosas e dormem em ninhos de ratos. Suas *conversazioni* são semelhantes a uma bolsa de valores onde a senhora da casa faz servir petiscos a um grande número de pessoas, a fim de que, passeando pelo salão, se comuniquem uns aos outros as novidades do dia, sem que para isso a amizade seja precisamente necessária, e apenas uma pequena parte é selecionada para cear entre aquelas pessoas à noite. — Mas o lado *mau* é: o uso do punhal, os bandidos, o refúgio do assassino em lugares sagrados, o desprezado ofício dos esbirros[32] etc., que não devem ser atribuídos tanto ao romano, quanto à forma bifronte de governar. — Estas são, porém, incriminações pelas quais de modo algum posso assumir a responsabilidade, e geralmente difundidas pelos ingleses, a quem nenhuma outra constituição agrada a não ser a sua.

5. Os *alemães* têm fama de possuir um bom caráter, a saber, o da honradez e afeição à vida caseira, qualidades que não são precisamente apropriadas ao brilho. — O alemão é, dentre todos os povos civilizados, o que mais fácil e duradouramente se submete ao governo sob o qual está, e é o que mais distante está de buscar a inovação e a insubordinação contra a ordem estabelecida. Seu caráter é fleuma unida a entendimento, sem argumentar com argúcias sobre a ordem já estabelecida, nem inventar uma ele mesmo. Ao mesmo tempo, é o homem de todos os países e climas, emigra facilmente e não está apaixonadamente arraigado a sua pátria; mas quando chega como colono a um país estrangeiro, logo forma com seus compatriotas uma espécie de sociedade civil, a qual, pela unidade da língua e em parte também da religião, o insere num pequeno povo que, sob a autoridade superior e numa tranquila constituição moral, se distingue das colônias de outros povos principalmente por sua aplicação, asseio e economia. — || Esse é o elogio que os ingleses fazem dos alemães na América do Norte.

Já que fleuma (no bom sentido) é o temperamento da fria reflexão e a perseverança na consecução do seu fim, assim como resistência às dificuldades intrínsecas a ele, pode-se esperar do talento de seu correto entendimento e da profunda reflexão de sua razão o mesmo tanto que de qualquer outro povo capaz da maior cultura, exceto no âmbito do engenho

---

[31] Jean-Jacques Rousseau. *Do contrato social*, III, cap. VIII. (V.) (N.T.)
[32] Antigamente incumbidos do serviço policial na Itália. (N.T.)

e do gosto artístico, onde talvez não possa se igualar aos franceses, ingleses e italianos. —— Seu lado bom está naquilo que se pode executar pela *aplicação* contínua, e para o que não se requer precisamente *gênio*,[33] mas também este último está longe de ter a mesma utilidade que a aplicação, ligada ao saudável talento intelectual, do alemão. — Esse seu caráter nas relações é modéstia. O alemão aprende línguas estrangeiras mais que qualquer outro; é (como se expressa Robertson)[34] *grande comerciante* na erudição e o primeiro a descobrir, no campo das ciências, muitas pistas que depois são utilizadas com alarde por outros; não tem orgulho nacional, nem se apega, como cosmopolita que é, à sua pátria. Mas nesta é mais hospitaleiro com os estrangeiros que qualquer outra nação (como confessa Boswell);[35] disciplina com rigor suas crianças para os bons costumes, assim como, por sua inclinação à ordem e à regra, se deixa antes tiranizar que envolver em inovações (sobretudo reformas arbitrárias no governo). —— Este é seu lado bom.

Seu lado desfavorável é sua propensão à imitação e a não acreditar muito que pode ser original (justamente o contrário || do inglês arrogante), mas principalmente uma certa mania metódica, pela qual se deixa classificar penosamente junto aos demais cidadãos, não segundo um princípio de aproximação da igualdade, mas segundo níveis de preeminência e de hierarquia, e pela qual, nesse esquema de hierarquização, é inesgotável na invenção de títulos (como nobre e nobilíssimo, ilustre, altamente ilustre e ilustríssimo), e servil por mero pedantismo; tudo isso, sem dúvida, deve ser atribuído à forma da constituição imperial

---

[33] *Gênio* é o talento da *invenção* daquilo que não se pode ensinar ou aprender. Pode-se certamente aprender de outros como fazer bons versos, mas não como se faz um bom poema, pois isso deve brotar por si da natureza do autor. Não se pode, por isso, esperar que se faça um poema por encomenda mediante rico pagamento, como um produto de fábrica, mas ele tem de sair por uma inspiração da qual o poeta mesmo não pode dizer como chegou a ela, isto é, como uma disposição ocasional cuja causa lhe é desconhecida (*scit genius, natale comes qui temperat astrum*).* — O gênio brilha, por isso, como uma aparição momentânea que se mostra e desaparece por intervalos, não como uma luz que se acende à vontade e que segue ardendo o tempo que se quiser, mas como chama cintilante que arranca um arrebatamento propício da imaginação produtiva. (N.A.)

* "O gênio sabe do companheiro que dirige seu astro natalício." Horácio: *Epistola*, II, 2, 187. (V.) (N.T.)

[34] William Robertson (1721-1793), historiador escocês que escreveu uma história da Escócia, de Carlos V e da América, obras que foram todas traduzidas para o alemão. (V.) (N.T.)

[35] James Boswell (1740-1795), igualmente historiador escocês, numa descrição da Córsega (*An Account of Corsica*), traduzida em 1769 para o alemão (*Historisch-geographische Beschreibung von Korsika* [Descrição histórica-geográfica da Córsega]) em 1769. (V.) (N.T.)

da Alemanha, mas ao mesmo tempo não se pode deixar de fazer a observação de que o surgimento dessa forma pedante resulta do espírito da nação e da propensão natural do alemão a estabelecer uma escala desde o que deve mandar até o que deve obedecer, na qual cada nível é designado pelo grau de consideração que lhe é devido, e aquele que não tem profissão nem *título*, como se diz, não é nada; isso naturalmente rende algo ao Estado, que confere os títulos, mas também, sem que se perceba, gera nos súditos exigências para que se limite a importância da reputação dos outros, o que tem de parecer ridículo a outros povos, e de fato revela limitação do talento inato, pela dificuldade e necessidade de divisão metódica na apreensão de um todo sob um conceito.

* * *

Uma vez que a *Rússia ainda não* é o que se requer de um conceito determinado das disposições naturais prontas para se desenvolver, mas a *Polônia já não* o é *mais*, e os nacionais da *Turquia* europeia *nunca foram nem serão* aquilo que é necessário para se apropriar de um caráter de povo determinado: aqui pode se omitir, com toda razão, o delineamento delas.

Como aqui em geral se fala do caráter inato e natural que está, por assim dizer, na mistura sanguínea dos homens, não das características adquiridas, *artificiais* (ou artificiosas) das nações, é necessário muita precaução no delineamento deles. No caráter dos *gregos* sob a dura opressão dos *turcos* e da não muito mais suave de seus *caloyers*,[36] não se perdeu sua índole sensível (vivacidade e ligeireza) nem tampouco a conformação de seu corpo, sua figura e traços faciais, mas essa particularidade || provavelmente se reavivaria de fato, se a forma de religião e de governo novamente lhes proporcionasse, por acontecimentos propícios, a liberdade de se restabelecer. — Entre um outro povo cristão, os *armênios*, domina um certo espírito comercial de tipo especial, a saber, o que estabelece comércio, a pé, desde os limites da *China* até o *Cabo Corso*, na costa da Guiné, indicando a estirpe particular desse povo sensato e ativo, que atravessa, numa linha de nordeste a sudoeste, aproximadamente a inteira extensão do antigo continente, e sabe se proporcionar uma acolhida pacífica em todos os povos que encontra, e demonstra possuir um caráter melhor do que o volúvel e servil dos gregos atuais, cuja primeira constituição não mais podemos investigar. — O que se pode julgar com verossimilhança é somente que a mistura de estirpes

---

[36] Monges gregos católicos da Ordem de São Basílio. Em francês no original. (V.) (N.T.)

(nas grandes conquistas), que pouco a pouco extingue os caracteres, não é propícia ao gênero humano, apesar de todo suposto filantropismo.

D
O caráter da raça

Com respeito a esta posso remeter ao que o conselheiro *Girtanner*[37] expôs, com beleza e fundamento, como explicação e ampliação em sua obra (conforme meus princípios); — quero fazer apenas um comentário sobre a *linhagem familiar* e as variedades ou nuanças que se podem observar numa mesma raça.

Aqui a natureza se deu por lei justamente o contrário da *assimilação* que intentava realizar na fusão de diversas raças, a saber, em vez de deixar que em sua formação os caracteres se aproximem constante e progressivamente num povo da mesma raça (por exemplo, a branca) — de onde resultaria por fim um único e mesmo retrato, como na impressão dele em gravura em cobre —, ela os multiplica, pelo contrário, ao infinito num mesmo ramo e na mesma família, tanto no aspecto corporal quanto no espiritual. — De fato as amas dizem para lisonjear um dos pais: "A criança tem isso do pai, ela tem isso da mãe", o que, se fosse verdade, teria esgotado há muito todas as formas de geração humana, ‖ e a reprodução teria estancado, já que a *fecundidade* nos acasalamentos se renova pela heterogeneidade dos indivíduos. — Assim, a cor cinza do cabelo (*cendrée*) não provém do cruzamento de um moreno com uma loura, mas indica um traço especial de família, e a natureza tem provisão suficiente em si para não enviar ao mundo, devido a pobreza das formas de que dispõe, um ser humano que já haja existido antes nela; como também a proximidade do parentesco é causa notória de infecundidade.

E
O caráter da espécie

Para poder indicar um caráter da espécie de certos seres se requer que ela seja compreendida sob um conceito juntamente com outras por nós

---

[37] Christof Girtanner (1760-1800) publicou *Über das kantische Prinzip für die Naturgeschichte* [Do princípio kantiano para a história natural], Göttingen, 1796. (V.) (N.T.)

conhecidas, mas que se indique e empregue, como fundamento-de-diferenciação, aquilo por meio do que, como particularidade (*proprietas*), elas se diferenciam umas das outras. — Se no entanto se compara uma espécie de seres que conhecemos (*A*) com uma outra espécie de seres (*non A*) que não conhecemos, como se pode esperar ou desejar que se indique um caráter da primeira, se nos falta o conceito intermediário de comparação (*tertium comparationis*)? — Se o conceito supremo da espécie for o de um ser racional *terrestre*, então não poderemos nomear nenhum caráter dele, porque não temos conhecimento de seres racionais *não-terrestres* para poder indicar sua particularidade e caracterizar assim aqueles seres terrestres entre os racionais em geral. — Parece, por conseguinte, que o problema de indicar o caráter da espécie humana é absolutamente insolúvel, porque a solução teria de ser empreendida por comparação entre duas *espécies* de seres racionais mediante *experiência*, a qual não no-las oferece.

Portanto, para indicar a classe do ser humano no sistema da natureza viva e assim o caracterizar, nada mais nos resta a não ser afirmar que ele tem um caráter que ele mesmo cria para si enquanto é capaz de se aperfeiçoar segundo os fins que ele mesmo assume; por meio disso, ele, como animal dotado da *faculdade da razão* (*animal rationabile*), pode fazer de si um animal *racional* (*animal rationale*); — nisso ele, primeiro, *conserva* a si mesmo e a sua espécie; segundo, ‖ a exercita, instrui e *educa* para a sociedade doméstica; terceiro, *a governa* como um todo sistemático (ordenado segundo princípios da razão) próprio para a sociedade; o característico, porém, da espécie humana, em comparação com a ideia de possíveis seres racionais sobre a terra em geral, é que a natureza pôs nela o germe da *discórdia* e quis que sua própria razão tirasse dessa discórdia a *concórdia*, ou ao menos a constante aproximação dela, esta última sendo, com efeito, na *ideia* o **fim**, embora *de fato* aquela primeira (a discórdia) seja, no plano da natureza, o **meio** de uma sabedoria suprema, imperscrutável para nós: realizar o aperfeiçoamento do ser humano mediante **cultura** progressiva, ainda que com muito sacrifício da alegria de viver.

Entre os *habitantes* vivos *da terra*, o ser humano é notoriamente diferente de todos os demais seres naturais por sua disposição *técnica* (mecânica, vinculada à consciência) para o manejo das coisas, por sua disposição *pragmática* (de utilizar habilmente outros homens em prol de suas intenções) e pela disposição *moral* em seu ser (de agir consigo mesmo e com os demais segundo o princípio da liberdade sob leis), e por si só cada um desses três níveis já pode diferenciar caracteristicamente o ser humano dos demais habitantes da terra.

I. *A disposição técnica.* — As questões: se o homem está originariamente destinado a andar com quatro patas (como sustentou Moscati,[38] talvez simplesmente como tese para uma dissertação) ou com dois pés; — se o gibão, o orangotango, o chimpanzé etc., estão destinados a isso (no que Lineu e Camper estão em desacordo);[39] — se o homem é um animal frugívoro ou (porque tem um estômago membranoso) carnívoro; — se é por natureza um animal de rapina ou pacífico, porque não tem garras nem grandes presas e, por consequência, não tem armas (sem a razão), — — a resposta a essas questões não apresenta dificuldades. Como quer que seja, ainda se poderia ter levantado esta: se ele é por natureza um animal *social* ou solitário e que teme o vizinho, o último sendo o mais provável.

É difícil compatibilizar com a precaução que a natureza tomou com a conservação da espécie pensar um primeiro casal humano, já plenamente desenvolvido, que a natureza pusesse diante de meios de subsistência sem lhe ter dado ao mesmo tempo um instinto natural para eles, instinto que todavia não nos assiste no nosso atual estado de natureza. O primeiro homem ‖ se afogaria no primeiro lago que visse pela frente, pois nadar já é uma arte que se precisa aprender; ou se alimentaria de raízes e frutas venenosas e assim estaria em constante perigo de morrer. Mas se a *natureza* tivesse *implantado* no primeiro casal humano esse instinto, como foi possível que não o tenha transmitido a seus filhos, o que agora contudo nunca ocorre?

É certo que as aves canoras ensinam aos filhotes certos cantos e os propagam por tradição, de modo que uma ave isolada, retirada ainda cega do ninho e alimentada, não cantaria quando adulta, mas emitiria apenas um certo som inato do órgão. Mas de onde veio o primeiro canto,[40] pois

---

[38] Peter Moscati, *Von dem körperlichen wesentlichen Unterschiede zwischen der Struktur der Tiere und Menschen* (1771) [Da essencial diferença corporal entre a estrutura do animal e a do homem]. Kant publicou em 1771 (II: 421-425) a *Recessão da obra de Moscati sobre a diferença de estrutura entre os animais e os homens*. (V.) (N.T.)

[39] Kant retirou isso (segundo K.) provavelmente de uma obra, publicada pouco antes, de C.F. Ludwig: *Compendio da história natural da espécie humana*, Leipzig, 1796. (V.) (N.T.)

[40] Para a arqueologia da natureza, pode-se admitir, com o cavaleiro Lineu, a hipótese de que do grande oceano que cobria a terra inteira emergiu, em primeiro lugar, uma ilha abaixo do Equador, como uma montanha na qual foram aparecendo aos poucos níveis climáticos de temperatura, desde o ardente de suas margem inferior até o frio ártico de seu cume, com todas as plantas e animais correspondentes; e que, no que diz respeito às aves de todas as espécies, as canoras imitaram o som orgânico inato de muitas e variadas classes de vozes e combinaram cada uma com

não foi aprendido, e se tivesse surgido instintivamente, por que não foi transmitido ao filhote? A caracterização do ser humano como um animal racional já está contida *na* simples forma e organização de sua *mão*, de *seus dedos* e *pontas de dedos*, em parte na estrutura, em parte no delicado sentimento deles, porque a natureza não o tornou apto para uma única forma de manejo das coisas, mas para todas indefinidamente, portanto, para o emprego da razão, e com isso designou a capacidade técnica ou habilidade de sua espécie como a de um *animal racional*.

II. *A disposição pragmática* da civilização por meio da cultura, principalmente das qualidades do relacionamento, e a propensão natural de sua espécie a sair, nas relações sociais, da rudeza do mero poder individual e tornar-se um ser polido (ainda que não moral), destinado à concórdia, já é um nível superior. — O ser humano é capaz e necessita de uma educação, tanto no sentido da instrução quanto no da obediência (disciplina). ‖ Aqui reside a questão (pró ou contra Rousseau)[41] de saber se, segundo sua disposição natural, o caráter de sua espécie estará melhor entre a *rudeza* de sua natureza que entre as *artes da cultura*, as quais não deixam entrever um desfecho. — Antes de mais nada é preciso observar que, em todos os demais animais abandonados à própria sorte, cada indivíduo alcança sua plena destinação, mas entre os homens no máximo apenas a *espécie* a alcança, de modo que o gênero humano só pode avançar até sua destinação mediante um *progresso* numa série imensa de gerações, onde porém a meta continua sempre à sua vista, não obstante a *tendência* para esse fim-último ser com frequência tolhida, embora jamais possa retroceder.

III. *A disposição moral.* — A questão aqui é se o homem é por natureza *bom* ou por natureza *mau*, ou por natureza igualmente sensível para um e outro, conforme caia nas mãos de um ou outro educador (*cereus in vitium flecti* etc.).[1904][42] Nesse último caso a *espécie* mesma não teria nenhum caráter. — Mas esse caso é contraditório, pois um ser dotado de uma faculdade da razão prática e da consciência da liberdade de seu arbítrio (uma pessoa) se vê nessa consciência, mesmo em meio às mais obscuras representações, sob uma lei do dever e no sentimento (que então se chama sentimento moral) de que *ele* e, por

324

---

as demais, até onde a garganta delas o permitira, com o que cada espécie constituiu seu canto especial, que depois uma ave transmitiu a outra por ensino (comparável a uma tradição); como também se vê que os tentilhões e rouxinóis de diversos países apresentam alguma diversidade em seus cantos. (N.A.)

[41] Em seu *Discurso sobre as ciências e as artes* (1750). (V.) (N.T.)
[42] "Imprimindo, como na cera, a marca do vício." (N.T.)

meio dele, os *outros* receberam o que é justo ou injusto. Ora, este já é o próprio caráter *inteligível* da humanidade em geral, e nessa medida o homem é, segundo sua disposição inata (por natureza), *bom*. Mas porque a experiência revela também que há nele uma propensão a desejar ativamente o ilícito, ainda que saiba que é ilícito, isto é, uma propensão para o *mal*, que se faz sentir tão inevitavelmente e tão cedo quanto o homem comece a fazer uso de sua liberdade, e por isso pode ser considerada inata, o ser humano também deve ser julgado mau (por natureza) segundo seu caráter *sensível*, sem que isso seja contraditório quando se fala do *caráter da espécie*, porque se pode admitir que a destinação natural desta consiste no progresso contínuo até o melhor.

O resultado final da antropologia pragmática em relação à destinação do ser humano e à característica de seu aprimoramento consiste no seguinte. O ser humano está destinado, por sua razão, a estar numa sociedade com seres humanos e a *se cultivar, civilizar* e *moralizar* nela por meio das artes e das ciências, e por maior que || possa ser sua propensão animal a se abandonar *passivamente* aos atrativos da comodidade e do bem-estar, que ele denomina felicidade, ele está destinado a se tornar *ativamente* digno da humanidade na luta com os obstáculos que a rudeza de sua natureza coloca para ele.

O ser humano tem, pois, de ser *educado* para o bem, mas aquele que deve educá-lo é novamente um ser humano que ainda se encontra em meio à rudeza da natureza e deve realizar aquilo de que ele mesmo necessita. Daí o constante desvio de sua destinação e os retornos repetidos a ela.
— Queremos mencionar as dificuldades que se encontram na solução desse problema e os obstáculos a ela.

A

A primeira destinação física do ser humano consiste no impulso que o leva à conservação de sua espécie como espécie animal. — Mas já aqui as épocas naturais de seu desenvolvimento não querem coincidir com as civis. Pela *primeira*, ele é *impelido* pelo **instinto sexual** e também é capaz de gerar e conservar sua espécie, no estado de natureza, pelo menos em seu décimo quinto ano de vida. Pela *segunda*, ele dificilmente pode (em média) ousar isso antes dos vintes anos. Pois se o jovem tem bem cedo o poder de satisfazer sua inclinação e a de uma mulher como cidadão do mundo, está longe, entretanto, de ter o poder de manter sua mulher e filho como cidadão do Estado. — Ele precisa aprender um ofício e conseguir clientela, para iniciar uma vida familiar com uma mulher; nesse aspecto, na classe mais polida do povo pode muito bem transcorrer o vigésimo quinto ano antes de ele se tornar maduro para sua destinação. — Mas com que preenche ele esse intervalo de uma abstinência forçosa e inatural? Dificilmente com outra coisa que com vícios.

B

O impulso à ciência, como a uma cultura que enobrece a humanidade, não tem, no todo da espécie, proporção alguma com a duração da vida. Quando o douto avançou na cultura até o ponto de ampliar por si mesmo o campo dela, é ceifado pela morte, seu lugar é ocupado por um discípulo que ainda está aprendendo o bê-a-bá, discípulo que, pouco antes do fim da vida e depois de ter dado igualmente um passo adiante, cede por sua vez o lugar || a um outro.   326
— Que massa de conhecimentos, que invenção de novos métodos não teria legado um Arquimedes, um Newton ou um Lavoisier com seus esforços e talentos, se tivessem sido favorecidos pela natureza com uma idade que perdurasse um século sem diminuição da força vital? Mas o progresso da espécie nas ciências é sempre apenas fragmentário (quanto ao tempo), e não oferece segurança contra o retrocesso com que sempre o ameaça o irrompimento da barbárie que transtorna os Estados.

C

No que se refere à *felicidade*, que a natureza do ser humano o impele constantemente a buscar, mas que a razão limita à condição da dignidade de ser feliz, isto é, da moralidade, tampouco a espécie parece alcançar sua destinação. — Não se deve justamente tomar a descrição hipocondríaca (mal-humorada) que Rousseau faz da espécie humana, quando ousa sair do estado de natureza, como recomendação de voltar a ele e de retornar às florestas, mas se deve adotar sua verdadeira opinião, com a qual exprimiu a dificuldade para nossa espécie de chegar, pela via da contínua aproximação, à sua destinação; não se deve ficar fantasiando sobre essa sua opinião: a experiência dos tempos antigos e dos modernos coloca todo pensador em embaraço e dúvida se as coisas um dia vão estar melhores para nossa espécie.

Suas três obras[43] sobre o dano que causaram à nossa espécie (1) a saída da natureza para a *cultura*, pelo enfraquecimento de nossa força, (2) a *civilização*, pela desigualdade e opressão recíproca, (3) a suposta *moralização* por meio de uma educação contrária à natureza e uma deformação da índole moral —, essas três obras, digo, que apresentaram o estado de natureza como um estado de *inocência* (ao qual o guardião da porta de um paraíso, com sua espada de fogo, impede retornar), deviam apenas servir de fio condutor para seu *Contrato social*, seu *Emílio* e seu *Vigário de Saboia*, a fim de que se descobrisse uma saída para a complexidade de males em que nossa espécie se enredou por sua própria culpa. — Rousseau não queria, no fundo, que o homem *voltasse* novamente ao estado de natureza, mas que lançasse um *olhar* retrospectivo para lá desde o estágio em que agora está. || Ele supunha que o homem é bom por *natureza* (como ela se deixa transmitir); porém de um modo negativo, quer dizer, ele não é por si mesmo e deliberadamente mau, mas apenas pelo risco de ser contaminado e corrompido por maus exemplos ou guias ineptos. Mas porque para isso são por sua vez necessários homens *bons*, que precisaram eles mesmos ser educados e dos quais não existe nenhum que não tenha em si perversidade (inata ou adquirida), o problema da educação moral de nossa *espécie* permanece sem solução, não meramente quanto ao grau, mas quanto à qualidade do princípio, porque nela uma má propensão inata pode ser muito bem censurada e mesmo até refreada, mas não exterminada pela razão humana universal.

* * *

Numa constituição civil, que é o supremo grau na ascensão artificial da boa disposição da espécie humana para chegar ao fim-último de sua destinação, a *animalidade* é anterior e, no fundo, mais poderosa que a pura *humanidade* em suas manifestações, e o animal doméstico só por *enfraquecimento* é mais útil ao homem que o animal selvagem. A vontade própria está sempre prestes a prorromper em hostilidade contra seu próximo e a todo momento se esforça para realizar sua pretensão à liberdade incondicional de ser, não apenas independente, mas também soberana sobre outros seres por natureza iguais, o que também já se percebe na menor

---

[43] 1. *Discurso sobre as ciências e as artes* (1750); 2. *Sobre a origem da desigualdade entre os homens* (1754) e 3. *A nova Heloísa* (1759). (V.) (N.T.)

criança,[44] porque nela a natureza se esforça para conduzir a uma cultura cujos fins se acordam adequadamente com a moralidade partindo da cultura ‖ para a moralidade, e não da moralidade e de sua lei (como, todavia, a razão prescreve), o que produz inevitavelmente uma tendência equívoca e contrária aos fins, tal como quando, por exemplo, se inicia o ensino de religião, que deveria ser necessariamente uma cultura *moral*, pelo ensino de história, que é meramente uma cultura da memória, e em vão se procura extrair moralidade dele.

A educação do gênero humano no *conjunto* de sua espécie, isto é, tomada *coletivamente* (*universorum*), não no conjunto de todos indivíduos singulares (*singulorum*), onde a multidão não resulta num sistema, mas apenas num agregado, tendo-se presente o esforço por uma constituição civil, que deve se fundar no princípio da liberdade mas ao mesmo tempo também no princípio da coerção legal, essa educação o homem só a espera da *Providência*, isto é, de uma sabedoria que não é *sua*, mas que é *ideia* impotente (por sua própria culpa) de sua própria razão —, essa educação vinda de cima, digo, é salutar, mas dura e severa, passando por muita adversidade e pela operação da natureza que leva quase à destruição da espécie inteira, a saber, da produção do bem, não intencionado pelo homem, mas que, uma vez existindo, se mantém posteriormente, a partir do *mal* interno, que sempre o faz entrar em discórdia consigo mesmo. Providência significa exatamente essa mesma sabedoria que percebemos

---

[44] Os gritos que uma criança recém-nascida faz ouvir não têm o tom da queixa, mas o da indignação e de uma explosão de cólera, não porque sinta alguma dor, mas porque algo a contraria, provavelmente porque quer se mover e sente sua incapacidade de fazê-lo como grilhões que lhe tolhem a liberdade.* — Qual pode ser a intenção da natureza ao fazer a criança vir ao mundo aos gritos, o que é para ela mesma e para a mãe, no *rude estado de natureza*, um extremo perigo? Pois um lobo, um porco mesmo, seriam atraídos a devorá-la na ausência da mãe ou no esgotamento das forças desta pelo parto. Nenhum animal além do homem (como ele é agora) *anunciará ruidosamente* sua existência ao nascer, o que parece estar assim disposto pela sabedoria da natureza para conservar a espécie. É necessário, pois, supor que, nessa classe de animal, tal manifestação da criança ao nascer ainda não ocorria numa época primeira da natureza (a saber, no tempo da rudeza), ‖ que, portanto, só mais tarde sobreveio uma segunda época, quando ambos pais chegaram àquela cultura necessária à vida *doméstica*, sem que saibamos como nem por que causas coadjuvantes a natureza realizou semelhante evolução. Essa observação conduz mais além, por exemplo, a pensar se, por grandes revoluções naturais, uma terceira época não poderia se seguir ainda à segunda, quando um orangotango ou um chimpanzé tivessem seus órgãos que servem para caminhar, tocar os objetos e falar, formando a estrutura de um homem, cujo interior conteria um órgão para o uso do entendimento e se desenvolveria gradualmente por meio da cultura social. (N.A.)

*) Ver p. 268, item A. (N.T.)

com admiração na conservação da espécie de seres naturais organizados que trabalham constantemente em sua própria destruição e, contudo, sempre a protege, sem por isso se admitir, na previsão, um princípio superior ao que já empregamos para aceitar a conservação das plantas e animais. — Aliás, a própria espécie humana deve e *pode* ser a criadora de sua felicidade, mas que ela o || *será*, isso não se pode concluir *a priori* das disposições naturais dela por nós conhecidas, mas apenas da experiência e da história com uma expectativa fundada tanto quanto necessário para não desesperar desse seu progresso para o melhor, e fomentar, com toda prudência e clarividência moral, a aproximação desse fim (cada um o quanto lhe toca nisso).

Pode-se, portanto, dizer que o primeiro traço característico da espécie humana, como ser racional, é a capacidade de se proporcionar um caráter em geral, tanto para a sua pessoa, quanto para a sociedade em que a natureza o coloca: isso, porém, já supõe nele uma disposição natural favorável e uma propensão ao bem, porque o mal é propriamente sem caráter (pois implica contradição consigo mesmo e não consente nenhum princípio permanente em si próprio).

O caráter de um ser vivo é aquilo a partir do qual se pode reconhecer de antemão a sua destinação. — Mas como princípio para os fins da natureza se pode admitir o seguinte: a natureza quer que toda criatura alcance a sua destinação por isto, que todas as disposições de sua natureza se desenvolvam conforme a fins para ele, para que, ainda que nem todo indivíduo, ao menos a espécie realize a intenção da natureza. — Nos animais irracionais isso ocorre realmente e é sabedoria da natureza; mas no homem só o alcança a espécie, da qual nós conhecemos apenas uma entre os seres racionais da terra, a saber, a espécie humana, e nesta também só conhecemos uma tendência da natureza para esse fim, qual seja, efetuar um dia, por sua própria atividade, o desenvolvimento do bem a partir do mal; uma perspectiva que, se não for eliminada de vez por revoluções naturais, pode ser esperada com *certeza* moral (suficiente para o dever de cooperar com aquele fim). — Pois com o aumento da cultura são os seres humanos, isto é, seres racionais de má índole, sem dúvida, mas dotados de uma disposição para a invenção e ao mesmo tempo também de uma disposição moral, que sentem cada vez mais fortemente os males que causam uns aos outros por egoísmo, e mesmo não vendo à sua frente outro remédio contra isso que submeter, a contragosto, o senso privado (individual) ao senso comum (de todos juntos), a uma disciplina (de coerção civil), à qual porém só se submetem segundo leis dadas por eles mesmos, por tal consciência eles se sentem enobrecidos, isto é, sentem pertencer a uma espécie que é conforme à || destinação do homem, tal como a razão lha representa no ideal.

Linhas fundamentais da descrição do caráter da espécie humana

I. O homem não estava destinado a pertencer como boi a um rebanho, mas como abelha a uma colmeia. — *Necessidade* de ser um membro de alguma sociedade civil. A maneira mais simples e menos artificial de instituir uma tal, é a de que haja uma única abelha rainha nessa colmeia (a monarquia). — Muitos dessas colmeias juntas, entretanto, logo entram em hostilidades como abelhas rapaces (a guerra), não, como fazem os homens, para fortalecer a própria unindo-a com outra — aqui termina o símile —, mas meramente para utilizar para *si*, com astúcia ou violência, o esforço *do outro*. Cada povo procura se fortalecer subjugando os vizinhos, e se não se antecipa a ele por mania de grandeza ou temor de ser absorvido por ele, a guerra externa ou interna em nossa espécie, por maior mal que possa ser, é também o móbil que impele a sair do rude estado de natureza para o estado *civil*, como um mecanismo da Providência onde forças conflitantes causam danos umas às outras pelo atrito, mas são mantidas longo tempo em andamento regular pelo choque ou empuxo de outros móbiles.

II. *Liberdade* e *lei* (pela qual se limita aquela) são dois eixos em torno dos quais se move a legislação civil. — Mas a fim de que a segunda seja também de efeito e não recomendação vazia, tem-se de acrescentar um intermediário,[45] a saber, o *poder* que, unido àqueles, coroa de êxito aqueles princípios.— Ora, podem-se pensar quatro combinações do último com os dois primeiros:

A. Lei e liberdade sem poder (anarquia).
B. Lei e poder sem liberdade (despotismo). ||
C. Poder sem liberdade nem lei (barbárie).
D. Poder com liberdade e lei (república).

---

[45] Análogo ao *medius terminus* num silogismo, o qual, unido ao sujeito e ao predicado do juízo, dá as quatro figuras silogísticas. (N.A.)

Vê-se que apenas a última merece ser denominada uma verdadeira constituição civil, com a qual, porém, não se visa a uma das três formas do Estado (a democracia), já que por *república* se entende apenas um Estado em geral, e o antigo brocardo[46] *Salus civitatis* (não *civium*) *suprema lex est*, não significa que o bem sensível da comunidade (a *felicidade* dos cidadãos) deva servir de princípio supremo à constituição do Estado, pois esse bem-estar, que cada qual se pinta segundo sua inclinação privada assim ou de outra forma, não se presta de maneira alguma a ser um princípio objetivo, como o que exige a universalidade, mas aquela sentença não diz nada mais que: o *bem do entendimento*, a conservação da *constituição do Estado* uma vez existente, é a lei suprema de uma sociedade civil em geral, pois esta só existe por meio daquela.

O caráter da espécie, tal como pode ser conhecido pela experiência em todos os tempos e entre todos os povos, é este: a espécie, tomada coletivamente (como um todo da espécie humana), é uma multidão de pessoas existentes sucessivamente e próximas umas das outras, que não podem *prescindir* da convivência pacífica, nem todavia *evitar* estar constantemente em antagonismo umas com as outras; que, por conseguinte, se sentem destinadas pela natureza, pela coerção recíproca de leis emanadas delas mesmas, a uma coalizão, constantemente ameaçada pela dissensão, mas em geral progressiva, numa *sociedade civil mundial*(*cosmopolitismus*), ideia inalcançável em si que, no entanto, não é um princípio constitutivo (da expectativa de uma paz que se mantenha em meio à mais viva ação e reação dos homens), mas apenas um princípio regulador: o de persegui-la aplicadamente como a destinação da espécie humana, não sem a fundada suposição de uma tendência natural para ela.

Se a questão é se a espécie humana (a qual, se é pensada como uma espécie de *seres terrestres* racionais em comparação com os de outros planetas, como multidão de criaturas nascidas de *um só* demiurgo, também pode ser denominada *raça*) — se, digo, ela deve ser considerada como uma raça boa ou má, tenho de confessar que não se pode vangloriar muito dela. Se, todavia, alguém fixar os olhos na conduta dos || homens, não simplesmente na história antiga mas na atual, este será sem dúvida frequentemente tentado a se fazer de

---

[46] *Brocardicon*: regra jurídica proverbial. A palavra, também usada por Kant em outras ocasiões, hoje em desuso, procede da coleção de leis eclesiásticas do bispo de Worms Burchard (francês e italiano: Brocard, †1025), que tinha o maior volume impresso de sentenças do direito. (V.) (N.T.)

misantropo, como Tímon, em seu juízo, mas com mais frequência e acerto a fazer como Momo,⁴⁷ e encontrar antes desatino que maldade se destacando como traço característico de nossa espécie. No entanto, porque o desatino, unido a um lineamento de maldade (o que então se chama loucura), é inegável na fisionomia moral de nossa espécie, pela simples ocultação de boa parte de seus pensamentos, que todo homem prudente acha necessário, fica suficientemente claro que, em nossa raça, todos têm por conveniente se acautelar e não se deixar ver *inteiramente* como são, o que denuncia já a propensão em nossa espécie de serem mal-intencionados uns com outros.

Bem poderia ser que nalgum outro planeta existam seres racionais que não possam pensar a não ser em voz alta, isto é: tanto em vigília quanto em sonhos, em companhia ou a sós, eles não poderiam ter pensamentos sem ao mesmo tempo *exprimi-los*. O que resultaria desse comportamento diverso do da nossa espécie humana? Se não fossem todos *puros anjos*, não é possível conceber como poderiam se aturar, como um poderia ter algum respeito pelo outro e se dar bem com ele. — Faz, pois, parte da composição original de uma criatura humana e do seu conceito de espécie espreitar os pensamentos alheios, mas conter os seus, qualidade polida que não deixa de progredir gradualmente da *dissimulação* até o *engano* premeditado e, finalmente, até a *mentira*. Isso daria então uma caricatura de nossa espécie, que não autorizaria apenas a *sorrir* bondosamente dela, mas também a *desprezar* aquilo que constitui o seu caráter, e a confessar que essa raça de seres racionais não merece um lugar de honra entre as restantes (desconhecidas para nós)⁴⁸ —, se precisamente || esse juízo con-   333

---

⁴⁷ Tímon, o conhecido misantropo ateniense; Momo, deus do escárnio. (V.) (N.T.)
⁴⁸ Frederico II perguntou certa vez ao excelente *Sulzer*,* a quem estimava pelos seus méritos e a quem havia encarregado da direção das instituições de ensino da Silésia, como estas estavam indo. Sulzer respondeu: "Desde que se continuou construindo sobre o princípio (de Rousseau) de que o homem é bom por natureza, as coisas começam a ir melhor." *"Ah* (disse o rei), *mon cher Sulzer, vous ne connaissez pas assez cette maudite race à laquelle nous appartenons."* [Meu querido Sulzer, o Sr. não conhece suficientemente essa raça maldita à qual nós pertencemos] — Também faz parte do caráter de nossa espécie que, aspirando à constituição civil, || necessite da disciplina de uma religião, a fim de que o que não pôde ser alcançado pela coerção *externa* seja realizado pela *interna* (da consciência), pois a disposição moral do homem é utilizada politicamente pelos legisladores, uma tendência que faz parte do caráter da espécie. Mas se nessa disciplina do povo a moral não antecede a religião, esta se assenhora daquela, e a religião estatutária se torna um instrumento do poder do Estado (política) sob *déspotas crentes*; um mal que inevitavelmente desvirtua o caráter e leva a governar com *engano* (o que se chama de prudência política); quanto a isso, aquele grande monarca, ao mesmo tempo que confessava *em público* ser apenas o supremo servidor do Estado,

denável não revelasse uma disposição moral em nós, uma desafio inato da razão para que também se trabalhe contra aquela propensão e, portanto, para que se apresente a espécie humana não como uma espécie má, mas como uma espécie de seres racionais que, em meio a obstáculos, se esforça para se elevar do mal ao bem num progresso constante; assim, sua vontade é boa em geral, mas a sua realização é dificultada pelo fato de que a consecução desse fim não pode ser esperada do livre acordo entre os *indivíduos, mas apenas por meio de progressiva organização dos cidadãos da terra na e para a espécie, como um sistema cosmopolita unificado.*

não podia esconder, suspirando, o contrário em sua confissão privada, embora com a desculpa para a sua própria pessoa de que a responsabilidade por tal corrupção devia ser atribuída à má *raça* chamada espécie humana. (N.A.)
*) Johann Georg Sulzer (1720-1779), filósofo e esteta, foi desde 1775, diretor da seção filosófica da Academia de Ciências de Berlim, mas não conseguiu a direção da escola na Silésia. (N.T.)

ÍNDICE ONOMÁSTICO
(conforme a paginação da edição da Academia)

Abraão - 195
Abelardo, Petrus - 129
Addison, Joseph - 139
Arcésio (Arcesilas) - 197
Archenholz, Johan Wilhelm von - 297
Arquimedes - 326
Ariosto, Ludovico - 181
Aristóteles - 152
Arouet (pai de Voltaire) - 211

Bacon (Francis Bacon Earl de Verulam) - 223
Baratier, Johann Philipps - 227
Baretti, Giuseppe - 222n.
Bayard, Pierre du Terrail Seigneur de - 259
Blair, Hugo - 248
Blumauer, Aloys - 163
Blumenbach, Johann Friedrich - 299
Boswell, James - 222, 318
Bourignon, Antoinette - 132, 162
Brown, John - 255
Buffon, Georges Louis Leclerc Comte de - 221
Büsch, Johann Georg - 314
Butler, Samuel - 222, 235

Camper, Petrus - 299, 322
Catão, Marcus Porcius - 171

Chesterfield, Philip Dormer Stanhope Earl de - 278
Christina (rainha da Suécia) - 198
Clavius, Chistoph - 204
Colombo, Cristovão - 224
Cook, James - 304n.
Corregio, Antonio - 150
Cristo - 195
Cromwell, Oliver - 308

Descartes, René - 119, 176

Diógenes de Sinope - 293n.

Epicuro (epicurismo) - 165, 235
Este, Ippolito (cardeal D' Este) - 181

Fielding, Henry - 163, 164, 232
Frederico II (rei da Prússia) - 232n.

Gabner, John Josef - 150n.
Girtanner, Christof - 320

Haller, Albrecht von - 133
Harrington, James - 219
Hausen, Christian August - 213
Heineke, Christian Henrich - 227
Helmont, Johan Batista von - 216
Helvetius, Claudius Adrien - 150, 179
Hofstede, J. Peter - 153
Homero - 191
Horácio - 247
Hume, David - 171, 173, 205, 259, 309, 311

Job - 308
Jaime I (rei da Inglaterra) - 292n.
Johnson, Samuel - 222
Juvenal - 197

Carlos II (rei da Inglaterra) - 198, 199
Carlos XII (rei da Suécia) - 256, 293
Keyserling (condessa de...) - 262n.

Lavater, Johann Caspar - 297, 301
Lavoisier, Antoine Laurent - 326
Leibniz, Gottfried Wilhelm von - 140, 141 e 141n., 226
Leonardo da Vinci - 224
Linneus, Carl von (Linnè) - 184, 322, 324n.
Locke, John - 135
Lucrécio (Lucret) - 180, 238, 268n.

Magliabecchi, Antonio - 184
Marmontel, Jean François - 153
Mengs, Anton Raphael - 150
Mesmer, Friedrich - 150 n
Michaelis, Christian Friedrich - 179
Milton, John - 241, 308
Moisés - 184n.

Molière, Jean-Baptiste Poquelin - 121
Montaigne, Michel Eyquem de - 167
Moscati, Peter - 322
Mourdaunt (lorde) - 233
Nero - 259
Newton, Isaac - 226, 326
Nicolai, Friedrich - 302

Orfeu - 191
Ossian - 191

Pascal, Blaise - 134, 162
Pellisson, Paul - 298
Pérsio - 134n.
Pico de Mirandola, Giovanni - 184
Platão - 141n., 278n.
Plutão - 274
Plautus - 311n.
Politanus, Angelus - 184
Pope, Alexander - 210, 267, 274n., 305
Porta, Giovanni Battista della - 297
Ptolomeu - 194

Quin, James - 302

Richardson, Samuel - 121
Robertson, William - 318
Rochester, John Wilmot Carl of - 199n.
Roland, Jean-Marie - 259
Rousseau, Jean-Jacques - 317, 324, 326, 332n.

Sagramoso (conde) - 262n.
Scaligero, Julio Cesar - 184, 226
Schwarz, Berthold - 224n.
Schkespeare, William - 180
Sharp, Samuel - 315
Smith, Adam - 209
Sócrates - 153, 203, 308
Sólon (Solones) - 197
Sterne, Laurence - 204, 235
Sulla - 293
Sulzer, Johann Georg - 332n.
Swedenborg, Emanuel - 191
Swift, Jonathan - 152, 153, 222

Terrasson, Jean (abade) - 264
Trublet, Nicolas Charles Joseph - 221

Veri, Pietro (conde) - 232
Virgílio - 248
Voltaire, François-Marie Arouet - 211, 222, 309n.
Waller, Edmundo - 222
Wolff, Christian Freiherr von - 140
Young, Edward - 222

GLOSSÁRIO
(conforme a paginação da edição da Academia)

Abstração / abstrair - 131, 132, 138, 212
Admiração - 195, 207, 216, 222, 226, 227, 243, 255, 261, 292, 293, 301, 328
Adversidade - 288, 328
Adivinhar / adivinhos - 187, 188
Afecção - 121, 179, 202, 232, 237, 251-254, 260, 261, 263-265, 267-269, 278, 289, 299, 300, 302, 316
Afeição - 281, 305
Afeto - 160, 166, 220, 232, 305, 316
Afinidade - 174, 176, 177, 223
Aflição - 202, 254, 255
Alegria - 133, 166, 171, 178, 180, 195, 202, 203, 224, 232, 234, 235, 237, 239, 254, 255, 263-265, 280, 287, 288, 291, 298, 322
Alemanha - 195, 312n., 319
Alemão - 180, 211, 226, 240, 248, 262, 300n., 302, 311n., 314, 316n., 317-319
Alimento - 221, 272, 279
Alma - 134n., 136, 142, 161, 162, 165, 177n., 181, 189, 190, 197, 201, 202, 207, 211, 212, 216, 220, 225, 231, 237, 242, 246, 247, 253, 254, 256, 258, 263, 287, 293, 296, 298
Alpes - 193
Altivez - 162, 203, 210, 211, 217, 272
Altruísmo - 151
Amabilidade - 265, 299, 314
Ambição - 266, 268, 270, 271, 272, 289
Amência - 202, 214
América / americano - 179, 191, 224, 247n., 257, 299, 318
Amigo / amizade - 152, 178, 222, 249, 262, 279, 287, 288, 294, 295, 317
Amsterdã - 150, 302
Amor / amar - 136, 152, 153, 165, 217, 232, 237, 252, 257, 265, 266, 270-273, 276, 289, 299, 300, 307, 308, 310, 313
Amor-próprio - 153, 271, 303, 313
Anarquia - 330
Angústia - 255, 256
Animadversão - 132
Animal / animalidade - 120, 136, 149, 150, 154, 157, 175, 188, 196, 197, 211, 212, 216, 231, 235, 265-268, 268n., 269, 269n., 296, 303, 304, 321-323, 323n., 324, 325, 327, 327n., 328-330
Ânimo - 150, 259
Ânsia - 241, 251, 264, 266

Anticyra - 134
Antropologia - 119-122, 122n., 125, 130, 136, 142, 170, 210, 214, 229, 246, 283, 303, 310
Antropologia pragmática - 119, 170, 189, 246, 299, 303, 310, 312, 324
Antropologia fisiológica - 119, 136
Aparência - 132, 133, 142, 146, 149-153, 171, 182, 198, 219, 233n., 244, 257, 258, 264, 272, 289
Apatia - 253, 254
Apercepção - 134n., 141, 142, 161
Aperfeiçoamento - 266, 322
Apetite - 251, 263, 280
Apreciação 243
Apreensão - 128, 134n., 142, 166, 197, 243, 254, 255, 258, 315, 319
Aprender / aprendiz 183, 204, 210, 225
Aprimoramento - 324
Árabes - 181, 206n., 269, 279, 312n.
Arbítrio (livre) - 128, 144, 149, 175, 186, 188, 271, 324
Argélia - 292n.
Argumentação - 265, 280
Armênios - 320
Arqueologia - 193
Arrogância / arrogante - 128, 145, 211, 281, 318
Arte - 130, 132, 133, 136, 139, 152, 176, 184, 185, 193, 201, 208, 210, 210n., 222, 225-227, 236, 237, 240, 244-249, 247n., 250, 255, 273, 295, 297, 298, 300, 301, 303, 323, 324
Artificialidade - 210
Artista - 150, 168, 174, 175, 181, 224, 247n., 248, 296, 297
Ásia / asiático - 292n., 312n.
Associação - 176, 177, 182, 183, 191, 199, 220
Astúcia - 172, 198, 200, 201, 205, 215
Atenção - 131, 157
Atividade - 246, 289
Atrabílis - 212
Atrevimento - 129
Audácia - 258, 260
Audição - 154, 155, 159, 160, 172, 244
Autocoerção - 152
Autoconsciência - 143
Autodeterminação - 251
Autodomínio 170
Auto-estima - 170
Autoridade - 130, 271, 317
Auto-suficiência - 216
Ave - 150, 323, 323n.

Babilônia - 193
Banquete - 171, 279, 281, 317

Barbárie / bárbaro - 240, 326, 331
Bavária - 302
Beber - 170, 239
Beleza - 241, 249, 295-298, 306, 320
Belo - 130, 173, 239, 241, 243, 245, 248, 296, 300, 300n., 313, 316
Bem - 149, 153, 209, 253, 254, 268, 275- 277, 286, 309, 325, 328, 329, 330, 331, 333
Bem-estar - 158, 209, 231, 235, 250, 275, 277, 278, 281, 282, 325, 331
Bem-querer - 136
Bem-viver / boa vida - 250, 277, 278, 325
Benevolência - 152, 171, 265, 269, 313, 325
Berlim - 234
Bíblia - 183n.
Biblioteca - 184
Biografia - 184
Bom - 189, 204, 244, 250, 254, 286, 316, 317, 318, 324, 327, 329
Bom senso - 197-199, 203, 204
Bondade - 242, 293, 298, 299
Bravura / bravo - 150, 256, 257, 259, 299
Brincadeira - 275, 281, 307
Bruxa - 150, 150n., 151n., 300n.

Cansaço - 263
Capacidade - 184, 246, 264
Capricho - 203
Caráter - 141, 151, 160, 171, 173, 205, 218, 247, 249, 258n., 263, 285, 286, 291-295, 298, 300, 303, 305, 308, 311-324, 329-332, 332n.
Caraíba - 186, 233n.
Caridade - 267
Casamento / casado(a) / casar - 131, 164, 180, 217, 222, 232, 250, 253, 304, 306-310
Castigo / castigar - 147, 187, 252, 304
Categoria - 228
Cavalaria / cavaleiro - 262n., 263, 306, 323n.
Censura / censurado - 243, 253, 295, 298, 313, 327
Cérebro - 119, 176, 178
Chefe - 130, 209
China / chinês - 196, 224n., 252, 253, 299, 301, 320
Chiste - 289, 291n.
Choro / pranto - 127, 255, 261, 263
Cidadão - 120, 130, 249, 250, 275, 311, 312n., 313n., 319, 325, 331, 333
Ciência - 120, 120n., 122, 130, 139, 184, 189, 218, 226, 236, 249, 250, 264, 280n., 296, 316, 318, 324-326
Cinismo / cínico - 136, 282
Cismar / cisma - 203, 287
Civilização - 304, 323, 326
Civilizado / civilizar - 119, 151, 244, 244, 278n., 303, 311, 317, 324

Clero / eclesiástico - 200, 209, 295
Coação - 220, 225, 265
Cobiça - 268, 270, 271, 274, 289
Coerção - 245, 268, 295, 328, 329, 331, 333n.
Coisa em si - 142, 172n.
Coletividade - 171
Comando / comandante - 259, 309, 312n.
Comércio / comerciante - 120n., 205n., 206n., 217n., 262n., 292n., 299, 312n., 314, 315, 315n., 318, 320
Companhia - 263, 278, 306, 315, 332
Companheiro(a) - 257, 280
Compaixão - 211
Comportamento - 132, 217, 221, 245, 295, 306, 332
Comunicação - 155, 157, 169, 170, 176n., 177, 199, 200, 220, 228, 244, 277, 279
Comunidade - 130, 155, 164, 250, 268, 303, 330
Conceito - 121, 128, 130, 131, 134n., 137, 138, 141-144, 144n., 145, 146, 154, 155, 157, 159, 163, 165, 167, 169, 172n., 172, 173, 183, 184, 187, 187n., 189, 191-193, 196-200, 205, 211, 215, 220, 221, 225, 227, 228, 230, 240, 241, 245, 247n., 269, 269n., 270, 295, 296, 319, 321, 332
Condescendência - 130
Conduta - 223, 295, 309, 311, 316, 331
Confiança 258, 279, 294, 300
Conhecimento - 119-121, 121n., 122n., 128, 138, 140, 141, 141n., 143-146, 154-156, 163, 167, 169, 176, 178n., 184, 185, 188, 191, 194, 196, 197, 200, 201, 216, 217, 220, 223, 224, 226, 228, 275, 297, 321, 326
Empírico - 140n., 141, 142, 144, 161, 167
Intelectual - 140, 191, 198
Sensível - 140
Simbólico - 191
Consciência - 131, 134n., 135, 137, 138, 140n., 142, 154, 156, 158, 161, 164-166, 176, 177, 182, 187, 193, 231, 247n., 254, 260, 272, 295, 299, 302, 316, 322, 324, 329, 333n.
de si mesmo - 127
discursiva - 141
intuitiva - 141
psicológica - 142
Conservação - 263, 277, 278n., 279, 280, 300n., 303, 305, 306, 310, 312, 313, 315, 316, 322, 325, 328, 331
Constituição - 178, 189, 206n., 223, 286, 287, 302, 304, 311, 313n., 317, 319, 320, 327, 328, 331, 332, 332n.
Contentamento - 233, 237, 249, 254, 305
Contrato - 279
Contradição / contraditório - 135, 162, 163, 198, 216, 230, 244, 253, 329
Contraste - 162, 163, 222, 238, 311
Convidados - 195, 234, 242, 278, 278n., 280, 281
Coração - 133, 147, 163, 171, 190, 200, 235, 236, 256, 257, 263, 264, 286, 310, 316

Coragem - 213, 254, 256-259, 303, 316
Corte - 245, 265
Corrupção - 333n.
Cosmopolita - 318, 333
Costume - 120n., 132, 147, 170, 171, 221, 245, 249, 279, 296, 297, 318
Covardia - 256-258, 276
Crença - 171
Creta (ilha de) - 292n.
Criadagem - 262
Criador - 178n., 215, 296, 302
Criança - 127, 128, 131, 139, 152, 154, 180, 207, 209, 210, 213, 236, 245, 262-264, 268, 269n., 298, 306, 309, 318, 320, 327, 327n., 328
Cristo - 195
Crítica / crítico - 171, 265, 297, 313
Culpa - 145, 153, 193, 200, 213, 217, 229, 236, 238, 269n., 295, 309, 315, 326, 328
Cultivo / cultivação / cultivar - 307, 324
Cultura - 119, 139, 152, 227, 236, 250, 267, 276-279, 281, 297, 305-307, 315, 318, 322-329, 328n.

Dama - 245, 262n., 278n., 298, 306
Damasco - 162
Dança - 207, 223n., 277, 316
Débil - 151, 153, 158, 170, 170n., 204, 209, 275, 286
Debilidade - 158, 170, 202, 204, 208, 210, 211, 217, 236, 255, 260, 263, 291
Decoro - 152, 306
Delicadeza - 236, 263, 278
Delírio - 213, 215, 298
Demência - 202, 203, 207, 215, 217, 291
Democracia - 331
Derrisão - 211
Desagrado - 240
Desejo - 128, 160, 185, 190, 238, 251, 265-268, 270-274, 280, 286, 289, 295, 301, 304, 307
Desfalecimento - 166
Desigualdade - 308, 326
Despotismo / déspota - 222, 330, 333n.
Desprazer - 143n., 153, 230, 235, 236, 239, 240, 244, 251, 254, 286
Desprezo - 133, 255, 269, 275, 305n., 310
Desrazão - 216, 218
Destino - 121, 186, 188, 193, 233, 235, 238, 247, 255, 308, 315, 331
Destinação - 325-327, 329-331
Desvario - 132, 139, 145, 161, 172, 192
Deus / Senhor do céu / deuses - 130, 178, 188, 194, 297, 295
Dever - 130, 147, 165, 209, 214, 236, 244, 245, 257, 259, 263, 279, 310, 324, 329
Dignidade - 127, 131, 132, 181, 201, 217, 222, 260, 295, 306, 308, 316, 326
Dinamarca - 312n.

Dinheiro - 179, 232, 237, 271, 274, 310, 315
Direito - 129, 209, 222, 263, 269, 269n., 270, 279, 293, 304, 306, 308, 310
Disciplina / disciplinar - 129, 202, 248, 260, 268, 281, 302, 304n., 308, 309, 318, 323, 329, 333n.
Discórdia - 303, 322
Discurso - 247-249, 253, 316
Discussão - 280, 292n.
Disposição - 148, 172, 174, 175, 185, 203-209, 215, 218, 220, 221, 224, 235, 236, 246, 249, 253, 256, 259, 260, 263, 265, 267, 275, 285, 286, 288, 293-295, 297, 301, 310, 316, 318n., 319, 322-324, 327, 329, 333, 333n.
moral - 322, 324, 332
pragmática - 322, 323
técnica - 322
Distinção / indistinção - 137, 138, 140n., 307
Distração - 131, 175, 185, 203, 206, 231-234, 242, 288
Divertimento - 230, 235, 262
Diversidade - 134n., 172, 179, 215, 242, 249, 261, 280, 302, 303, 323n.
Diverso - 138, 141, 144, 174, 176, 196, 201, 234, 246, 279n.
da representação - 141
Doença - 180, 189, 197, 213-215, 220, 232, 236, 250, 252, 266
Doente mental - 178, 189, 203, 213, 215
Dominação / domínio - 131, 170, 181, 251, 266-268, 270-274, 290, 303-305, 309, 315
Dor - 151, 164, 167, 203, 230-239, 233n., 243, 252, 257, 260, 262, 269n., 327n.
Duelo - 257, 259

Educação / (se) educar / educado / educador - 119, 128, 147, 222n., 292n., 294, 301, 308, 322-328
Egito - 206n.
Egoísmo / egoísta - 128-130, 133, 218, 278, 329
Emancipação - 210
Embaraço / desembaraço - 132, 145, 166, 232, 261
Embriaguez / embriagado - 165, 166, 169-172, 266
Emoção - 202, 213, 220, 232, 235, 251-255, 257, 261, 264, 265, 267-269, 278, 281, 289, 297, 304, 307, 316
Encantamento - 187
Enfermidade - 134, 180, 194, 212, 212n., 213-215, 217, 300n.
da alma - 202
dos caprichos (hipocondria) - 202, 212, 326
do espírito - 134, 161, 203, 216, 251
da mente 212
Engano / enganador - 136, 148-151, 161, 189, 196, 205, 206n., 219, 221, 234, 262, 273, 275, 332, 333n.
Engenho - 204, 220-223, 225, 249, 318
Ensino / ensinamento / ensinar - 199, 210, 223, 224, 323n., 328, 332n.
Entendimento - 127, 128, 131, 136-146, 149, 155, 165, 169-171, 174, 176, 184, 186, 189, 191, 196-201, 203, 204, 208-210, 210n., 214, 215, 218,

219-221, 226-228, 241, 242, 246-248, 254, 275, 305, 309, 317, 318, 328n., 331
Entretenimento - 164, 176n., 181, 232, 237, 242, 247n.
Entusiasmo - 145, 202, 254, 269, 314
Epicurista - 165
Equador - 323n.
Erro - 129, 228
Erudição / erudito - 135, 138, 184, 207, 227, 228, 292n., 318
Escândalo - 171
Escárnio - 257, 293, 301, 303
Escravo - 292n.
Esclarecimento - 192, 228
Escócia / escocês - 150n., 187
Escola - 119, 140n., 141n., 150, 204, 220, 223
Escolha - 244, 250
Eslavo - 312n.
Espaço - 155, 156, 216, 225, 234, 305
Espanha / espanhol - 130, 160, 252, 312n., 316
Espanto - 154, 220, 255, 256, 259, 261, 263, 264,
Espécie - 119, 128, 132, 135, 136, 148, 150, 152, 160, 173, 174, 177, 180, 187, 178n., 196, 201, 212, 215, 216, 220, 224, 228, 232, 233, 236, 258, 260, 261, 269n., 273, 276, 277, 280, 285, 294, 303, 305, 306, 310, 313, 314, 317, 320-323, 323n., 324, 325, 327, 327n., 328-332, 332n., 333, 333n.
Esperança - 148, 154, 186, 232, 254, 255, 288
Espírito - 129, 131-135, 140, 144, 148, 151n., 164, 167, 174, 176, 177n., 180, 185, 188, 203, 207-208, 210, 212-218, 220-223, 225, 226, 236, 241, 246, 248-250, 254, 255, 258, 259, 264, 265, 269, 272, 281, 287, 295, 298, 312n., 313-315, 315n., 316, 316n., 318-320, 327n., 331, 333n.
Espontaneidade - 134n., 141, 142
Esposa - 290, 304n., 308, 309n., 310
Estado - 120, 130-132, 134n., 140, 164, 166, 167, 175, 182, 186, 188, 189, 193, 194, 198, 206, 206n., 207, 209, 210, 213, 214, 216, 226, 229, 231, 232, 235-238, 240, 244, 251, 252, 254-262, 266, 268, 269n., 276, 277, 288, 291, 294, 295, 300-304, 309, 311, 313n., 314, 319, 322, 325, 326, 330, 331, 333n.
Estímulo - 255, 297
Estóico / estoicismo - 165, 171, 253
Estrangeiro - 279, 302, 310
Estupidez / estúpido - 133, 204, 205, 210, 211, 216, 258, 260, 309
Eu - 127, 128, 130, 133, 134, 134n., 135, 151n., 167, 169n., 171, 175-178, 190, 195, 205, 215, 216, 227, 237, 238, 240, 246, 259, 272, 275n., 279, 287, 300n., 306, 309, 313, 328, 331
Eudemonista - 130
Eunuco - 205
Europa / europeu - 257, 299, 312n., 316
Excesso - 165, 249, 250, 281, 313
Existência - 150, 151, 227, 296

Experiência - 121, 128, 134, 140, 140n., 141-144, 146, 155, 161, 165-167, 169n., 175, 178n., 179, 182, 186, 187, 189, 194, 199, 202, 203, 210n., 214, 215, 219, 226, 228, 229, 261, 273, 291, 291n., 321, 324, 326, 329, 331
interna - 134 e 134n., 141, 144, 161, 167
Exposição - 240, 247n., 296
Expressão - 242, 244, 247n., 297, 300
Extensão - 242, 320

Fácil / difícil - 147-149
Faculdade - 140, 143, 144, 147, 168, 175, 181, 184, 188, 191, 197-199, 201, 210, 213, 214, 220, 224, 227, 235, 246, 270, 292n., 296, 302, 303, 321, 324, 325, 329
de abstrair - 131, 132, 138
de adivinhar - 182, 188
de apreensão - 138
de atenção - 132
de conhecer - 127, 131, 134, 138, 139, 140, 143, 143n., 145, 153, 169, 191, 196, 197, 202, 204, 220, 224, 227, 239, 304
de desejar - 193, 235, 251, 252, 254, 265, 269, 285, 286
de designar - 191
da imaginação - 134, 136, 153, 167-169, 170n., 172-183, 176n., 185, 190, 192, 194, 197, 203, 206-208, 215, 220, 224, 225, 230, 238-241, 244, 246, 247, 264, 318n.
de interpretar - 138
de intuição - 153, 167, 196
de julgar - 199, 201, 240, 241, 242, 246
de pensar / refletir - 127, 131, 136, 138, 161, 166, 196, 216, 220
de prever - 182, 185, 186
da razão prática - 324
de recordar - 119, 182
de representar / representação - 131, 133, 142, 143, 153, 167, 182, 196, 241
de sentir - 158, 161, 165, 168, 286
sexual - 308, 309
Falsidade - 276
Falta - 307, 313
Família - 217, 301, 320, 321
Fanatismo - 203
Fantasia - 136, 175, 180, 181, 182, 202, 212, 241, 275
Fascinação - 150
Fastio - 151
Feio / feiura - 241, 296, 298, 300
Feiticeiro - 188
Felicidade / infelicidade - 130, 132, 200, 210, 254, 255, 277, 308, 325, 326, 328, 329, 331
Feliz / infeliz - 287, 298
Feminino / feminilidade - 255, 257, 263, 273, 299, 303, 304, 304n., 305-307, 309, 319
Fenícia - 206n.

Fenômeno - 127, 142-146, 161, 174, 180, 184, 189, 191, 194, 206n., 216, 217n., 228, 234, 243, 268n., 287
Festa - 250, 263
Figura - 241, 247, 286, 295-297, 299, 300n., 306, 319, 330n.
Filantropia - 288, 320
Filho (a) - 178, 195, 211, 214n., 217, 240, 261, 269n., 292n., 310, 323, 325
Filosofia / filósofo / filosofar - 120, 122n., 129, 164, 174, 211, 213, 227, 267, 280, 280n., 290, 292n., 295, 303, 312
Fim - 234, 303, 305, 318, 322, 328, 329, 331, 333
da natureza - 305, 321, 329
último - 119, 192, 200, 271, 279n., 324, 327
Fisionomonia - 295-297, 302, 332
Fisionomia - 160, 179, 258n., 295, 297-299
Fleuma - 252, 254, 289, 290, 317, 318
Força - 147, 167, 170, 175, 181, 185, 202, 203, 207, 211, 214, 218, 221, 225, 232, 236, 240, 243, 245, 247n., 252, 2522, 256-258, 260-262, 264, 267, 273, 275, 276, 280, 286, 287, 290, 293, 303, 326, 327n., 330
Forma - 134n., 138, 140n., 154, 155, 158, 177, 178, 218, 221, 240, 245-247, 251, 267, 282, 319, 320, 330
Formação / deformação - 132, 226, 319, 320, 322, 326
França / francês - 225, 226, 252, 298, 312-316, 312n., 313-316, 316n., 318
Fraqueza - 202, 204, 211, 217, 255, 258, 263, 272, 289, 294
Fruição - 237, 241, 274, 276, 277, 280, 316

Gênero - 136, 202, 209, 220, 262n., 263, 268, 276, 277, 285, 289, 300, 303, 305, 306, 320, 321, 324, 328
Generosidade - 304, 306
Gênio - 138, 145, 148, 172, 184, 188, 202, 203, 220, 224-227, 241, 289, 291n., 307, 318 e 318n.
Geografia / geógrafo - 122n., 299, 312
Gesto - 159, 192, 215, 252, 296, 297, 300, 301, 306, 316
Gosto / desgosto - 128, 132, 143, 159, 162, 221, 230, 232, 237-250, 247n., 265, 278, 279, 281, 288, 289, 294, 295, 296, 297, 301, 304-306, 308, 313, 316
juízo de gosto - 241, 242
artístico - 246, 316, 318
pela moda - 245
Governo / governante - 120n., 180, 196, 210, 222, 250, 251, 253, 256, 259, 308, 313, 317-319
chefe de Estado - 130, 259
Gozo - 250, 266, 274, 309
Grandeza - 243, 316
Grécia / grego - 189, 243, 297, 319, 320
Guerra - 129n., 268, 276, 303, 305, 312, 330
Guiné - 320

Habilidade - 119, 139, 147, 186, 188, 198, 201, 205, 234, 242, 250, 264, 323

Hábito - 121, 133, 137, 147, 149, 174, 176, 180, 219, 240, 249, 257, 260, 265, 286
Hamburgo - 262n., 275n.
Herculano - 163
Hipocondria - (ver:. enfermidade dos caprichos)
História - 121, 133, 164, 175, 181, 189, 195, 208, 280n., 292n., 328, 329, 332
Holanda / holandês - 298, 299, 312n.
Homem / ser humano - 119-121, 121n., 125, 127, 128, 130, 131, 135, 136, 139, 143, 144, 146, 147, 148, 217, 218, 224-226, 229, 233-239, 243-246, 250, 252-260, 263, 270-272, 274-276, 283, 285-297, 292n., 299, 300n., 301, 303-310, 304n., 312n., 314, 315, 317, 321, 322, 324-330, 327n., 328n., 332, 332n., 333n.
Honestidade - 151, 198
Honra / homem honrado - 151n., 152, 153, 193, 206n., 221, 237, 252, 257-260, 272, 273, 288, 289, 294, 308, 310, 314, 317, 332
Hospitalidade - 279
Humanidade - 128, 137, 153, 182, 211, 214, 219, 277, 278, 282, 324, 325, 327
Humildade - 272n.
Humilhação - 131, 260
Humor - 248, 286, 287n., 291, 312n., 326

Ideal - 297, 293, 297, 329, 330
Ideia - 133, 140n., 157, 167, 173, 176, 177n., 178, 185, 192, 199, 200, 203, 207, 213, 219, 221-223, 225, 230, 246, 248, 254, 269n., 270, 271, 275, 277, 279, 280n., 295, 314, 322, 328, 331
Identidade - 201
Ignorância / ignorante - 133, 138, 139, 150, 151, 204, 226, 228, 232, 253
Igreja - 147, 293
Igualdade / desigualdade - 181, 260, 303, 308, 319, 326
Ilusão - 149, 151, 152, 161, 162, 167, 177, 178, 202, 213, 215, 247, 264, 270, 274, 275
Imaginação - 134, 136, 153, 161, 167-169, 169n., 172, 175, 176, 176n., 177, 182, 183, 194, 213, 221, 225, 230, 234, 238-240, 241, 244, 246, 264, 274, 318n.
Imitação / imitador - 245, 248, 293, 296
Império / imperatriz - 243, 279
Impertinência - 211, 221, 236, 258, 298, 306
Impetuosidade - 268
Impressão - 119, 137, 142, 156, 162, 163, 173, 176, 212, 218, 220, 239, 263, 294, 300, 320
Impulso - 140, 145, 160, 178, 188, 202, 207, 233, 235, 256, 264, 265, 269n., 270, 271, 276, 289, 296, 325, 330
Inclinação - 147, 151, 152, 164, 170, 179, 201, 219, 244, 251, 265-273, 275, 277, 287, 290, 296, 303, 305, 307, 309, 310, 313, 318, 325, 331
Incondicional - 327
Índia / indiano - 194, 206n., 218, 251
Índio - 170, 192, 257, 299, 304n.
Indivíduo / individual - 206n., 217, 219, 255, 260, 272, 258n., 276, 311, 324, 328, 329, 333
Índole - 141, 142, 152, 171, 180, 198, 206, 235, 237, 258n., 267, 277, 287, 292-294,

230

307, 310, 312, 320, 329
moral - 198, 229, 277, 285, 295, 326
sensível - 147, 285-287, 292, 295, 312, 314, 319, 329
Indolência - 151
Inexperiência - 133
Infeliz - 267, 268
Inferior / superior - 278
Ingenuidade - 132, 172n.
Inglaterra / inglês - 174, 181, 195, 198, 226, 253, 292n., 302, 304n., 311, 311n., 312, 312n., 314, 315, 316n., 317, 318
Inibição - 166
Inimigo - 249, 252, 256, 257, 271, 318
Injustiça / injusto - 259, 269n., 270, 271, 273, 276, 279
Inocência - 133
Insânia - 215
Instinto - 157, 179, 196-199, 201, 204, 205, 211, 263, 265, 269, 276, 285, 290, 294, 309, 322, 323, 325
Instrução - 165, 199, 200, 220, 225, 323
Instrumento 242, 247n., 271, 273
Integridade - 133, 147
Inteligência / inteligente / inteligível - 221, 226, 247, 253, 249, 271, 300n., 308, 324
Intenção / intencionalidade - 132, 163, 186, 195, 322, 327n., 329
Interesse - 225, 232, 272, 275, 278, 289, 313, 317, 329
Interior / exterior - 283, 300, 301, 328n.
Intimidação / intimidar - 148, 243, 257
Intuição - 134n., 135, 138, 141, 142, 153, 154, 156, 160, 161, 166, 167, 169, 172n., 187, 191, 219, 239, 244, 253, 280n., 296
do espaço e do tempo - 144n., 167, 174, 200
Inveja 281, 288, 313
Invenção - 274, 317, 318n., 326
Ira - 166, 179, 220, 252, 255, 257-263, 291
Itália / italiano - 180, 195, 226, 252, 307, 312n., 316, 318

Japão - 120, 299
Jerusalém - 206n.
Jogo - 120, 132, 134, 149, 150-155, 158, 161, 164, 166, 167, 175, 177-182, 186, 190, 192, 194, 201, 207, 208, 213, 215, 219, 221, 222, 225, 228, 232, 237, 240, 241, 245, 246, 249, 259, 260, 261, 263, 265, 269, 275, 275n., 278, 280, 281, 286, 288, 302, 305, 307, 313, 316
Jovem / juventude / jovialidade - 165, 171, 178, 179, 185, 195, 204, 207, 211, 217, 217n., 218, 221, 237, 263, 287, 291, 297, 299, 301, 302, 305, 307-310, 316, 325
Judaismo / judeu - 206n.
Juiz - 307
Juízo - 121, 128, 129, 132, 136, 137, 140-143, 145, 150, 170, 184, 187, 189, 194, 197, 199, 209, 210, 215, 216, 219-223, 227, 228, 239-243, 249, 258, 260, 262, 263, 268, 276, 280, 291n., 294, 296, 298, 299, 300n., 309, 330n.,

332, 333
Jurista -292n.
Justiça - 213, 215, 222, 269n., 270, 271

Königsberg - 121n., 169n., 262n.

Lar - 304, 309
Leal / lealdade - 204
Legislação - 241, 244, 271, 330
Legitimidade - 171
Lei - 134n., 141, 142, 151, 152, 165, 170, 171, 176, 177, 187, 197, 200, 202, 206n., 209, 214, 215, 220, 221, 228, 237, 241, 244-246, 248, 250, 259, 268, 269, 273, 277, 282, 292n., 302, 311, 313n., 316, 320, 322, 324, 328-331
Lembrança / lembrar - 187n.
Leve / pesado - 146-148
Liberdade - 128, 131, 139, 149, 158, 181, 185, 189, 220-222, 235, 241, 242, 248, 250, 265-269, 269n., 270, 273, 269n., 278n., 279, 285, 302, 304, 305, 307, 309, 311, 313n., 313, 317, 320, 322, 324, 327, 327n., 328, 330, 331
Lição(ões) - 122n., 314
Lima - 160
Linguagem / língua - 120n., 127, 130, 132, 143, 155, 157-159, 163, 171, 192, 193, 206n., 222, 223, 225, 232, 238, 239, 242, 244, 247, 248, 277, 279, 304, 306, 308, 309, 312, 313, 314, 316-318
Livre arbítrio (ver: arbítrio)
Lógica - 133, 134, 134n., 141, 146, 223, 228
Londres - 300n., 302
Loucura - 132, 171, 181, 183, 188, 189, 192, 202, 203, 209, 211, 214-220, 225, 245, 252, 253, 266, 271, 332
Luxo - 249, 250

Mago / magia - 188, 272
Mãe - 128, 217, 269n., 310, 327
Macedônia - 163
Maioridade - 210
Mal / maldade / maldição - 143, 144, 149, 152, 179, 181, 185, 187n., 188, 198, 206n., 207, 208, 212, 217, 218, 236, 238, 241, 243, 249, 253, 255, 257, 260, 262, 263, 265, 267, 269n., 276, 293-295, 301, 304, 324, 326, 328-333
Malandro - 273, 302
Malasiano - 160
Mania - 212, 219, 245, 255, 266, 268-273, 281, 319, 330
Masculino / masculinidade - 209, 255, 263, 273, 299, 303, 304, 306-308
Matemática / matemático - 129, 164, 177n., 204, 213, 280n.
Matéria - 134n., 144, 155, 156, 168, 169, 177, 178n., 218, 221, 222, 239, 242, 267, 280, 281, 316
Matrimônio - 217, 305
Maturidade / imaturidade - 199, 202, 208, 237
Matrimônio - 217, 305

Máxima - 198, 200, 228, 237, 266, 268, 270, 271, 282, 293, 312
Médico - 256, 258, 262, 292n., 302
Medo - 166, 167, 183, 187, 213, 214, 255, 256-258, 260, 306
Melancolia / melancólico - 134, 148, 213, 255, 263, 288, 290, 291, 291n.
Memória / memorização - 119, 134n., 135, 182, 183, 183n., 184, 185, 193, 197, 198, 234, 294, 328
Menoridade - 209, 210, 229
Mente - 138-141, 141n., 150, 152, 153, 154, 157, 161, 162, 181, 182, 197, 202, 206, 216, 218, 227, 228, 230, 236, 237, 241, 246, 247, 251, 255, 258, 264, 266, 267, 281, 288, 291, 295, 297, 298, 301
Mentira / mentir - 180, 247n., 301, 332
Mercado - 292, 292n.
Mérito - 143, 145, 147, 148, 173, 201, 221, 224, 238, 306, 308, 332n.
Mestre - 248, 252
Metafísica - 130, 132, 133, 143, 148
Meu (o) - 209
Minerais / minério - 120, 223
Misantropo - 332
Móbil(e) - 121, 165, 252, 253, 272, 274, 286, 288, 289, 307, 330
Moda - 139, 221, 245, 293, 294, 304, 307, 312n., 313
Modéstia - 128, 152, 223, 241, 258, 318
Monarca / monarquia - 310, 330, 333n.
Moral / moralidade / moralização - 146, 148, 149, 153, 165-167, 171, 186, 192, 198, 200, 206n., 218, 226, 229, 234, 237, 238, 244, 253, 254, 257-259, 265, 267, 272, 274, 274n., 277, 279, 285, 291, 293-295, 298, 302, 306, 317, 322, 323, 324, 326-329, 332, 333, 333n.
Morte - 164-167, 175, 187, 189, 194, 207, 210, 211, 213, 214n., 231, 233, 235, 241, 255, 258, 259, 301, 308, 310, 325
Mulher - 150, 151n., 152, 160, 171, 207, 209-211, 222, 236, 237, 240, 262, 263, 280, 289, 300, 300n., 303, 304, 304n., 305-310, 313, 309n., 325
Multidão - 245, 274n., 331
Multiplicidade - 179, 250, 302
Mundo - 119, 120, 130, 148, 162, 166, 168, 173, 181, 190, 191, 193, 219, 248, 261, 268, 276, 312, 317n., 320, 325, 327n.
Música / músico - 121, 127, 128, 155, 174, 207, 244, 246-248, 256, 274, 277, 281, 300n., 316

Nação - 205n., 225, 226, 311, 313-315, 318, 319, 325
Natureza - 119-121, 133, 140n., 141-144, 149, 152, 154, 164, 167, 170, 175, 179, 187, 190, 193, 194, 197, 198, 201, 204, 205, 207, 209, 210, 212, 216, 217n., 221, 223-228, 232, 234, 235, 248, 253-257, 261-264, 267, 270, 274-276, 281, 286, 290, 292, 294, 296, 300-306, 304n., 310, 312, 314, 315, 320-331, 325-327, 327n., 328, 328n., 329, 332n.
Necedade - 204
Necessidade - 240, 244, 267
Negro - 168, 299
Nines - 163

Nobre / nobreza - 120, 131, 156, 180, 196, 198, 250, 300n., 306, 315n.
Norma - 296, 297
Novidade - 163, 218, 221, 245, 247n., 249, 278n., 280, 317
Número - 136, 154, 156, 183, 189, 194-196, 234, 276, 278, 317

Obediência - 151, 323
Ócio / ociosidade - 203, 251, 311, 316
Ódio - 211, 237, 252, 270, 271, 304n., 310, 315
Ofensa - 261, 269n.
Ofuscação - 170
Olfato - 154, 157-159, 168
Oportuno / inoportuno - 122n., 147, 199, 208
Opressão / opressivo - 171, 212, 233, 255, 319, 326
Ordem - 262n., 289
Órgãos (dos sentidos) - 242, 328n.
Orgulho - 139, 172, 217, 272n., 273, 289, 291, 300, 306, 311, 312n., 316-318
Originalidade - 138, 172, 220, 224, 225, 248, 249, 293, 314
Ousadia - 129, 221, 256, 258-260

Paciência - 149, 252, 257, 258
Pai - 209, 211, 217, 217n., 237, 252, 263, 310, 320, 327n.
País - 120, 120n., 171, 178, 184, 206n., 209, 299, 302, 312n., 315, 317, 323n.
Paixão - 150, 179, 180, 203, 213, 232, 235, 251-253, 255, 262n., 264-275, 277, 289, 317
Paladar - 157-160, 168, 239
Palestina / palestinos - 205n., 206n.
Palmira - 193, 206n.
Paradoxo - 129, 221
Parcimônia - 165
Paris - 211, 233, 302
Particular - 201
Passividade - 141
Patologia / patológico - 253, 287, 287n.
Pátria - 309n., 315, 317, 318
Paz - 304, 311
Pedante / pedantismo - 139, 204, 221, 264, 319
Pensamento - 127, 133, 134n., 148, 155, 157, 160, 161, 167, 168, 169n., 170, 171, 173, 177, 177n., 182, 184, 185, 192, 200, 202, 207, 208, 212n., 213, 215, 217, 219-223, 231, 232, 233n., 236, 239, 246, 248, 249, 254, 261, 263, 273, 277, 279, 280n., 280, 294, 297, 309, 326, 332, 314
Pensar - 127, 130, 131, 134, 134n., 135, 138-141, 140n., 143n., 144, 148, 153, 155, 161, 167, 169, 172, 178, 185, 189, 192, 196, 197, 200, 211, 215, 216, 220, 221, 228, 290, 328n.
Percepção - 119, 128, 132, 134n., 144, 153, 155, 156, 161, 169, 173, 175, 182, 219, 240, 247n., 261, 263
Perfeição - 144, 164, 200
Perturbação - 145, 162, 202, 212, 213, 215, 216, 218, 220

Peruanos - 170
Persépolis - 193
Pérsia - 261
Pessoa - 127, 130-132, 137, 139, 143, 151, 153, 159, 164, 167, 168, 169n., 173, 179,
    180, 183, 185, 196, 200, 202-205, 208, 209, 214n., 217, 219, 223-225, 229, 240,
    244, 245, 250, 255, 260, 263, 265, 266, 270, 278n., 279, 280n., 281, 285, 286,
    288, 293-298, 300, 302, 303, 311n., 317, 324, 329, 331
Piedade - 236, 253
Pintura - 150, 208, 244, 246, 247, 248, 293
Planta - 120
Plano - 120, 121
Plebe - 144, 145, 222, 246, 299, 311
Poder - 131, 135, 140, 144, 153, 158, 163, 165, 174, 181, 202, 209, 216, 226, 236,
    238, 239, 253, 266, 267, 271, 272, 272n, 273, 274, 288, 323, 325, 327, 330,
    331, 333n.
Poesia / poeta / arte poética - 144, 143, 164, 174, 179, 181, 188, 189, 202, 204, 211,
    215, 222, 240, 246-249, 247n., 267, 295, 318n.
Política - 171, 333n.
Polônia - 262n., 312n., 319
Pomerania / pomeraneos - 204, 234
Posse - 139, 182, 189, 213, 264, 265, 268, 270, 271, 272, 274
Possibilidade - 265, 274
Povo - 128-130, 145, 146, 147, 163, 181, 188, 191, 194, 196, 206n., 209, 238, 250,
    254, 268, 269, 271, 285, 299, 302, 311-313, 313n., 314-316, 316n., 317-320,
    330-331, 333n.
Prazer - 136, 145, 152, 153, 158, 159, 165, 166, 168, 169, 178, 186, 201, 210, 230-
    233, 233n., 235, 237, 239-242, 244, 249, 250, 251, 254, 262, 267, 272, 274,
    277-280, 286, 305, 309, 330
intelectual - 237
sensível - 232, 237
Preconceito - 195, 228
Preço - 292
Preguiça / preguiçoso - 275, 276, 301
Pressão - 163, 228, 233, 245, 268, 269, 295, 307, 331
Pressentimento - 187, 233
Presunção - 128, 211
Princípio - 130, 134, 134n., 140, 199, 205, 206n., 215, 216, 219, 221, 223, 228, 235,
    240, 244, 246, 256, 261, 266, 267, 270, 277, 278, 280n., 285, 286, 290, 292, 293,
    295, 305, 308, 312-314, 319, 322, 327-329, 331, 332n.
Priori (*a*) - 240, 244, 329
Professor - 208, 262
Progresso / progredir - 119, 128, 129, 186, 226, 234, 303, 324, 326, 329, 332, 333
Proibição - 219, 250
Projeção - 266-268, 270-272, 274, 277
Propensão - 243, 265, 275, 287, 299, 298, 300, 312, 319, 323, 325, 327, 329,
    332, 333
Propósito - 266, 273, 278, 305

Proteção - 206n.
Providência - 186, 267, 328, 330
Próximo - 268, 270
Prudência - 201, 235, 271, 329
Psicologia - 134n., 141
Público - 260, 305, 333n.
Purismo - 132, 136, 282

Qualidade - 244, 251, 287, 292, 296, 299, 314, 327, 328

Raciocínio - 119
Raça - 120, 148, 301, 320, 331, 332, 332n., 333n.
Razão - 119, 127, 148, 151, 152, 154, 155, 178n., 186, 189, 192, 193, 197, 198, 199-204, 208, 215, 216, 218, 222, 223, 227, 228, 235, 240, 242, 244, 246, 249, 251, 253-257, 261, 265-272, 275, 276, 280n., 281, 290, 292, 293, 295, 300, 313, 318, 319, 321, 322-324, 326-330, 333
Receptividade - 134n., 140-142, 153, 160, 169, 187, 237, 244
Reflexão / refletir - 133, 134n., 140-142, 145, 156, 174, 187, 207, 221, 242, 251, 252, 254-256, 265, 290, 318
Regra(s) - 139, 141, 147, 149, 181, 189, 196-198, 201, 202, 213, 219, 223-227, 240, 241, 248, 265, 280n., 281, 297, 313, 314, 318
Rei - 130, 163, 193, 198, 199
Reino - 209, 261, 268n., 319
Religião - 147, 188, 192, 199, 200, 222, 226, 291n., 302, 316-320, 328, 333n.
Relógio - 234, 295, 307
Representação - 127-131, 133, 135-138, 140n., 141-143, 143n., 144, 144n., 146, 153-157, 162, 163, 164, 166, 168-170, 172n., 173, 176, 177, 177n., 180, 182, 183, 191, 192, 196, 202, 206, 215, 219, 234, 240-244, 248, 251, 253, 261, 264, 265, 268, 269, 269n., 296
clara/distinta - 136-138, 140, 141n.
obscura - 136-138, 140n., 324
principal/secundária - 136-138
República - 199, 259, 331
Repugnância - 250, 276
Resistência - 257, 261, 289, 318
Respeito - 131, 143, 151-153, 243, 257, 264, 281, 282, 292, 306, 314, 315, 332
Responsabilidade - 144, 208, 317, 333n.
Retrocesso - 277, 326
Reunião - 281, 292n., 300n., 304n., 307
Revolução / revolucionário - 229, 259, 294, 328n., 329
Riso - 242, 281
Roma / romanos - 188, 194, 206n., 246, 311n., 314, 317
Romance - 121, 163, 164, 185, 208, 232, 243, 247n., 296
Rudeza / rude - 244, 250, 303, 323, 325, 327n., 330
Rússia / russo - 243, 279, 312n., 319, 304n.

Sabedoria / sábio - 133, 137, 200, 201, 210, 226, 228, 239, 242, 253, 254, 261, 262,

271, 274n., 280n., 287, 290, 296, 305, 311, 322, 327n., 328, 329
Sagacidade - 137, 201, 220, 223
Sangue / sanguíneo - 286-288, 319
Satisfação - 168, 232, 235, 237, 240-242, 244, 267, 270, 278, 289, 296, 309, 313
Saúde - 260, 262, 301
Segurança - 243, 268, 279, 295
Selvagem - 191
Senhor - 272, 278n., 281, 291, 292n., 295, 312n.
Sensação - 119, 135, 142, 143n., 148, 153-157, 161-168, 174, 179, 212n., 216, 230-233, 240, 241, 246, 252, 255, 264, 287, 297
Sensibilidade / insensibilidade - 140, 140n., 143-146, 152, 153, 156, 158, 165, 177, 196, 200, 235, 236, 241, 242, 246, 257, 286, 287, 289, 316
Senso - 169, 249
comum - 145, 169, 219, 329
lógico - 219
privado - 219, 329
Sentença - 222, 249, 331
Sentido - 119, 128-131, 134n., 144-146, 144n., 148-150, 153, 155, 157, 159, 165, 166, 168-170, 172, 182, 187, 188, 191, 192, 214, 219, 230, 231, 234, 235, 237, 241, 242, 244, 246, 247, 249, 250, 252, 254, 262, 265, 267, 274n., 293, 318, 323, 328
comum - 139, 169, 219
interno - 134, 134n., 141, 142, 153, 158, 161, 162, 174, 180, 203, 216, 256, 275
externo - 153, 157-162, 166, 216
dos órgãos - 154, 161
vital - 154, 156, 158
prático - 199
Sentimento - 133, 144, 147, 150, 151, 153, 155, 159, 160, 165, 170, 188, 192, 193, 200, 212, 219, 230, 231, 235, 236, 238-244, 251, 252, 254, 259-263, 269, 269n., 274, 286, 287, 306, 316, 323, 324
de prazer e desprazer - 143n., 153, 230, 231, 235, 236, 240, 244, 251, 254, 286
Ser racional - 147, 148, 172, 178, 266, 303, 321, 329, 331, 332
Serenidade - 235, 299
Série - 187
Servilismo / servil 267, 319
Servo - 131
Seu (o) - 193, 209
Sexo - 152, 178n., 209, 214, 262n., 268, 273, 276, 281, 299, 303, 305-310, 325, 331
Signo - 152, 159, 195, 263, 285, 297, 299
Símbolo - 191
Simpatia - 203
Simplicidade - 132, 133, 210, 221, 235, 262
Sinal - 191, 192, 172, 172n., 213, 299, 219, 273
Sinceridade - 132, 133, 260, 295
Síria - 162
Sistema - 141, 154, 184, 194, 221, 255, 328, 333

feudal - 131
Situação - 254, 260, 278, 302, 310
Soberano / soberania - 145, 243, 310, 327
Sociabilidade - 159, 170, 240, 241, 250, 265, 277, 282, 306
Sociedade - 120, 160, 173, 198, 206n., 207, 208, 222, 225, 245, 265, 275, 278, 279, 302, 306, 313, 317, 322, 324, 329, 330, 313
civil - 279, 281, 305, 317, 330, 331
Sofrimento - 238, 256, 257, 291
Sonho - 121, 161, 175, 176, 189, 190, 219, 261, 298, 332
Sono - 149, 175, 180, 189, 190
Sorriso / sorrir - 127, 133, 190, 211, 213, 255, 257, 261, 262, 264, 298, 301, 332
Sublime - 154, 241, 243, 246, 248, 316
Submissão - 257, 268
Subordinação / insubordinação / subordinado - 246, 302, 317
Substância - 161, 177, 193
Sudito - 273, 319, 312n.
Suécia - 198, 312n.
Suicídio - 213, 258, 259
Suíça / suíços - 178, 227
Sujeito - 134n., 140-142, 147, 149, 153, 154, 156, 158, 161, 167, 179, 182, 204, 214, 215, 217, 220, 225, 240-244, 251, 254, 259, 265, 266, 275, 276, 291, 292, 293, 296, 302, 314
Sumo bem - 276, 277
Superficialidade - 139, 146, 265
Superioridade / superior - 275, 290, 305, 323, 328
Superstição / supersticioso - 194, 203, 228, 275
Supra-sensível - 261
Surpresa - 150, 192, 222, 243, 252, 261

Tabuada - 183
Talento - 129, 198, 201, 222-225, 228, 235, 292, 295, 318, 318n., 319, 326
Tato - 140, 154-156, 159, 172
Taiti (Otaheit) - 192, 304n.
Teatro - 121, 163, 173, 208, 232, 238, 317
Tédio - 233, 278n.
Temor - 232, 243, 272, 294
Temperamento - 148, 171, 235, 249, 256, 285-293, 302, 316, 318
Tempo - 121, 127, 128, 130, 134, 141, 142, 144n., 148, 151, 152, 161, 163, 164, 166, 167, 170-172, 174, 176, 176n., 180, 182, 183, 185, 186, 188-190, 192, 193, 200, 202, 206n., 211, 212, 217, 222, 231, 233, 234, 236, 248, 249, 251, 252, 258, 274, 275, 290, 296-298, 301, 311, 313n., 326, 330, 331
Teólogo / teologia - 133, 292n.
Teoria - 136, 154
Terra - 120, 127, 156, 178n., 192, 206n., 193, 206, 226, 264, 295, 311, 322, 329, 333
Terror - 255, 256, 263
Timidez - 256, 260, 306

Tirano - 128, 259
Tolerância / tolerante - 257, 307
Tolice / tolo - 210, 262, 271, 272, 305, 332
Tradição - 323, 323n.
Tribunal - 145, 209, 307, 316
Trindade - 216
Tristeza - 235, 237, 254, 255, 258, 262, 263, 287
Tungusen - 178, 269
Turquia / turco - 176n., 256, 312n., 319

União - 178n., 303
Unidade - 280n., 303
Universo - 189, 193
Universal - 130, 168, 181, 196, 199, 201, 215, 218-220, 226, 239, 241-244, 266, 274, 280n., 285, 299, 312, 313, 327
Universalidade - 120n., 131, 159, 228, 239, 240, 331
Utilidade - 292, 318

Vaidade - 129, 245, 257
Validade - 130, 240, 241, 242, 257, 290
Valor - 128, 133, 149, 152, 153,171, 195, 201, 211, 236, 239, 244, 245, 249, 270, 272, 292, 292n., 295, 304n., 306
Vantagem - 121, 159, 184, 205, 211, 250, 273, 305
Vassalo - 147
Verdade - 121, 128, 142, 152, 163, 180, 184, 192, 197, 215, 220, 223, 225, 247n., 273, 308, 309, 320, 322, 323, 330
Vergonha - 193, 222, 255, 260, 294
Verona - 163
Vertigem - 166, 169n., 178, 264
Vesânia - 215
Viajar / viagem - 120, 121n., 134, 164, 180, 218, 233, 302
Vida - 153, 154, 162, 164, 165-167, 170, 173, 178, 181, 185, 186, 190, 194, 197, 199, 201-203, 213, 216, 222, 231-239, 245, 247, 250, 254, 255, 258-260, 269, 275-278, 281, 286, 289, 290, 295, 301, 307, 309, 310, 314, 317, 322, 324, 325, 328n.
Vício - 149, 171, 181, 276, 298, 301, 325
Vingança - 251, 260, 266, 270, 271
Violência / violento - 152, 176n., 251, 257, 260, 268, 271, 273, 302, 311, 330
Virtude - 143, 147, 149, 151-153, 169n., 171, 205, 221, 256, 257, 265, 267, 270, 277, 278, 282, 295, 307, 308
Visão - 149, 154-156, 159, 160, 172, 192, 244, 253
Vontade - 128, 130, 131, 144, 147, 158, 188, 190, 205, 236, 254, 269n., 270, 271, 285, 290, 292, 310, 318, 327, 329, 333

**CADASTRO
ILUMINURAS**

Para receber informações
sobre nossos lançamentos e
promoções envie e-mail para:

cadastro@iluminuras.com.br

Este livro foi composto em Times pela *Iluminuras* e terminou de ser impresso em 2020 nas oficinas da *Meta Brasil*, em Cotia, SP, sobre papel off-white 80 gramas.